설문해자역주

제8편

이병관 撰
(공주대학교 교수)

목 차

설문해자 제8편 상

제287부【人】부 ·· 3
제288부【匕】부 ·· 108
제289부【匕】부 ·· 112
제290부【从】부 ·· 117
제291부【比】부 ·· 119
제292부【北】부 ·· 121
제293부【丘】부 ·· 123
제294부【㐺】부 ·· 125
제295부【壬】부 ·· 128
제296부【重】부 ·· 131
제297부【臥】부 ·· 133
제298부【身】부 ·· 136
제299부【㐆】부 ·· 138
제300부【衣】부 ·· 139
제301부【裘】부 ·· 184
제302부【老】부 ·· 186
제303부【毛】부 ·· 192
제304부【毳】부 ·· 196
제305부【尸】부 ·· 197

설문해자 제8편 하

제306부【尺】부 ··· 211
제307부【尾】부 ··· 213
제308부【履】부 ··· 216
제309부【舟】부 ··· 219
제310부【方】부 ··· 229
제311부【儿】부 ··· 231
제312부【兄】부 ··· 236
제313부【先】부 ··· 239
제314부【皃】부 ··· 241
제315부【兆】부 ··· 243
제316부【先】부 ··· 244
제317부【禿】부 ··· 246
제318부【見】부 ··· 248
제319부【覞】부 ··· 263
제320부【欠】부 ··· 265
제321부【㰻】부 ··· 289
제322부【次】부 ··· 291
제323부【旡】부 ··· 293

설문해자 제8편 음순 색인 ·· 297

찾아보기

( ) 안에 있는 글자는 중문(重文)을 나타내고, 약간 작은 글씨로 (=)라고 한 것은 통용 글자이며, [신]은 신부자(新附字)를 가리킨다.

설문해자 제8편 상

人부

人(3), 僮·保(宋保)(4), 仁(忎尸)(5), 企(𠆢)(6), 仞·仕(7), 佼·僕·俅·佩(8), 儒(9),
俊·傑(10), 偉·伋·伉(11), 伯·仲(12), 伊(𣌦)·徯(13), 倩(14), 伃·伀·儇(15),
伀(倷)·徇·俗(16), 撰·佳·佼·傀(瑰)(17), 偉·份(彬)·僚(18), 必·俵(19), 儠·儦(20),
儺·倭·儥(21), 僑·俟·侗(22), 佶·俣·仜·僤(23), 健·倞(24), 傲·仡(=仡)·倨(25), 儼·儶·俚(26),
伴·俺·儞·伾(27), 偲·倬·侹·倗(28), 偏(29), 儆·俶·傭(30), 優·仿(俩)·佛(31), 俙·僟(32),
佗·何(33), 儋(34), 供·侍·儲(35), 備(俻)·位(36), 儐(擯)·偓(37), 佺·儡·仢(38), 儕·倫(39),
侔·偕·俱·儹(40), 併·傅·忒·俌(41), 倚·依(42), 仍·伙·佴(43), 健·侍·傾(44), 側·侒(45),
侐·付·俜(46), 侠·儃·侁·仰(47), 侸·儠·侳(48), 倄·伍(49), 什·佰(50), 佸·佮·敝(51),
傊·作(52), 假(53), 借(54), 侵·儥(55), 候·償(56), 僅·代(57), 儀·傍·似(58), 便(59),
任·俔(60), 優·僖·倦(61), 俒·儉·価(62), 俗·僻(63), 倪·億(64), 使(65), 侯·伶(66),
儷·傳(67), 佰(68), 价·仔·𠊱(69), 徐·僻·伸·伹(71), 儓·僢·倍(72), 傆·僭·儗·偏(73),
侲·儵·儔(74), 佾·佼·佃(75), 佝(76), 侊·佻(77), 僻·佽(78), 伎·侈·79), 佁·傯·僞(80),
侭·佝·僄·倡·俳(81), 儒(=傊)·僲·佚·俄(82), 儃·俛(83), 傞·傲·侮(侔)(84),
僉(媒)·傷·俙·僨(85), 僵·仆·偃(86), 傷·俏(87), 侉·催·俑(88), 伏(89), 促·例·係(90),
伐(91), 俘(92), 但(93), 傴·僂·繆(94), 仇·儷·侉(95), 仳(96), 咎·佳·值(97),
俿·儧·像·倦(98), 傮·偶·弔(99), 佋(100), 俤·儔·僰(101), 仚·僥(102), 僤·侹·件(103).
[신]侶·倀·倖·傔·個(104), 黨·佾·倒·儈·低·債(105), 價·停·僦·侗(106), 僧·仔·偵(107)

七부

七·匕(108), 眞(109), 化(110)

匕부

匕(112), 匙·𠤐·𠤎·頃(113), 𠤘·卬(114), 卓·艮(=艮)(115)

从부

从·從(117), 幷(118)

比부

比(夶)·毖(119)

北부

北(121), 冀(122)

丘부

丘(123), 虛·𠩺(124)

仏부

仏·衆(125), 聚·息(126)

壬부

壬·徵(徴)(128), 望(朢)(129), 至(130)

重부

重·量(量)(131)

臥부

臥·監(133), 臨(134), 鑒(135)

身부

身(136), 軀(137)

冃부

冃·殷(138)

衣부

衣(139), 裁·衺(=裛)(149), 襃·褕(141), 衫(裖)·表(襱)(142), 裏·褔(143), 襋·襮(144),
衦·褸·褽·褋(145), 裣·襌(146), 袾·襲(襲)(147), 袍·襧·褋·袤·䆻(148), 襘·褧(149),
祇·裯(150), 襤·裕(151), 裻·袪·褮(袖)(152), 袂·夏·褒(153), 裹(154), 襢·祜·衿·襗·袉(155),
裾·衧·襄(156), 襱(襩)·袑(157), 䙅·褒·褅(158), 褍·襇·複(159), 褆·襛·袋·袳(160),
裔(褎)·衯·袁(161), 褐·褻(162), 裵·襡·褧·褥(163), 褊·袷·襌·襄(襲)(164), 被·衾(165),
豫·祒·褻(166), 衷·袾(167), 袒·裨(168), 衃·褌(169), 裕·褻(170), 衦·裂·袈(171),
袒·補·襺(172), 襪·贏(裸)·裎(173), 裼·裹·襧(搐)(174), 袺·襭·裝(175), 裒·裔(176),
裋·襦·褐·褪·裺(177), 衰(萎)·卒(178), 褚·製(179), 祓·襚·祌(180), 祝·褮(181), 挺·裛(182).
[신]袨(182), 衫·襖(183)

裘부

裘(求)(184), 䑔(185)

老부

老·耋(186), 薹·耆(187), 耇·𦒜(188), 耇·壽(189), 考(190), 孝(191)

毛부

毛·毨·𣬉(192), 毦·𣯛·𣯩(193). [신]耗·𣭡·毹·毯·𣯽(194), 毬·氅(195)

毳부

毳·毳(196)

尸부

尸(197), 屢·居(踞)(198), 眉(199), 屑(=屑)·屐(=展)·屈(200), 尻·屍(脽臀)·眉·尼(201), 屆·尾·反(202), 展(203), 犀·扉(204), 屍·屠·屎(205), 屋(屋臺)·屛·層(206). [신]屢(207)

설문해자 제8편 하

尺부

尺·咫(211)

尾부

尾·屬(213), 屈·尿(214)

履부

履(頤)·屨(216), **履·屝**·屬(217), 屐(218)

舟부

舟·俞(219), 船(220), 彤·舳(221), 艫(222), **刷**·艘·朕(223), 舫(225), 般·服(226), [신]舸·艇(227), 艅·艎(228)

方부

方(汸)·航(229)

儿부

儿·兀(231), 兒·允(232), 兌·充(234)

兄부

兄(236), 兢(237)

先부

先(簪)·犹(239)

兒부

兒(須貌)·覍(舁介)(=弁)(241)

兂부

兂·兜(243)

先부

先·犹(244)

禿부

禿(246), 穨(247)

見부

見·視(眡眂)(248), 覞·覢·覞(249), 覾·親·覒·規(250), 覶·觀(䚂)(251), 尋·覽(252), 覜·覥·覿·覗(253), 覵·覞·覯·覲(254), 覽·覘·覵·覛(255), 覢·覢·覢(256), 覥·覦(257), 覓·覬·覦(258), 覽·覦·覺(259), 覿·覯·覿(260), 覷·覘·覘·覘·覦(261), 覞(262). [신]覘(262)

覞부

覞·覞·覞(263)

欠부

欠·欽(265), 繼·皷·吹(266), 欨·歔·歗·歗(267), 歓·歆·歇(268), 歡·欣·弞·欵(款)(269), 飮·欲(270), 歌(謌)·歊·歈(271), 歡(嘁)·杁(272), 欠·歷·歆(273), 炊·欤·欽(274), 歔·歎(歎)(275), 欬·欷(276), 此·歐·歔·欷(277), 歠·歃(278), 歙·欤(279), 歆·歚·欯·欣(280), 歠·歚·欷·欸(281), 欿·欿·歉·歃(282), 欧·欬(283), 歇·欻·欲(284), 欯·欲·吹·次(籥)(285), 欶·欯·歆(287). [신]歆(288)

歠부

歠(㱃食)·齡(㕭)(289)

次부

次(㳄㳄)·羨(291), 㳄·盜(292)

旡부

旡(旡)·㔿(293), 㱃(294)

설문해자 제8편 상

설문해자 제8편 상

三十七部, 六百一十一文①, 重六十三②, 凡八千五百三十九字. 文三十五 新附.
(「37부, 정문(正文) 611자, 중문(重文) 63자, 해설 8539자. 신부자(新附字) 35자.」)

　①≪계전≫에서는 '690자'라고 하였는데, 뉴수옥은 이는 틀린 것이라고 하면서, '借(차)'와 '件(건)'자를 제외하면 실제는 '609자'라고 하였고(≪교록≫), 단옥재는 <인부(人部)>에서 '借'와 '件'자를 빼고 <주부(舟部)>에서 '舠(작은 배 조·도)'자와 <인부(儿部)>에서 '亮(량)'자를 보충하여 '611자'라고 하였다(≪주≫).
　'借'자와 '件'자는 서현이 정문으로 새로 첨가한 19글자 가운데 하나이다. 그래서 뉴수옥과 단옥재가 이 글자들을 빼야한다고 한 것이다.
　②≪계전≫에서는 '61자'라고 하였는데, 뉴수옥은 이는 틀린 것이라고 하였다.
　실제 세어보면 중문은 '62자'이다.

제287부 【人】부

1(4924) 人 (사람 인)

爪, 天地之性最貴者也.① 此籒文. 象臂脛之形.② 凡人之屬皆从人.
(「人은 세상의 생물 가운데에서 가장 귀한 것이다. 이것은 주문(籒文)이다. 팔과 다리의 모양을 그린 것이다. 무릇 人부에 속하는 글자들은 모두 人을 의미부분으로 삼는다.」)

　①단옥재는 "性(성)은 고문에서는 生(생)자의 뜻으로 가차해서 썼다.(「性古文以爲生字.」)"라고 하였다.(≪주≫)

②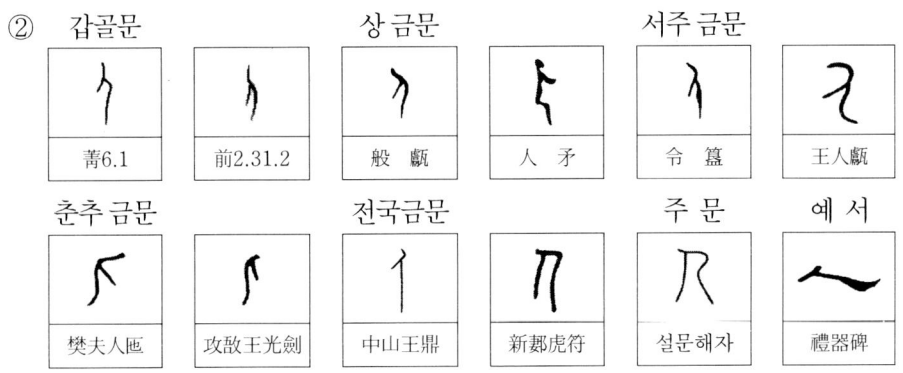

'人'은 사람이 옆으로 서 있는 모양을 그린 것이다. 자형은 갑골문·금문·주문 등이 모두 비슷하다.

임의광(林義光)은 "人자는 사람이 옆으로 서 있는 모양을 그린 것으로, 머리·배·팔·다리 등이 있다.(「象人側立形, 有頭背臂脛也.」)"라고 하여(≪문원(文源)≫), ≪설문해자≫보다 자형에 대해 좀 더 상세히 설명을 하였다.

2(4925) 僮 (아이 동)

, 未冠也①. 从人, 童聲.②

(「僮은 아직 관례를 행하지 않았다는 뜻이다. 人은 의미부분이고, 童(동)은 발음부분이다.」)

①주준성은 "8세 이상 19세 이하"라고 하였다.(≪통훈정성≫)

'冠'은 관례(冠禮)를 행한다는 뜻으로, 성년이 되었음을 의미한다.

≪예기(禮記)·곡례(曲禮) 상≫을 보면 "남자는 스무 살이 되면 관을 쓰고 자(字)를 가지게 된다.(「男子二十冠而字.」)"라고 하였다.

② 금문 소전

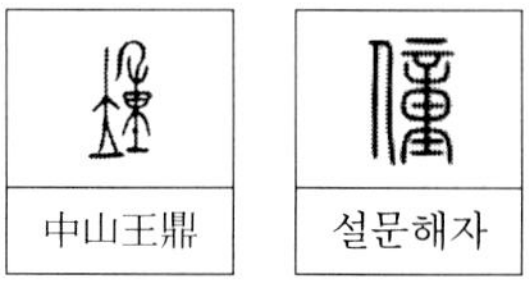

中山王鼎 설문해자

갑골문에는 '僮'자가 보이지 않고, 전국(戰國)시대 금문에서는 '人' 대신 '立(립)'을 썼다.

3(4926) 保 (보둘 보)

, 養也.① 从人, 从孚省. 孚, 古文孚. , 古文保. , 古文保, 不省.

(「保는 기른다는 뜻이다. 人과 孚의 생략형은 (모두) 의미부분이다. 孚는 孚(부)의 고문(古文)이다. (4926-1) 呆는 保의 고문이다. (4926-2) 保는 保의 고문으로 생략하지 않은 형태이다.」)

②

　'保'자는 갑골문과 금문을 보면 모두 사람이 어린아이를 등에 업고 있는 모습을 그린 상형자이다. 상(商)나라 금문 <부정궤(父丁簋)>의 자형을 보면 더욱 잘 알 수 있다. '기르다'·'보호하다'라는 뜻은 모두 여기에서 나온 것이다.

　금문에서는 '玉(옥)'·'貝(패)'·'缶(부)'(즉 寶(보)의 생략형) 등이 더해지기도 하였다. 이것은 '귀하다'라는 뜻을 좀 더 잘 나타내기 위함으로 생각된다.

4(4927) 仁 (어질 인)

仁, 親也. 从人, 从二.① 忎, 古文仁, 从千·心.② 尸, 古文仁, 或从尸.③
(「仁은 사람들에게 친절하게 대한다는 뜻이다. 人과 二(이)는 (모두) 의미부분이다. (4927-1) 忎은 仁의 고문(古文)으로 千(천)과 心(심)으로 이루어졌다. (4927-2) 尸은 仁의 고문으로 (人 대신) 尸(시)를 쓰기도 하였다.」)

①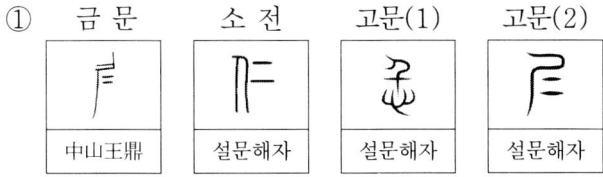

　'仁'자는 전국(戰國)시대 금문과 고문(2)에서는 '尸'으로 썼고, 소전에서는 '仁'으로 썼다.

　참고로 '尸'는 갑골문과 금문을 보면 '㒰'(<을(乙) 495)>)·'㇇'(<대우정(大盂

鼎)>) 등과 같이 사람이 쪼그리고 앉은 모양을 그린 상형자이다. 그래서 '尸'와 함께 쓰인 글자들은 대부분 '사람' 특히 '살아 있는 사람'과 관련 있는 뜻을 갖는 경우가 많다.

한편 ≪고문자류편(古文字類編)≫(1980)에서는 '仁'자의 갑골문으로 '㠯'(<전(前) 2.19.1>)과 같은 글자를 수록하고 있는데, ≪갑골문자집석(甲骨文字集釋)≫·≪갑골문자전(甲骨文字典)≫·≪한어고문자자형표(漢語古文字字形表)≫·≪한어대자전(漢語大字典)≫ 그리고 증정본 ≪고문자류편≫(2008, 2010) 등에는 '仁'자의 갑골문이 없는 것으로 되어 있다.

≪계전≫에서는 "二聲.(「二는 발음부분이다.」)"이라고 하였는데, 뉴수옥은 이는 틀린 것 같다고 하였다.(≪교록≫)

주준성은 '人'은 발음부분이기도 하다고 하였다.(≪통훈정성≫)

②≪계전≫·≪주≫·≪구두≫ 등에는 '心'자 다음에 '作(작)'자가 한 글자 더 있다. 단옥재는 "从心, 千聲.(「心은 의미부분이고, 千은 발음부분이다.」)"이라고 하였다.(≪주≫)

③≪계전≫에는 '尸'자 다음에 '二'자가 한 글자 더 있다.

5(4928) 企 (바랄 기)

企, 擧踵也.① 从人, 止聲.② 岙, 古文企, 从足.
(「企는 발돋움한다는 뜻이다. 人은 의미부분이고, 止(지)는 발음부분이다. (4928-1) 岙는 고문(古文)으로 (止 대신) 足(족)을 썼다.」)

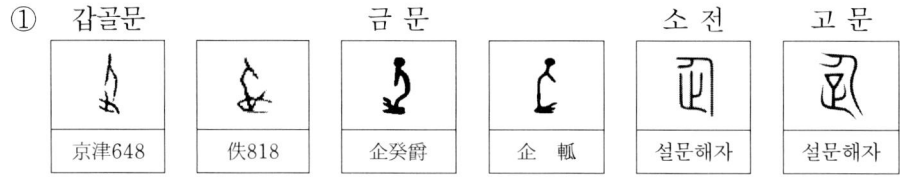

'企'자는 갑골문과 상(商)나라 금문을 보면 사람[𠆢]의 모습에서 특별히 발[止, 즉 止]을 강조한 형태이다. 아마 발돋움을 하고 있다는 뜻을 표현하는 것 같다. 소전과 ≪설문해자≫에 실린 고문의 자형도 대체로 이와 같다.

≪주≫와 ≪의증≫에서는 '踵(발꿈치 종)'을 '歱(종)'으로 썼다.

②갑골문을 볼 때 '止'는 발음부분이라기보다는 의미부분으로서 발음부분의 역할도 담당하고 있다고 하는 것이 좀 더 타당할 것이다.

6(4929) 仞 (길 인)

仞, 伸臂一尋①, 八尺.② 从人, 刃聲.
(「仞은 양 팔을 벌린 길이를 1심(尋)이라고 하는데, 8척(尺)에 해당한다. 人은 의미부분이고, 刃(인)은 발음부분이다.」)

①《구두》에는 '尋'자 다음에 '也(야)'자가 한 글자 더 있다.
②《통훈정성》에는 '尺'자 다음에 '也'자가 한 글자 더 있다.

'仞'의 길이는 시대마다 약간씩 달랐다. 주(周)나라 때는 8척을 1仞이라고 하였고, 한(漢)나라 때는 7척, 동한(東漢) 말에는 5척 6촌(寸)을 1仞이라고 하였다.

참고로 현재의 길이 표준에 따르면 1척은 약 33cm에 해당하지만, 주나라 때의 1척은 19.91cm였고, 한나라 때의 1척은 27.65cm였다.

7(4930) 仕 (벼슬할 사)

仕, 學也.① 从人, 从士.②
(「仕는 배운다는 뜻이다. 人과 士(사)는 (모두) 의미부분이다.」)

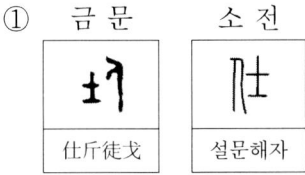

갑골문에는 '仕'자가 보이지 않는다.
전국(戰國)시대 금문과 소전의 자형은 모두 '人'과 '士'로 이루어져 있다.
<사근도과(仕斤徒戈)>에서의 자형은 '人'과 '士'의 위치가 바뀌었는데, 의미상의 차이는 없다. 고문자에서 구성 요소들의 위치는 비교적 자유로웠다.

단옥재는 "仕를 '벼슬하다[入官(입관)]'라는 뜻으로 풀이하는 것은 오늘날의 뜻이다. 옛날에는 宦(환)은 仕라고 하였고, 仕는 배운다는 뜻으로 풀이하였다.(「訓仕爲入官, 此今義也. 古義宦訓仕, 仕訓學.」)"라고 하였다.(《주》)

또 서호(徐灝)는 "<면부(宀部)>를 보면 '宦은 仕이다'라고 하였고, 여기에서는 '仕는 배운다는 뜻이다'라고 하였으니, 이것은 仕와 宦은 모두 '배운다'는 뜻이라는 것이다. 직무를 배우는 것이 宦이다.(「<宀部>: '宦, 仕也.' 此云: '仕, 學也.' 是仕宦皆學習之義. 學職事爲宦.」)"라고 하였다.(《설문해자주전(說文解字注箋)》)

②≪계전≫·≪주≫·≪구두≫ 등에서는 "土聲.(「土는 발음부분이다.」)"이라고 하였다.

단옥재는 "士와 仕는 모두 '일을 한다[事(사)]'는 말이다. 배운다는 것은 깨닫는다[覺悟(각오)]는 뜻이다. 일을 하면 곧 나날이 깨달음으로 나아가기 때문이다.(「仕與士皆事其事之謂. 學者, 覺悟也. 事其事則日就於覺悟也.」)"라고 하였다.

≪통훈정성≫에서는 "从人, 从士. 會意. 士亦聲.(「人과 士는 (모두) 의미부분이다. 회의(會意)이다. 士는 발음부분이기도 하다.」)"라고 하였다.

8(4931) 佼 (좋을 교)

佼, 交也.① 从人, 从交.②
(「佼는 교류(交流)한다는 뜻이다. 人과 交(교)는 (모두) 의미부분이다.」)

①주준성은 "佼는 좋다는 뜻으로, 姣(예쁠 교)와 같은 글자이다.(「佼, 好也. 與姣同字.」)"라고 하였다.(≪통훈정성≫)

②≪계전≫·≪주≫·≪통훈정성≫·≪구두≫에서는 "從人, 交聲.(「人은 의미부분이고, 交는 발음부분이다.」)"이라고 하였다.

9(4932) 僎 (갖출 선)

僎, 具也. 从人, 巽聲.
(「僎은 갖추었다는 뜻이다. 人은 의미부분이고, 巽(손)은 발음부분이다.」)

10(4933) 俅 (공순(恭順)할 구)

俅, 冠飾皃. 从人, 求聲. ≪詩≫曰: "弁服俅俅."①
(「俅는 관(冠)의 장식품의 모습을 뜻한다. 人은 의미부분이고, 求(구)는 발음부분이다. ≪시경(詩經)≫에 이르기를 "제사의 예모(禮帽) 공순하여라."라고 하였다.」)

①현재 전해지는 ≪시경·주송(周頌)·사의(絲衣)≫에서는 '弁服(변복)'을 '載弁(재변)'으로 썼다.

11(4934) 佩 (패옥 패)

佩, 大帶佩也.① 从人, 从凡, 从巾.② 佩必有巾.③ 巾謂之飾.

(「佩는 큰 허리띠에 차는 패옥(佩玉)류의 장식품을 뜻한다. 人・凡(범)・巾(건) 등은 (모두) 의미부분이다. 패옥 등을 차려면 반드시 수건[巾]이 있어야 한다. 巾을 일컬어 장식이라고 한다.」)

①≪계전≫에는 '大帶(대대)' 다음의 '佩'자가 없다.

단옥재는 "큰 허리띠에 차는 패옥이라는 것은 패옥은 반드시 큰 허리띠에 맨다는 말이다. 옛날에는 큰 허리띠가 있고, 가죽 허리띠가 있었는데, 패옥은 가죽 허리띠에 매지 큰 허리띠에 매지 않는다. (그런데) 큰 허리띠에 차는 패옥이라고 한 이유는 가죽 허리띠는 큰 허리띠에 통합되어 있기 때문이다.(「大帶佩者, 謂佩必系於大帶也. 古者有大帶, 有革帶; 佩系於革帶, 不在大帶. 何以言大帶佩也, 革帶統於大帶也.」)"라고 하였다.(≪주≫)

②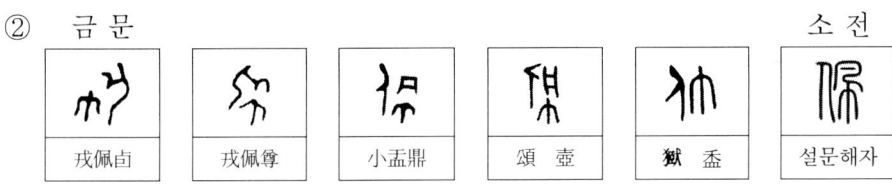

갑골문에는 '佩'자가 보이지 않는다.

서주(西周) 금문과 소전의 자형은 대부분 '人'과 '凡' 그리고 '巾'으로 이루어져 있는데, '人'과 '巾'으로만 구성되어 있는 자형(<융패유(戎佩卣)> 등)도 있다.

임의광(林義光)은 금문 '?'에서 '?'(즉 凡)은 띠를 그린 것이라고 하였다.(≪문원(文源)≫)

한편 고홍진(高鴻縉)은 "佩는 人과 巾은 의미부분이고, 凡은 발음부분이다.(「佩, 从人・巾, 凡聲.」)"라고 하였다.(≪중국자례(中國字例)≫)

③≪구두≫에서는 이 글귀를 ≪초학기(初學記)≫와 ≪고금운회(古今韻會)≫에 근거하여 "從人. 凡, 聲也. 佩必有巾, 故從巾.(「人은 의미부분이다. 凡은 발음부분이다. 패옥 등을 차려면 반드시 수건이 있어야 한다. 그래서 巾이 의미부분이 되는 것이다.」)"라고 고쳐 썼다.

≪주≫에서도 ≪고금운회≫에 근거하여 이다음에 "故从巾(고종건)"이라는 글귀를 보충하였다.

12(4935) 儒 (선비 유)

儒, 柔也. 術士之偁.① 从人, 需聲.

(「儒는 (사람이) 부드럽다는 뜻이다. 술사(術士)의 호칭이다. 人은 의미부분이고, 需(수)는 발음부분이다.」)

①≪계전≫에는 '俌(칭)'자 다음에 '者也(자야)' 두 글자가 더 있고, ≪구두≫에는 '也(야)'자가 한 글자 더 있다.
　왕균은 "術은 마을 가운데의 길을 뜻한다. 그래서 도술(道術)이라고 하는 것이다.(「術者, 邑中之道也. 故曰道術.」)"라고 하였다.(≪구두≫)
　또 장순휘는 "한(漢)나라를 포함해서 그 이전에는 도예(道藝)를 가지고 사람들을 가르치는 사람을 모두 儒라고 불렀다.(「漢以上凡有道藝以教人者, 皆得謂之儒.」)"라고 하였다.(≪설문해자약주(說文解字約注)≫)

13(4936) 俊 (준걸 준)

俊, 材千人也.① 从人, 夋聲.
(「俊은 재능이 천 사람에 해당한다는 뜻이다. 人은 의미부분이고, 夋(준)은 발음부분이다.」)

①≪계전≫·≪주≫·≪의증≫·≪교록≫ 등에는 '材(재)'와 '千(천)'자 사이에 '過(과)'자가 한 글자 더 있다. 이렇게 되면 "재능이 천 사람을 뛰어넘는다는 뜻이다"로 번역된다.
　≪계전≫·≪의증≫·≪교록≫ 등에서는 '材'를 '才(재)'로 썼다.

14(4937) 傑 (준걸 걸)

傑, 傲也.① 从人, 桀聲.
(「傑은 오만(傲慢)하다는 뜻이다. 人은 의미부분이고, 桀(걸)은 발음부분이다.」)

①≪계전≫·≪주≫·≪구두≫ 등에서는 '傲(오)'를 '埶(심을 예)'(즉 藝)로 쓰고, 그 다음에 "材過萬人也.(「재능이 만 사람을 뛰어넘는다는 뜻이다.」)"라는 글귀가 더 있다.
　단옥재는 "埶는 본래 심는다는 뜻의 글자이다. 인신(引伸)하여 세력(勢力)이라는 뜻의 글자가 되었다.(「埶本穜埶字. 引伸爲勢力字.」)"라고 하였다.(≪주≫)
　한편 전점(錢坫)은 '傲'를 '勢(건장할 호)'로 썼다.(≪설문해자각전(說文解字斠詮)≫) 탕가경(湯可敬)은 '勢'는 '豪(호걸 호)'의 본자(本字)라고 하였다.(≪설

문해자금석(說文解字今釋)≫)

15(4938) 倱 (온)①

倱, 人姓.② 从人, 軍聲.
(「倱은 사람의 성(姓)이다. 人은 의미부분이고, 軍(군)은 발음부분이다.」)

　①'倱'자는 ≪대한한사전(大漢韓辭典)≫에 보이지 않는다.
　발음은 ≪광운(廣韻)≫에 따르면 '戶昆切(호곤절)' 즉 '혼'과 '五昆切(오곤절)' 즉 '온' 등 두 가지이다.
　한편 대서본 ≪설문해자≫・≪주≫・≪의증≫・≪구두≫・≪교록≫ 등에서는 모두 '吾昆切(오곤절)' 즉 '온'이라고 하였다. 여기에서는 공통된 발음인 '온'으로 부르겠다.
　②≪계전≫과 ≪구두≫에는 '姓(성)'자 다음에 '也(야)'자가 한 글자 더 있다.
　단옥재는 이 글자는 잘 모르는 사람들이 덧붙인 것이 틀림없다고 하였고(≪주≫), 왕균은 인명이 아니라 지명일 것이라고 하였다(≪구두≫).

16(4939) 伋 (생각할 급)

伋, 人名.① 从人, 及聲.
(「伋은 사람의 이름이다. 人은 의미부분이고, 及(급)은 발음부분이다.」)

　①≪계전≫에는 '名(명)'자 다음에 '也(야)'자가 한 글자 더 있다.
　≪구두≫에서는 이 글귀를 ≪중경음의(衆經音義)≫에 근거하여 "伋, 伋伋, 行急也.(「伋은 伋伋으로, 행동이 급하다는 뜻이다.」)"라고 고쳐 썼다.
　옛날 사람들은 이름과 자(字)를 연결시켜 짓는 경우가 많은데, 대체로 '伋'이 이름일 경우 자는 '子思(자사)'로 많이 짓는다. 예를 들어 공자(孔子)의 손자인 공급(孔伋)과 공자의 제자인 연급(燕伋)의 자는 모두 '子思'이다.

17(4940) 伉 (강직할 항, 짝 항)

伉, 人名. 从人, 亢聲. ≪論語≫有陳伉.①
(「伉은 사람의 이름이다. 人은 의미부분이고, 亢(항)은 발음부분이다. ≪논어(論語)≫에 진항(陳伉)이라는 사람이 있다.」)

　①현재 전해지는 ≪논어・학이(學而)≫에서는 '陳亢(진항)'으로 썼다.

18(4941) 伯 (맏 백)

伯, 長也. 从人, 白聲.①

(「伯은 맏이를 뜻한다. 人은 의미부분이고, 白(백)은 발음부분이다.」)

①

'伯'자는 갑골문과 금문에서는 모두 '白'자로 썼는데, 소전에서 '人'자를 더하여 현재의 '伯'자를 만들었다.

나진옥(羅振玉)은 옛날에는 '伯'·'仲(중)'을 모두 '白'·'中(중)'으로만 썼다고 하였다.(≪증정은허서계고석(增訂殷虛書契考釋)≫)

19(4942) 仲 (다음 중)

仲, 中也. 从人, 从中, 中亦聲.①

(「仲은 가운데를 뜻한다. 人과 中(중)은 (모두) 의미부분인데, 中은 발음부분이기도 하다.」)

①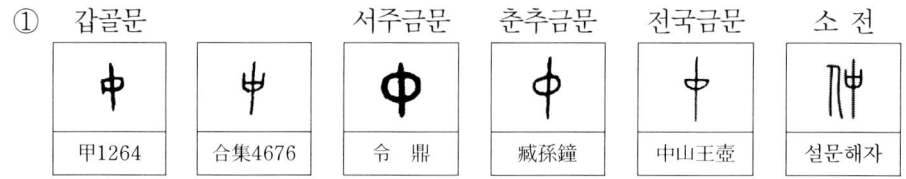

'仲'자는 갑골문과 금문에서는 모두 '中'자로 썼는데, 소전에서 '人'자를 더하여 현재의 '仲'자를 만들었다.

나진옥(羅振玉)은 "이것이 백중(伯仲)이라고 할 때의 仲자이다. 옛날에는 伯(백)·仲을 모두 白(백)·中으로만 썼는데, 그러나 가운데를 뜻하는 中자와는 같은 글자가 아니었다. 후세 사람들이 人자를 더하여 구별하였다. 허신의 ≪설문해자·인부(人部)≫에 들어가 있는 仲자는 본래의 형태가 아니다.(「此伯仲之仲. 古伯仲但作白中, 然與中正之中非一字. 後人加人以示別. 許書列之<人部>者, 非初形矣.」)"라고 하였다.(≪증정은허서계고석(增訂殷虛書契考釋)≫)

20(4943) 伊 (저 이)

伊, 殷聖人阿衡①, 尹治天下者. 从人, 从尹.② 𠘦, 古文伊, 从古文死.③
(「伊는 은(殷)나라의 성인(聖人) 아형(阿衡, 즉 伊尹)으로, 천하를 올바르게 다스렸던 사람이다. 人과 尹(윤)은 (모두) 의미부분이다. (4943-1) 𠘦는 伊의 고문(古文)으로 (尹 대신) 고문의 死(사)자를 썼다.」)

①≪계전≫·≪주≫·≪구두≫ 등에는 '衡'자 다음에 '也(야)'자가 한 글자 더 있다. 또 ≪구두≫에는 '殷聖人' 앞에 '伊尹' 두 글자가 더 있다.

단옥재도 '殷聖人' 앞에 마땅히 '伊尹' 두 글자가 있어야 하는데, 후세에 옮겨 쓸 때 빠졌다고 하였다.(≪주≫)

임의광(林義光)은 "한 사람의 이름이 고유의 어떤 글자를 써야한다는 이치는 없다. 伊尹은 이천현(伊川縣) 공상촌(空桑村)(현재의 하남성(河南省) 개봉(開封) 기현(杞縣) 공상촌)에서 태어났는데, 본래는 伊水로 성을 삼았다. 伊가 성이 되어서 人을 의미부분으로 삼았는데, (이는) 희강(姬姜)의 자(字)가 女(녀)를 의미부분으로 삼은 것과 같다.(「一人之名, 無專制字之理. 伊尹生於伊川空桑, 本以伊水爲姓. 伊爲姓, 故从人, 猶姬姜之字从女也..」)"라고 하였다.(≪문원(文源)≫)

②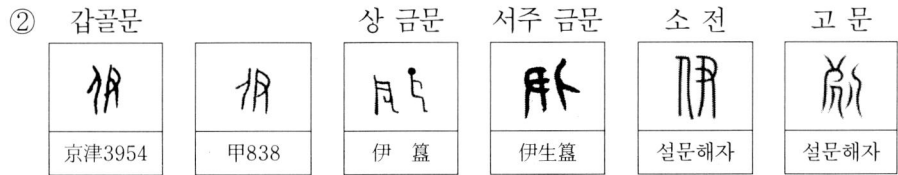

갑골문	상 금문	서주 금문	소 전	고 문
京津3954	甲838	伊簋	伊生簋	설문해자	설문해자

'伊'자는 갑골문, 금문 그리고 소전의 자형이 모두 '人'과 '尹'으로 이루어져 있다.

금문의 자형은 '人'과 '尹'의 위치가 바뀌었는데, 의미상의 차이는 없다. 고문자에서 구성 요소들의 위치는 비교적 자유로웠다.

③≪계전≫에는 이 뒤에 '死亦聲(사역성)' 세 글자가 더 있고, ≪구두≫에는 '聲'자 한 글자가 더 있다. 즉 '死'가 발음부분으로 쓰였다는 의미이다.

21(4944) 偰 (맑을 설, 사람 이름 설)

偰, 高辛氏之子, 堯司徒①, 殷之先.② 从人, 契聲.③
(「偰은 고신씨(高辛氏)의 아들이요, 요(堯)임금의 사도(司徒)로서, 은(殷)나라의 선조(先祖)이다. 人은 의미부분이고, 契(계)는 발음부분이다.」)

①≪계전≫과 ≪구두≫에는 '堯'자 다음에 '之(지)'자가 한 글자 더 있다.

전설에 따르면 고신씨는 황제(黃帝)의 증손자로서, 요의 아버지 제곡(帝嚳)을 말한다. 고신씨는 그의 호이다.

참고로 '司徒'는 벼슬의 이름으로 토지와 백성을 관리하는 업무를 담당하였다. '司土(사토)'라고도 쓴다.

②≪계전≫·≪주≫·≪구두≫ 등에는 '先'자 다음에 '也(야)'자가 한 글자 더 있다.

③'偰'의 고음은 입성운(入聲韻) *seat / siɛt(섇→설)이고, '契'의 고음은 음성운(陰聲韻) *k'ear / k'iɛi(케이→계)와 입성운 *sjiat / siæt(섄→설)과 *k'eat / k'iɛt(켇→결) 등 세 가지이다. 두 글자는 '契'를 입성운 '설' 또는 '결'로 읽을 때는 발음이 거의 같고, 음성운 '계'로 읽을 경우에도 상고음(上古音)의 주모음(主母音)이 [a]로 같고, 운미(韻尾)는 혀 끝 가운데 소리[설첨중음(舌尖中音)]인 [-r]와 [-t]으로 발음 부위가 같다. 그래서 '偰'자에서 '契'가 발음부분이 될 수 있는 것이다. 고대에는 음성운과 입성운이 협운을 하기도 하였다.

22(4945) 倩 (예쁠 천; 사위 청)

倩, 人字.① 从人, 靑聲. 東齊壻謂之倩.②
(「倩은 사람의 자(字)이다. 人은 의미부분이고, 靑(청)은 발음부분이다. 제(齊) 지방 동부 지역에서는 사위를 일컬어 倩이라고 한다.」)

①≪계전≫에는 '字'자 다음에 '也(야)'자가 한 글자 더 있다.

또 ≪주≫와 ≪구두≫에서는 ≪고금운회(古今韻會)≫에 근거하여 이 글귀를 "人美字也.(「사람의 자(字)의 미칭(美稱)이다.」)"라고 고쳐 썼다.

이에 대해 단옥재는 "倩은 甫(보)와 같다. 남자의 미칭이다.(「倩猶甫也. 男子之美稱也.」)"라고 하였다.(≪주≫)

계복은 "한(漢)나라 사람들 중에는 倩을 자로 쓴 사람이 많다. 예를 들어 강충(江充)의 자는 次倩(차천)이었고, 소망(蕭望)의 자는 長倩(장천)이었으며, 동방삭(東方朔)의 자는 曼倩(만천)이었다.(「漢人猶多以倩爲字. 如江充字次倩, 蕭望之字長倩, 東方朔字曼倩.」)"라고 하였다.(≪의증≫)

②≪방언(方言)≫<권3>을 보면 "제 동부 지역 간에는 사위를 일컬어 倩이라고 한다.(「東齊之間壻謂之倩.」)"라고 하였다.

23(4946) 伃 (궁녀의 벼슬 이름 여)

伃, 婦官也.① 从人, 予聲.
(「伃는 여자의 벼슬 이름이다. 人은 의미부분이고, 予(여)는 발음부분이다.」)

①≪구두≫에는 '婦官(부관)' 앞에 '倢伃(첩여)' 두 글자가 더 있다. 즉 "伃는 倢伃로, 여자의 벼슬이름이다"라는 의미이다. '倢伃'는 '婕妤(첩여)'로도 쓴다.
≪한서(漢書)·외척전(外戚傳)≫을 보면 "여자의 벼슬은 14등급이 있는데, 倢伃는 (남자 벼슬의) 상경(上卿)과 대등한 것으로, 후(候)와 나란하다.(「婦官十四等, 倢伃視上卿, 比列侯.」)"라고 하였다.

24(4947) 伀 (두려울 종)

伀, 志及衆也.① 从人, 公聲.
(「伀은 뜻이 여러 사람에게 미친다는 뜻이다. 人은 의미부분이고, 公(공)은 발음부분이다.」)

①≪계전≫과 ≪구두≫에는 '志(지)'자 앞에 빈 칸이 하나 있다.
왕균은 이 빈 칸에 들어갈 글자는 '立(립)'자일 것이라고 하였다.(≪구두≫)

25(4948) 儇 (영리할 현)

儇, 慧也.① 从人, 瞏聲.②
(「儇은 지혜롭다는 뜻이다. 人은 의미부분이고, 瞏(경)은 발음부분이다.」)

①서개는 "경박(輕薄)·영리·작은 재주 등을 일컫는다.(「謂輕薄·察慧·小才也.」)"라고 하였다.(≪계전≫)
≪방언(方言)≫ <권1>을 보면 "虔(건)·儇 등은 지혜롭다는 뜻이다.(「虔·儇, 慧也.」)"라고 하였다.
②'儇'의 고음은 *xjiwan / xiuæn(휘앤→현) 두 가지이고, '瞏'의 고음은 *gjiweng / giuæng(귀앵→경)이다. 두 글자는 첫소리가 [k-] 계열로 비슷하고, 상고음(上古音)의 주모음(主母音)은 각각 [a]와 [e]로 발음 부위가 가까우며, 운미(韻尾) 역시 콧소리[비음(鼻音)]인 [-n]과 [-ng]으로 비슷하다. 그래서 '儇'자에서 '瞏'이 발음부분이 될 수 있는 것이다.
참고로 '瞏'자와 통용되는 '睘(경)'자의 고음을 알아보면 *ɣrjiwan / ziuæn(쥐앤→선)과 *gjiweng / giuæng 두 가지이다.

26(4949) 倓 (고요할 담)

倓, 安也. 从人, 炎聲. 讀若談. 𠐶, 倓或从剡.
(「倓은 편안하다는 뜻이다. 人은 의미부분이고, 炎(염)은 발음부분이다. 談(담)처럼 읽는다. (4949-1) 𠐶은 倓의 혹체자(或體字)로 (炎 대신) 剡(섬·염)을 썼다.」)

27(4950) 侚 (좇을 순, 빠를 순)

侚, 疾也. 从人, 旬聲. ①
(「侚은 빠르다는 뜻이다. 人은 의미부분이고, 旬(순)은 발음부분이다.」)

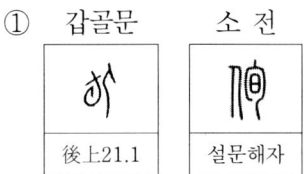

① 갑골문   소 전

後上21.1   설문해자

'侚'자는 갑골문과 소전의 자형이 모두 '人'과 '旬'으로 이루어져 있다.

갑골문 <후상(後上) 21.1>에서의 자형은 '人'과 '旬'의 위치가 바뀌었는데, 의미상의 차이는 없다. 고문자에서 구성 요소들의 위치는 비교적 자유로웠다.

이효정(李孝定)선생(≪갑골문자집석(甲骨文字集釋)≫)과 서중서(徐中舒, ≪갑골문자전(甲骨文字典)≫)는 모두 갑골문에서 '侚'자가 무슨 뜻으로 쓰였는지 알 수 없다고 하였다.

28(4951) 俗 (혁혁할 용, 여자의 벼슬 이름 용)

俗, 不安也.① 从人, 容聲. 一曰華.②
(「俗은 불안하다는 뜻이다. 人은 의미부분이고, 容(용)은 발음부분이다. 일설에는 꽃을 뜻한다고도 한다.」)

①단옥재는 "물의 파도가 溶溶(용용)하다라는 의미와 대체로 같다. 모두 출렁이는 모습을 뜻한다.(「與水波溶溶意義略同. 皆動盪皃也..」)라고 하였다.(≪주≫)

②단옥재는 "내 생각에, 華(화)자 앞에 마땅히 俗자가 한 글자 더 있어야 하는데, 잘 모르는 사람들이 이것을 없앴다. '俗華' 역시 여자의 벼슬 이름이다(「按: 華上當本有俗字, 淺者刪之. 俗華亦婦官.」)라고 하였다.

≪구두≫에서는 "一曰: 俗華, 婦官也.(「일설에는 俗華라고도, 하는데, (俗華)는 여

자의 벼슬 이름이다.」)"라고 하였다.

 참고로 ≪한서(漢書)·외척전(外戚傳)≫ 주를 보면 "여자의 벼슬은 14등급이 있는데, 세 번째가 俗華이다.(「婦官十四等, 第三等俗華.」)"라고 하였다.

29(4952) 僷 (얼굴 예쁠 엽)

僷, 宋衛之間謂華僷僷.① 从人, 葉聲.
(「僷은 송(宋)과 위(衛) 지방 사이에서는 얼굴이 예쁜 것을 僷僷이라고 한다. 人은 의미부분이고, 葉(엽)은 발음부분이다.」)

 ①≪구두≫에서는 "宋·衛之間, 華奕麗曰僷僷.(「송과 위 지방 사이에서는 얼굴이 예쁘고 고운 것을 僷僷이라고 한다.」)"라고 하였다.

 ≪방언(方言)≫ <권2>를 보면 "奕(혁)·僷(엽) 등은 얼굴을 뜻한다. 함곡관(函谷關) 서쪽에서는 얼굴이 예쁜 것을 일컬어 奕 또는 僷이라고 한다. 송과 위 지방에서는 僷이라고 하고, 진(陳)·초(楚)·여수(汝水)·영수(潁水) 사이에서는 奕이라고 한다.(「奕·僷, 容也. 自關而西, 凡美容謂之奕, 或謂之僷. 宋·衛曰僷, 陳·楚·汝·潁水之間謂之奕.」)"라고 하였다.

30(4953) 佳 (아름다울 가)

佳, 善也. 从人, 圭聲.
(「佳는 좋다는 뜻이다. 人은 의미부분이고, 圭(규)는 발음부분이다.」)

31(4954) 侅 (이상할 해)

侅, 奇侅, 非常也. 从人, 亥聲.
(「侅는 奇侅(기해)로, 평범하지 않다는 뜻이다. 人은 의미부분이고, 亥(해)는 발음부분이다.」)

32(4955) 傀 (클 괴, 허수아비 괴)

傀, 偉也.① 从人, 鬼聲. ≪周禮≫曰: "大傀異."② 瓌, 傀或从玉, 裏聲.
(「傀는 크다는 뜻이다. 人은 의미부분이고, 鬼(귀)는 발음부분이다. ≪주례(周禮)≫에 이르기를 "매우 크고 이상하다."라고 하였다. (4955-1) 瓌는 傀의 혹체자(或體

字)로 玉(옥)은 의미부분이고, 褱(회)는 발음부분이다.」)

①왕균은 "≪자림(字林)≫과 같다. ≪방언(方言)≫에서는 儠로 썼고, '성대(盛大)하는 뜻이다'라고 하였다.(「≪字林≫同. ≪方言≫作儠, 云'盛也'.」)"라고 하였다.(≪구두≫)
②≪주례·춘관(春官)≫ 대사락(大司樂)조에 나오는 글귀.
≪계전≫·≪주≫·≪구두≫ 등에는 '異(이)'자 다음에 '災(재)'자가 한 글자 더 있다. 즉 "매우 크고 이상한 재난"이라는 의미이다.

33(4956) 偉 (클 위, 기이할 위)

偉, 奇也. 从人, 韋聲.
(「偉는 기이(奇異)하다는 뜻이다. 人은 의미부분이고, 韋(위)는 발음부분이다.」)

34(4957) 份 (빛날 빈)

份, 文質僣也.① 从人, 分聲. ≪論語≫曰: "文質份份."② 彬, 古文份, 从彡·林.③ 林者, 从焚省聲.
(「份은 문질(文質, 외양과 실질)이 모두 잘 갖추어졌다는 뜻이다. 人은 의미부분이고, 分(분)은 발음부분이다. ≪논어(論語)≫에 이르기를 "문질이 잘 갖추어져 훌륭하다."라고 하였다. (4957-1) 彬은 份의 고문(古文)으로 彡(삼)과 林(림)으로 이루어졌다. 林은 焚의 생략형으로 발음부분이다.」)

①≪구두≫에서는 ≪고금운회(古今韻會)≫에 근거하여 '文質' 앞에 '份份' 두 글자를 보충하였다.
또한 ≪계전≫·≪주≫·≪의증≫·≪통훈정성≫·≪구두≫·≪교록≫ 등에서는 모두 '僣(지나칠 참)'을 '備(비)'로 썼다. 여기에서도 이에 따라 번역하였다.
②현재 전해지는 ≪논어·옹야(雍也)≫에서는 '份份'을 '彬彬'으로 썼다.
③'彡'은 '수염'이나 '털'을 또는 어떤 표시를 할 때 쓰인다.('彡'자에 대해서는 제9편 상 제331부 <삼부(彡部)> 부수자 (5681) '彡'자 주해 ①번 참조)
≪대한한사전(大漢韓辭典)≫에서는 '份'을 '彬'의 고자(古字)로 소개하고 있다.

35(4958) 僚 (벗 료)

僚, 好皃.① 从人, 尞聲.

(「僚는 좋은 모습을 뜻한다. 人은 의미부분이고, 尞(료)는 발음부분이다.」)

①단옥재는 "이것이 僚자의 본뜻이다. ('僚'가) 동료(同寮)라는 뜻으로 가차되어 쓰이면서 더 이상 본뜻으로는 쓰이지 않게 되었다.(「此僚之本義也. 自借爲同寮字而本義廢矣.」)"라고 하였다.(≪주≫)

'寮'는 벼슬아치라는 뜻이다. 그래서 '僚'가 동료(同僚)·관료(官僚) 등과 같은 뜻으로 쓰이게 된 것이다.

36(4959) 佖 (점잖피울 필)

佖, 威儀也. 从人, 必聲. ≪詩≫曰: "威儀佖佖."①
(「佖은 위엄 있는 태도를 뜻한다. 人은 의미부분이고, 必(필)은 발음부분이다. ≪시경(詩經)≫에 이르기를 "위엄 있는 태도가 경망스러워지네."라고 하였다.」)

①현재 전해지는 ≪시경·소아(小雅)·빈지초연(賓之初筵)≫에서는 '佖'을 '怭(업신여길 필)'로 썼다.

여기서의 '佖佖'이 '경망스럽다'로 번역되는 것에 대해, 왕균은 "이 뜻은 위의 뜻(즉 허신의 풀이)과 상반된다.(「此義與上義相反.」)"라고 하였다.(≪구두≫)

참고로 현재 ≪시경≫의 연결되는 글귀를 보면, "曰旣醉止, 威儀怭怭.(「술에 취하니, 위엄 있던 태도가 경망스러워지네.」)"이라고 되어 있다.

37(4960) 俴 (갖출 잔)

俴, 具也. 从人, 孨聲.① 讀若汝南溠水.② <虞書>曰: "旁救俴功."③
(「俴은 갖추었다는 뜻이다. 人은 의미부분이고, 孨(전)은 발음부분이다. 발음은 여남군(汝南郡) 잔수(溠水)의 溠자처럼 읽는다. <우서(虞書)>에 이르기를 "널리 거두어들여 공을 갖추었습니다."라고 하였다.」)

① 서주금문　　전국금문　　　　　소 전

| 廟俴鼎 | 俴陵矛 | 俴陵矛 | 설문해자 |

갑골문에는 '俴'자가 보이지 않고, 금문에서는 '人' 대신 '尸(시)'를 써서 '屋'으로 썼다.

참고로 '尸'는 갑골문과 금문을 보면 '𗆼'(<을(乙) 495)>)・'𗆽'(<대우정(大盂鼎)>) 등과 같이 사람이 쪼그리고 앉은 모양을 그린 상형자이다. 그래서 고문자에서 '人'과 '尸'는 통용하였다.

단옥재는 "≪옥편(玉篇)≫과 ≪광운(廣韻)≫에서는 㑌으로 썼다.(「≪玉篇≫・≪廣韻≫作㑌.」)"라고 하였다.(≪주≫)

②≪계전≫에서는 '孱'을 '潺(물 졸졸 흐를 잔)'으로 썼다.

단옥재(≪주≫)와 뉴수옥(≪교록≫)은 ≪설문해자≫에는 '潺'자가 없을 뿐만 아니라, 여남군에도 '潺水'라는 지명은 없다고 하였다.

또한 왕균은 "潺자는 ≪설문해자≫ 뿐만 아니라, ≪옥편≫ 및 다른 자서(字書)에도 없다. 내 생각에, 그 글자는 본래 㑌으로 썼을 것이다. 허신은 여남 사람이다. 그 지역의 작은 물줄기(즉 㑌)는 <지리지(地理志)>에 소개가 되지 않았지만, 사인(士人)들 사이에서는 '㑌水'라고 불리어져 내려왔을 것이다. … 아마도 그것이 물줄기의 이름이므로 (누군가가) 경솔하게 '水'로 바꾸었던 것으로 생각된다.(「不特≪說文≫無, 潺卽≪玉篇≫及它字書竝無. 按: 其字蓋本作㑌. 許君, 汝南人也. 其之有小水, 不著於<地志)>, 而士人相傳, 呼謂㑌水. … 以其爲水名, 而率意改從水.」)"라고 하였다.(≪설문석례(說文釋例)≫)

③현재 전해지는 ≪서경(書經)・우서・요전(堯典)≫에서는 '方鳩㑌功(방구잔공)'으로 썼다.

38(4961) 儠 (풍신 좋을 렵)

儠, 長壯儠儠也. 从人, 巤聲. ≪春秋傳≫曰: "長儠者相之."①
(「儠은 키가 크고 건장하며 풍채가 좋다는 뜻이다. 人은 의미부분이고, 巤(렵)은 발음부분이다. ≪춘추전(春秋傳)≫에 이르기를 "크고 풍채 좋은 자가 인사를 올렸다."라고 하였다.」)

①현재 전해지는 ≪춘추좌전(春秋左傳)・소공(昭公) 7년≫에는 "使長儠者相.(「크고 풍채 좋은 자로 하여금 인사를 올리도록 하였다.」)"으로 되어 있다.

39(4962) 儦 (떼지어 걷는 모양 표)

儦, 行皃. 从人, 麃聲. ≪詩≫曰: "行人儦儦."①
(「儦는 걸어 다니는 모습을 뜻한다. 人은 의미부분이고, 麃(포)는 발음부분이다.

≪시경(詩經)≫에 이르기를 "행인이 와글와글하네."라고 하였다.」)

①≪시경・제풍(齊風)・재구(載驅)≫에 나오는 글귀.

40(4963) 儺 (역귀 쫓을 나, 절도 있게 걸을 나)

儺, 行人節也.① 从人, 難聲. ≪詩≫曰: "佩玉之儺."②
(「儺는 걷는데 절도가 있다는 뜻이다. 人은 의미부분이고, 難(난)은 발음부분이다. ≪시경(詩經)≫에 이르기를 "걸을 때마다 허리에 찬 구슬이 절도 있게 짤랑거리는구나."라고 하였다.」)

①≪계전≫・≪주≫・≪의증≫・≪통훈정성≫・≪구두≫・≪교록≫ 등에서는 모두 '人'을 '有(유)'로 썼다. 여기에서도 이에 따라 번역하였다.

단옥재는 "이것이 儺자의 본뜻이다. '역귀(疫鬼)를 쫓아낸다'는 글자는 본래 難으로 썼는데, 儺를 빌려서 '역귀를 쫓아낸다'는 뜻으로 쓰면서 儺의 본래의 뜻은 사라졌다.(「此字之本義也. 其敺疫字本作難, 自假儺為敺疫字而儺之本義廢矣.」)"라고 하였다.(≪주≫)

②≪시경・위풍(衛風)・죽간(竹竿)≫에 나오는 글귀.

41(4964) 倭 (순한 모양 위; 나라 이름 왜)

倭, 順皃.① 从人, 委聲. ≪詩≫曰: "周道倭遲."
(「倭는 순한 모습을 뜻한다. 人은 의미부분이고, 委(위)는 발음부분이다. ≪시경(詩經)≫에 이르기를 "큰 길이 구불구불 하구나."라고 하였다.」)

①≪시경・소아(小雅)・사모(四牡)≫에 나오는 글귀.

42(4965) 債 (순할 퇴)

債, 嫺也.① 从人, 貴聲.② 一曰長皃.③
(「債는 우아하다는 뜻이다. 人은 의미부분이고, 貴(귀)는 발음부분이다. 일설에는 긴 모습을 뜻한다고도 한다.」)

①≪계전≫에서는 '也(야)'를 '皃(모)'로 썼다.

②'債'의 고음은 음성운(陰聲韻) *t'wər / t'uəi(퉈이→퇴)와 *dwər / duəi(둬이→퇴) 그리고 *xrwər / xuɛi(훼이→훼) 등 세 가지이고, '貴'의 고음은 음성운 *kjwər

/ kiuəi(퀘이→귀)이다. 두 글자는 상고음(上古音)의 주모음(主母音)과 운미(韻尾)가 [ər]로 같다. 그래서 '儧'자에서 '貴'가 발음부분이 될 수 있는 것이다.
③≪계전≫에는 이 글귀가 없다.

43(4966) 僑 (높을 교)

僑, 高也. 从人, 喬聲.
(「僑는 높다는 뜻이다. 人은 의미부분이고, 喬(교)는 발음부분이다.」)

44(4967) 俟 (기다릴 사)

俟, 大也.① 从人, 矣聲.② ≪詩≫曰: "伾伾俟俟."③
(「俟는 크다는 뜻이다. 人은 의미부분이고, 矣(의)는 발음부분이다. ≪시경(詩經)≫에 이르기를 "힘차고 장대(壯大)하네."라고 하였다.」)

①단옥재는 "이것이 俟자의 본래의 뜻이다. 경전(經傳)에서 竢(기다릴 사)자를 빌려 쓰면서 俟의 본뜻은 사라졌다. <입부(立部)>에 이르기를 '竢는 기다린다는 뜻이다'라고 하였다. 竢자를 안 쓰고 俟자를 썼으니, 곧 竢와 俟는 고금자(古今字)가 된다.(「此俟之本義也. 自經傳假爲竢字, 而俟之本義廢矣. <立部>曰: '竢, 待也.' 廢竢而用俟, 則竢俟爲古今字矣.」)"라고 하였다.(≪주≫)
②'俟'의 고음은 음성운(陰聲韻) *dziəɣ / dʑi(지→사)이고, '矣'의 고음 역시 음성운 *ɣiəɣ / ji(이→의)이다. 두 글자는 상고음(上古音)의 주모음(主母音)과 운미(韻尾)가 [əɣ]로 같다. 그래서 '俟'자에서 '矣'가 발음부분이 될 수 있는 것이다.
③현재 전해지는 ≪시경·소아(小雅)·길일(吉日)≫에서는 '伾伾(힘셀 비, 많을 비)'를 '儦儦(많은 모양 표)'로 썼다.

45(4968) 侗 (분별 모를 동; 참될 통)

侗, 大皃.① 从人, 同聲. ≪詩≫曰: "神罔時侗."②
(「侗은 큰 모습을 뜻한다. 人은 의미부분이고, 侗(동)은 발음부분이다. ≪시경(詩經)≫에 이르기를 "신께서는 슬퍼할 시간이 없으시다네."라고 하였다.」)

①≪의증≫에서는 '皃(모)'를 '也(야)'로 썼다.
②현재 전해지는 ≪시경·대아(大雅)·사제(思齊)≫에서는 '侗'을 '恫(슬플 통, 위협할 동)'으로 썼다.

46(4969) 佶 (바를 길)

佶, 正也. 从人, 吉聲. ≪詩≫曰: "既佶且閑."①
(「佶은 바르다는 뜻이다. 人은 의미부분이고, 吉(길)은 발음부분이다. ≪시경(詩經)≫에 이르기를 "바르고 길이 잘 들었네."라고 하였다.」)

①≪시경・소아(小雅)・유월(六月)≫에 나오는 글귀.

47(4970) 俣 (얼굴 클 우)

俣, 大也. 从人, 吳聲. ≪詩≫曰: "碩人俣俣."①
(「俣는 크다는 뜻이다. 人은 의미부분이고, 吳(오)는 발음부분이다. ≪시경(詩經)≫에 이르기를 "건장한 사나이 얼굴도 크네."라고 하였다.」)

①≪시경・패풍(邶風)・간혜(簡兮)≫에 나오는 글귀.

48(4971) 仜 (큰 배 홍)

仜, 大腹也. 从人, 工聲.① 讀若紅.
(「仜은 큰 배[腹(복)]를 뜻한다. 人은 의미부분이고, 工(공)은 발음부분이다. 紅(홍)처럼 읽는다.」)

①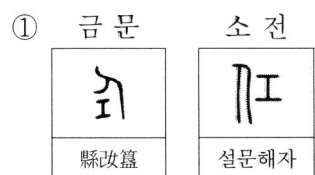

갑골문에는 '仜'자가 보이지 않고, 춘추(春秋)시대 금문과 소전의 자형은 모두 '人'과 '工'으로 이루어져 있다.

49(4972) 僤 (도타울 탄, 빠를 탄)

僤, 疾也.① 从人, 單聲.② ≪周禮≫曰: "句兵欲無僤."③
(「僤은 빠르다는 뜻이다. 人은 의미부분이고, 單(단)은 발음부분이다. ≪주례(周禮)≫에 이르기를 "갈고리형 무기는 너무 곧게 잘 빠져서는 안 된다."라고 하였다.」)

①≪계전≫에서는 '疾(질)'을 '病(병)'으로 썼는데, 뉴수옥은 이는 잘못 된 것이라고 하였다.(≪교록≫)

②

'僤'자는 갑골문과 소전이 모두 '人'과 '單'으로 이루어져 있다.

③현재 전해지는 ≪주례・동관(冬官)・고공기(考工記)≫ 여인(廬人)조를 보면 '僤'을 '彈(탄)'으로 썼다.

50(4973) 健 (굳셀 건)

健, 伉也.① 从人, 建聲.
(「健은 굳세다는 뜻이다. 人은 의미부분이고, 建(건)은 발음부분이다.」)

①단옥재는 "(4940) 伉(항)자에서 이르기를 '인명(人名)이다'라고 하고, 그 뜻은 말하지 않았는데, 여기에서는 '伉也(항야)'라고 풀이를 하고 있으니, 곧 '人名' 두 글자는 ≪설문해자≫의 옛 판본(의 해설)이 아님을 알 수 있다.(「伉下曰: '人名', 而不言其義. 以此云'伉也'證之, 則知人名二字非許書之舊矣.」)"라고 하였다.(≪주≫)

51(4974) 倞 (굳셀 경)

倞, 彊也.① 从人, 京聲.②
(「倞은 굳세다는 뜻이다. 人은 의미부분이고, 京(경)은 발음부분이다.」)

①≪통훈정성≫에서는 "倞, 明也. 从人, 京聲, 亦作亮.(「倞은 밝다는 뜻이다. 人은 의미부분이고, 京은 발음부분이다. 亮(량)으로도 쓴다.」)"이라고 하였다.

주준성은 "전대흔(錢大昕) 스승께서는 (다음과 같이) 말씀하셨다. '한(漢)나라 예서에서는 종종 亮을 倞으로 쓴다. 이것은 대체로 예서에서 변한 것으로, 人이 京자 아래로 들어가고, 또 京자 가운데 부분 丨이 생략되어, 그 결과 亮이 된 것이다.'(「錢辛楣師曰: '漢分隸往往以亮為倞, 蓋隸變移人旁于京下, 又省京中丨, 遂為亮形.'」)"라고 하였다.(≪통훈정성≫)

② 갑골문   소전

甲3939   설문해자

'倞'자는 갑골문과 소전의 자형이 모두 '人'과 '京'으로 이루어져 있다. 갑골문에서 '倞'자가 무슨 뜻으로 쓰였는지는 아직 분명하지 않다.

52(4975) 傲 (업신여길 오)

傲, 倨也. 从人, 敖聲.

(「傲는 거만하다는 뜻이다. 人은 의미부분이고, 敖(오)는 발음부분이다.」)

53(4976) 仡① (끌밋할 흘)

仡, 勇壯也. 从人, 气聲. <周書>曰: "仡仡勇夫."②

(「仡은 용감하고 씩씩하다는 뜻이다. 人은 의미부분이고, 气(기)는 발음부분이다. <주서(周書)>에 이르기를 "용감하고 씩씩한 무사들."이라고 하였다.」)

①오늘날 이 글자는 '仡'로 쓴다.

소전에서는 '气'자와 '乞(걸)'자의 구분이 없었다. 예서에 이르러 그 구별을 하기 위해 '气'자에서 가로획 하나를 뺀 '乞'자를 새로 만들어 오늘날까지 쓰이고 있다. 현재 '忔(편편할 골)'·'㐹(수고로울 굴)'·'屹(산 우뚝 솟을 흘)'·'訖(이를 흘; 마칠 글)'·'忔(기쁠 흘)'·'汔(물 마를 흘)'·'迄(이를 흘)' 등에서의 '乞' 부분은 모두 소전의 '气'자에서 온 것이다.

②현재 전해지는 ≪서경(書經)·주서·진서(秦誓)≫에서는 '仡仡'을 '仡仡'로 썼다.

≪계전≫과 ≪구두≫에는 이다음에 '是也(시야)' 두 글자가 더 있다.

54(4977) 倨 (거만할 거)

倨, 不遜也. 从人, 居聲.

(「倨는 불손하다는 뜻이다. 人은 의미부분이고, 居(거)는 발음부분이다.」)

55(4978) 儼 (공경할 엄)

儼, 昂頭也. 从人, 嚴聲. 一曰好皃.①
(「儼은 머리를 든다는 뜻이다. 人은 의미부분이고, 嚴(엄)은 발음부분이다. 일설에는 예쁜 모습을 뜻한다고도 한다.」)

①≪구두≫에서는 ≪고금운회(古今韻會)≫에 근거하여 "一曰好皃也. 一曰恭也.(「일설에는 예쁜 모습을 뜻한다고도 한다. 일설에는 공손(恭遜)하다는 뜻이라고도 한다.」)"라고 하였다.

56(4979) 傪 (아리따울 참)

傪, 好皃.① 从人, 參聲.②
(「傪은 예쁜 모습을 뜻한다. 人은 의미부분이고, 參(삼·참)은 발음부분이다.」)

①≪계전≫에서는 '皃(모)'를 '也(야)'로 썼다.

②

갑골문에는 '傪'자가 보이지 않고, 전국(戰國)시대 금문과 소전은 모두 '人'과 '參'으로 이루어져 있다.

57(4980) 俚 (속될 리)

俚, 聊也.① 从人, 里聲.
(「俚는 의지한다는 뜻이다. 人은 의미부분이고, 里(리)는 발음부분이다.」)

①≪주≫와 ≪구두≫에서는 ≪한서(漢書)·이포전(李布傳)≫ 진작(晉灼)의 주에서 인용한 ≪방언(方言)≫에 근거하여 '聊(의지할 료)'를 '賴(힘입을 뢰)'로 고쳐 썼다.

장순휘(張舜徽)는 "오늘날 속칭 정신이 의탁할 곳이 없는 것을 '無聊(무료)'라고 하는데, 곧 의지할 곳이 없다는 말이다.(「今俗稱精神無所依託爲'無聊', 卽言無所依賴也..」)"라고 하였다.(≪설문해자약주(說文解字約注)≫)

58(4981) 伴 (짝 반)

伴, 大皃. 从人, 半聲.
(「伴은 큰 모습을 뜻한다. 人은 의미부분이고, 半(반)은 발음부분이다.」)

①단옥재는 "≪광운(廣韻)≫에서 말하길 '짝을 뜻한다. (또) 의지한다는 뜻이다.'라고 하였는데, (이것은) 오늘날의 뜻이다. <부부(夫部)> 扶(함께 갈 반)자에서 이르기를 '伴侶라고 할 때의 伴자처럼 읽는다'라고 하였으니, 한(漢)나라 때 伴侶라는 말이 없지는 않았음을 알 수 있다. 허신은 속어를 채택하지 않았던 것이고, 발음 면에서 伴侶를 언급한 것이다.(「≪廣韵≫云: '侶也; 依也.' 今義也. <夫部>扶下曰: '讀若伴侶之伴.' 知漢時非無伴侶之語. 許於俗語不之取耳. 至聲類乃云伴侶.」)"라고 하였다.(≪주≫)

59(4982) 俺 (나 엄)

俺, 大也. 从人, 奄聲.①
(「俺은 크다는 뜻이다. 人은 의미부분이고, 奄(엄)은 발음부분이다.」)

①단옥재는 "(俺)은 奄과 뜻이 거의 같다. 奄은 크게 여유가 있다는 뜻이다.(「與奄義略同. 奄, 大有餘也.」)"라고 하였다.(≪주≫) 즉 발음부분에도 뜻이 있다는 의미이다.

60(4983) 僩 (굳셀 한)

僩, 武皃. 从人, 閒聲. ≪詩≫曰: "瑟兮僩兮."①
(「僩은 위엄이 있는 모습을 뜻한다. 人은 의미부분이고, 閒(한)은 발음부분이다. ≪시경(詩經)≫에 이르기를 "의젓하고 위엄이 있네."라고 하였다.」)

①≪시경·위풍(衛風)·기오(淇奧)≫에 나오는 글귀.

61(4984) 伾 (힘셀 비)

伾, 有力也. 从人, 丕聲. ≪詩≫曰: "以車伾伾."①
(「伾는 힘이 있다는 뜻이다. 人은 의미부분이고, 丕(비)는 발음부분이다. ≪시경(詩經)≫에 이르기를 "수레를 끌며 힘차게 달리네."라고 하였다.」)

①≪시경・노송(魯頌)・경(駉)≫에 나오는 글귀.

62(4985) 偲 (굳셀 시)

偲, 彊力也.① 从人, 思聲. ≪詩≫曰: "其人美且偲."②
(「偲는 강한 힘을 뜻한다. 人은 의미부분이고, 思(사)는 발음부분이다. ≪시경(詩經)≫에 이르기를 "그 사람 멋지고 힘도 세네."라고 하였다.」)

①≪계전≫과 ≪구두≫에서는 '彊(강)'을 '强(강)'으로 썼다.
②≪시경・제풍(齊風)・노령(盧令)≫에 나오는 글귀.

63(4986) 倬 (클 탁)

倬, 箸大也.① 从人, 卓聲. ≪詩≫曰: "倬彼雲漢."②
(「倬은 밝고 크다는 뜻이다. 人은 의미부분이고, 卓(탁)은 발음부분이다. ≪시경(詩經)≫에 이르기를 "밝고 큰 저 은하수."라고 하였다.」)

①≪계전≫에서는 '箸(저)'를 '著(저)'로 썼다.(이하 같음)
옛날에 '箸'와 '著'는 서로 통용하였다.
단옥재는 "箸大(저대)란 저명(箸明)의 큼을 뜻한다.(「箸大者, 箸明之大也.」)"라고 하였다.(≪주≫)
②≪시경・대아(大雅)≫ <역박(棫樸)>과 <운한(雲漢)> 두 편에 같이 나오는 글귀.

64(4987) 侹 (멀쑥할 정, 꼿꼿할 정, 대신할 정)

侹, 長皃. 一曰箸地; 一曰代也. 从人, 廷聲.
(「侹은 긴 모습을 뜻한다. 일설에는 땅에 닿았다는 뜻이라고도 한다. 일설에는 대신한다는 뜻이라고도 한다. 人은 의미부분이고, 廷(정)은 발음부분이다.」)

65(4988) 倗 (부탁할 붕)

倗, 輔也. 从人, 朋聲.① 讀若陪位.
(「倗은 돕는다는 뜻이다. 人은 의미부분이고, 朋(붕)은 발음부분이다. 발음은 쌓아 올린다는 뜻의 陪(배)자처럼 읽는다.」)

人부 倗偏   29

① 갑골문   서주금문

춘추금문   소 전

 '倗'자는 갑골문, 금문 그리고 소전 등의 자형이 모두 '人'과 '朋'으로 이루어져 있다. 다만 춘추(春秋)시대 금문 <남강정(南疆鉦)>에서는 '土(토)'가 더해지기도 하였다.
 이효정(李孝定)선생은 "≪설문해자≫를 연구하는 사람들은 대부분 倗을 친구라는 뜻의 朋자의 본자(本字)라고 여기고 있으면서, 倗이 朋의 이체자(異體字)라는 것은 모르고 있다. 朋은 조개를 묶은 모양을 그린 글자로, 목걸이를 뜻하였고, 倗은 사람이 목걸이를 한 것이니, 사실상 (朋과 倗은) 같은 글자이다.(「治≪說文≫者多以此 爲朋友之本字, 不知此仍朋之異文也. 蓋朋象朋貝, 亦則頸飾. 倗則象人着頸飾之形, 其 實一也.」)"라고 하였다.(≪갑골문자집석(甲骨文字集釋)≫)
 금문에서 '朋'자는 '조개 묶음'을 뜻하고, '倗'자는 '친구'라는 뜻으로 나뉘어 쓰였는데, 뒤에 경전에서 '朋'자가 친구라는 뜻으로 널리 쓰이게 되자 '倗'자는 그 자리를 잃어버렸다.

66(4989) 偏 (매우 성할 선)

偏, 熾盛也. 从人, 扇聲. ≪詩≫曰: "豔妻偏方處."①
('偏은 불꽃처럼 왕성하다는 뜻이다. 人은 의미부분이고, 扇(선)은 발음부분이다. ≪시경(詩經)≫에 이르기를 "예쁜 아낙 불꽃처럼 성하니 임금과 함께 사네."라고 하였다.」)

 ①현재 전해지는 ≪시경·소아(小雅)·시월지교(十月之交)≫에서는 '偏'을 '煽(성할 선, 부추길 선)'으로 썼다.
 단옥재는 "내 생각에, ≪시경≫에서는 본래 偏으로 썼는데, 후세 사람이 훈이 '불꽃처럼'이라는 이유로 억지로 煽자를 만들었다. 옛날에는 扇자와 통해서 썼다.(「按:

≪詩≫本作偏, 後人以訓熾之故, 肊造煽字耳. 古通作扇.」)"라고 하였다.(≪주≫)

≪계전≫에는 '豔妻(염처)' 두 글자가 없다. 아마 후대에 편집하는 과정에서 빠진 것 같다.

67(4990) 儆 (경계할 경)

儆, 戒也. 从人, 敬聲. ≪春秋傳≫曰: "儆宮."①
(「儆은 경계(警戒)한다는 뜻이다. 人은 의미부분이고, 敬(경)은 발음부분이다. ≪춘추전(春秋傳)≫에 이르기를 "궁(宮)을 경계하였다."라고 하였다.」)

①≪춘추좌전(春秋左傳)·양공(襄公) 9년≫에 나오는 글귀.
≪계전≫과 ≪구두≫에는 이다음에 '是也(시야)' 두 글자가 더 있다.

68(4991) 俶 (비롯할 숙, 착할 숙; 고상할 척)

俶, 善也.① 从人, 叔聲. ≪詩≫曰: "令終有俶."② 一曰始也.③
(「俶은 좋다는 뜻이다. 人은 의미부분이고, 叔(숙)은 발음부분이다. ≪시경(詩經)≫에 이르기를 "끝이 좋으려면 처음이 좋아야 한다네."라고 하였다. 일설에는 시작한다는 뜻이라고도 한다.」)

①주준성은 "이 글자는 倐(숙)으로도 쓰는데, 경전(經傳)에서는 모두 淑(숙)자를 빌려서 쓴다.(「字亦作倐, 經傳皆以淑為之.」)"라고 하였다.(≪통훈정성≫)
②≪시경·대아(大雅)·기취(旣醉)≫에 나오는 글귀.
③≪이아(爾雅)·석고(釋詁)≫에 보인다.

69(4992) 傭 (머슴 용)

傭, 均直也.① 从人, 庸聲.②
(「傭은 고르고 곧다는 뜻이다. 人은 의미부분이고, 庸(용)은 발음부분이다.」)

①≪주≫에서는 ≪옥편(玉篇)≫과 ≪광운(廣韻)≫에 근거하여 '均(균)'자 뒤에 '也(야)'자 한 글자를 보충하였다. 즉 "고르다는 뜻이다. (또) 곧다는 뜻이다"라는 의미이다.
②서호(徐灝)는 '庸'과 '傭'은 고금자(古今字)라고 하였다.(≪설문해자주전(說文解字注箋)≫)

70(4993) 僾 (방불할 애)

僾, 仿佛也.① 从人, 愛聲.② ≪詩≫曰: "僾而不見."③
(「僾는 어렴풋하다는 뜻이다. 人은 의미부분이고, 愛(애)는 발음부분이다. ≪시경(詩經)≫에 이르기를 "어렴풋해서 잘 보이지 않네."라고 하였다.」)

  ①서개는 "보이는 것의 불분명함을 뜻한다.(「見之不明也.」)"라고 하였다.(≪계전≫)
  단옥재는 "仿佛(방불)은 俩佛로 쓰기도 하고, 또는 髣髴, 또는 拂抜, 또는 放怫로 쓰기도 하며, 속어(俗語)로는 彷彿로 쓴다. 仿은 또 髣으로 쓰기도 한다.(「仿佛或作俩佛, 或作髣髴, 或作拂抜, 或作放怫, 俗作彷彿. 仿或又作髣.」)"라고 하였다.(≪주≫)
  ②≪계전≫에서는 '愛'를 '㤅'로 썼다.
  ③현재 전해지는 ≪시경·패풍(邶風)·정녀(靜女)≫에서는 '僾'를 '愛(애)'로 썼다.

71(4994) 仿 (비슷할 방)

仿, 相似也.① 从人, 方聲. 俩, 籒文仿, 从丙.
(「仿은 서로 비슷하다는 뜻이다. 人은 의미부분이고, 方(방)은 발음부분이다. (4994-1) 俩은 仿의 주문(籒文)으로 (方 대신) 丙(병)을 썼다.」)

  ①≪계전≫에서는 '也(야)'를 '皃(모)'로 썼다.
  한편 ≪주≫에서는 ≪문선(文選)≫ <감천부(甘泉賦)>와 <경복전부(景福殿賦)>에 대한 이선(李善)의 주에 근거하여 이 글귀를 "仿佛, 相似. 視不諟也.(「仿佛(방불)로, 서로 비슷하다는 뜻이다. 자세히 보아도 분명하지 않다는 뜻이다.」)"로 고쳐 썼다.
  또 ≪구두≫에서는 ≪주≫에 근거하여 ≪주≫의 내용과 거의 비슷하게 고쳐 썼는데, 다만 '視不諟也(시불시야)'를 '見不諦也(견불체야)'로 고쳐 썼다. 뜻은 비슷하다.
  장순휘(張舜徽)는 "'비슷하다'라는 뜻이 곧 仿자의 본래의 뜻이다. 인신(引伸)하여 무릇 틀을 본떠서 비슷하게 하려고 하는 것(즉 모방하는 것) 역시 仿이라고 한다.(「相似乃仿字之本義. 引申之, 則凡有所效法以求其近似者亦曰仿.」)"라고 하였다. (≪설문해자약주(說文解字約注)≫)

72(4995) 佛 (부처 불)

佛, 見不審也.① 从人, 弗聲.

(「佛은 보이는 것이 분명하지 않다는 뜻이다. 人은 의미부분이고, 弗(불)은 발음부분이다.」)

①≪계전≫에서는 '審(살필 심)'을 '諟(살필 시)'로 썼다.

한편 ≪주≫에서는 ≪옥편(玉篇)≫과 ≪설문해자≫ 통례에 근거하여, 그리고 ≪구두≫에서는 ≪주≫를 따라서 이 글귀를 '仿佛也(방불야)'라고 고쳐 썼다.

그리고 단옥재는 "내 생각에, <표부(髟部)>에 '髴(불)'자가 있는데, 그 해설에 말하기를 '髴은 비슷하다는 뜻이다'라고 하였는데, 곧 佛자의 혹체자(或體字)이다. (「按: <髟部>有髴, 解云: '髴, 若似也.' 卽佛之或字.」)"라고 하였다.

'佛'은 본래 '비슷하다'는 뜻의 '仿佛(방불)'이라는 연면사(連綿詞) 가운데의 한 글자이다. '仿佛'은 '彷彿(방불)', '髣髴(방불)' 등으로도 쓴다.

불교(佛敎)가 중국에 들어온 이후 'Buddha(붓다)'에 대한 중국어 발음 표기로 '佛陀(불타)'를 쓰기 시작하면서 '佛'자는 불교 관계 낱말을 대표하는 글자가 되었다.

73(4996) 偰 (소근거릴 설)

偰, 聲也.① 从人, 悉聲. 讀若屑.
(「偰은 소리를 뜻한다. 人은 의미부분이고, 悉(실)은 발음부분이다. 屑(설)처럼 읽는다.」)

①≪이아(爾雅)·석언(釋言)≫에 보인다.
≪옥편(玉篇)≫을 보면 "작은 소리를 뜻한다.(「小聲也.」)"라고 하였다.

74(4997) 僟 (삼갈 기)

僟, 精謹也. 从人, 幾聲.① <明堂月令>"數將僟終."②
(「僟는 세심하게 삼간다는 뜻이다. 人은 의미부분이고, 幾(기)는 발음부분이다. <명당월령(明堂月令)>에 "(1년의) 수가 장차 거의 끝나간다."라고 하였다.」)

①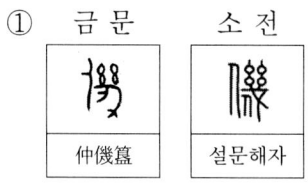

금문	소전
仲僟簋	설문해자

갑골문에는 '僟'자가 보이지 않는다.

서주(西周) 금문과 소전의 자형은 모두 '人'과 '幾'로 이루어져 있다.
'僟'는 명문(銘文)에서 사람의 이름으로 쓰였고, 경전에서는 잘 쓰이지 않는 글자이다.
②현재 전해지는 ≪예기(禮記)·월령(月令)≫에서는 '僟'를 '幾"로 썼다.

75(4998) 佗 (다를 타, 짊어질 타)

佗, 負何也. 从人, 它聲.①
(「佗는 짊어진다는 뜻이다. 人은 의미부분이고, 它(타)는 발음부분이다.」)

① 금 문   소 전

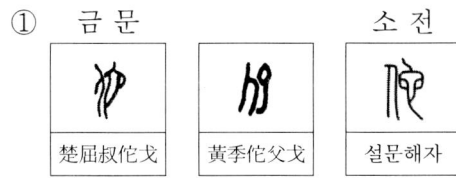

갑골문과 서주(西周) 금문에는 '佗'자가 보이지 않는다.
춘추(春秋)시대 금문과 소전의 자형은 모두 '人'과 '它'로 이루어져 있다.
단옥재는 "예서에서 佗는 他로 변하였고, '그것'이라고 지칭하는데 쓰인다.(「隸變佗爲他, 用爲彼之偁.」)"라고 하였다.(≪주≫)

76(4999) 何 (어찌 하)

何, 儋也.① 从人, 可聲.②
(「何는 儋(짐 담)이다. 人은 의미부분이고, 可(가)는 발음부분이다.」)

①'何'는 본래 '짊어지다'라는 뜻이었는데, 뒤에 의문대명사 '무엇'으로 가차(假借)되어 쓰이자 발음이 비슷한 '荷(짐 하)'자를 빌려서 그 자리를 보충하였다.
≪계전≫·≪주≫·≪구두≫ 등에는 이다음에 "一曰誰也.(「일설에는 '누구'라는 뜻이라고도 한다.」)"라는 글귀가 더 있다.

① 갑골문   상 금문

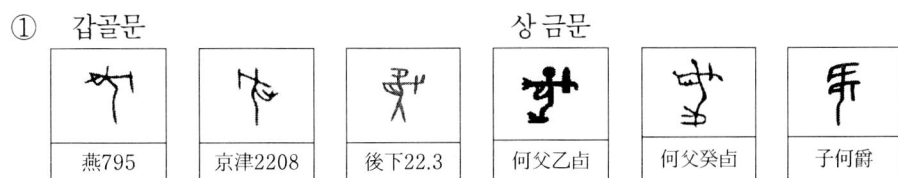

'何'자는 갑골문과 상(商)나라 금문을 보면 사람이 어떤 물건을 짊어지고 있는 모양을 그린 상형자임을 알 수 있다. 오늘날 이 뜻으로는 '荷'자를 쓴다.

이효정(李孝定)선생은 갑골문의 '何'자는 사람[人]이 '丁'(=可)(즉 柯, 도끼자루 가)를 짊어진 모양을 그린 형태(<연(燕) 795>)를 기본으로, 戈(과)를 짊어진 자형(<후하(後下) 22.3>)도 있는데, 여기에서의 '可'와 '戈'는 발음부분의 역할도 담당한다고 하였다.(≪갑골문자집석(甲骨文字集釋)≫)

금문에서는 '丁' 부분에 '口(구)'를 더하여 현재와 같은 '何'자로 쓴 형태(<하궤(何簋)>)도 있는데, 소전은 이 자형을 따랐다.

77(5000) 儋 (짐 담)

儋, 何也.① 从人, 詹聲.②
(「儋은 何(어찌 하)이다. 人은 의미부분이고, 詹(첨)은 발음부분이다.」)

①'儋'과 (4999) '何'는 전주(轉注) 관계이다.

단옥재는 "儋은 속자로 擔(담)으로 쓴다. 위소(韋昭)는 ≪국어(國語)·제어(齊語)≫ 주에서 이르기를 '등에 짊어지는 것은 負(부)라고 하고, 어깨에 메는 것은 儋이라고 한다. 任(임)은 抱(안을 포)이고, 何는 揭(들 게)이다.'라고 하였다. 내 생각에, 통합해서 말하면 어깨에 메든, 손으로 들든, 등에 지든, 머리에 이든지 간에 모두 儋이라고 말할 수 있다.(「儋俗作擔. 韋昭≪齊語≫注曰: '背曰負, 肩曰儋; 任, 抱也; 何, 揭也.' 按: 統言之, 則以肩, 以手, 以背, 以首, 皆得云儋也.」)"라고 하였다.(≪주≫)

②

갑골문에는 '儋'자가 보이지 않고, 전국(戰國)시대 금문과 소전의 자형은 '儋'으로 같다.

78(5001) 供 (베풀 공, 받들 공)

供, 設也. 从人, 共聲. 一曰供給.
(「供은 베푼다는 뜻이다. 人은 의미부분이고, 共(공)은 발음부분이다. 일설에는 공급한다는 뜻이라고도 한다.」)

79(5002) 偫 (기다릴 치)

偫, 待也.① 从人, 从待.②
(「偫는 기다린다는 뜻이다. 人과 待(대)는 (모두) 의미부분이다.」)

①단옥재는 "첩운으로 뜻풀이를 한 것이다. 물건을 쌓아놓고 쓰이기를 기다리고 있다는 말이다. 偫는 경전에서는 跱(머뭇거릴 치)로 쓰기도 하고, 또는 庤(쌓을 치)로 쓰기도 한다.(「以疊韻爲訓. 謂儲物以待用也. 偫, 經典或作跱, 或作庤.」)"라고 하였다.(≪주≫)

②≪계전≫과 ≪구두≫에서는 "待聲.(「待는 발음부분이다.」)"이라고 하였고, ≪통훈정성≫에서는 "从人, 从待. 會意. 待亦聲.(「人과 待는 (모두) 의미부분이다. 회의(會意)이다. 待는 발음부분이기도 하다.」)"이라고 하였다.

참고로 '偫'의 고음은 *diəγ / ḍi(디→치)이고, '待'의 고음은 *dəγ / ḍəi(더이→대)이다. 두 글자는 상고음(上古音)의 첫소리가 [d-]로 같고, 주모음(主母音)과 운미(韻尾)가 [əγ]로 같다. 그래서 '偫'자에서 '待'가 발음부분이 될 수 있는 것이다. 그러므로 ≪계전≫·≪통훈정성≫·≪구두≫ 등에서 '偫'자에서 '待'가 발음부분이라는 풀이는 근거가 있는 것이다.

주준성은 '偫'와 '待'는 같은 글자라고 하였다.(≪통훈정성≫)

80(5003) 儲 (쌓을 저)

儲, 偫也.① 从人, 諸聲.
(「儲는 (물건을 쌓아놓고 쓰이기를) 기다린다는 것이다. 人은 의미부분이고, 諸(제)는 발음부분이다.」)

①≪구두≫에는 '偫(기다릴 치)'자 다음에 '具(구)'자가 한 글자 더 있다.
(바로 앞에 나온 (5002) '偫'자 주해 ①번 참조)

81(5004) 備 (갖출 비)

備, 愼也. 从人, 葡聲.① 俻, 古文備.②

(「備는 신중(愼重)하다는 뜻이다. 人은 의미부분이고, 葡(비)는 발음부분이다. (5004-1) 俻는 備의 고문(古文)이다.」)

① 갑골문	서주 금문	춘추 금문	전국 금문	소 전	고 문
合集565	元年師旐簋	洹子孟姜壺	中山王鼎	설문해자	설문해자

'備'자는 갑골문과 금문 그리고 소전의 자형이 모두 '人'과 '葡'로 이루어졌다. 참고로 '葡'는 화살통을 그린 상형자이다.

②계복은 "攵(복)은 가는 것의 신중함이요, 女(녀)는 사람의 신중함이다.(「攵者, 行之愼也; 女者, 人之愼也.」)"라고 하였다.(≪설문단주초안(說文段注鈔案)≫)

상승조(商承祚)는 ≪설문해자≫에 수록된 고문의 '俻'자에서 '夆' 부분은 금문의 '葡' 부분을 잘못 쓴 것이라고 하였다.(≪설문중지고문고(說文中之古文考)≫)

82(5005) 位 (벼슬 위, 자리 위)

位, 列中庭之左右謂之位. 从人・立.①

(「位, 조정에서 좌우로 늘어선 자리를 일컬어 位라고 한다. 人과 立(립)은 (모두) 의미부분이다.」)

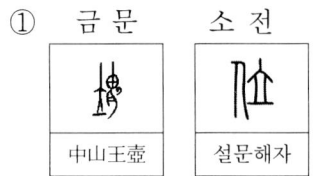

갑골문에는 '位'자가 보이지 않고, 전국(戰國)시대 금문에서는 '人' 대신 '鬼(귀)'를 썼다.

≪구두≫에는 '立'자 다음에 빈 칸 표시인 '□'가 하나 있다. 이에 대해 왕균은 '聲(성)'자가 빠진 것이 아닌가 하였다.

이 주장에 의하면 '位'자에서 '立'이 발음부분이라는 것인데, 단옥재(≪주≫)・주준성(≪통훈정성≫) 등은 '位'는 회의자라고 하였다.

83(5006) 儐 (인도할 빈, 손님 대접할 빈)

儐, 導也.① 从人, 賓聲.② 擯, 儐或从手.③
(「儐은 인도(引導)한다는 뜻이다. 人은 의미부분이고, 賓(빈)은 발음부분이다. (5006-1) 擯은 儐의 혹체자(或體字)로 (人 대신) 手(수)를 썼다.」)

①≪계전≫에서는 '導(도)'를 '道(도)'로 썼다.
서개는 "손님을 인도한다는 뜻이다.(「道賓也.」)"라고 설명하였다.

② 갑골문　　　　금문　　소전　　혹체

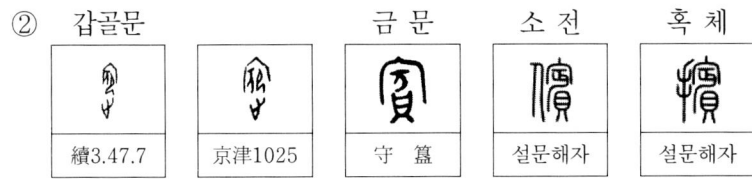

'儐'자는 갑골문을 보면 집[宀(멱) 또는 宀(면)] 안에 사람[人]이 있고, 그 아래에 발[止(=止, 지)]이 그려져 있다. 서주(西周) 금문에서는 단순히 '賓'으로 썼다.

이에 대해 왕국유(王國維)는 "'賓'은 윗부분[宀]은 집이고, 아랫부분은 사람과 止로 이루어졌는데, 주인이 집 아래에 있는 것을 그린 것이고, 그 뜻은 손님을 맞이한다는 것이다. (도착하였다는 뜻을 나타내는 글자로서) 各(각)과 客(객)자에 夂(치)가 쓰인 것은 그 뜻이 모두 이와 같다. 금문과 소전에서 止가 貝(패)로 바뀐 것은 뒤에 생겨난 글자이다. 옛날에 손님이 도착하면 반드시 예물을 주는 일이 있는데, 그것을 일컬어 賓이라고 한다. 그래서 그 글자에 貝를 쓴 것이다. 그 뜻은 ≪예경(禮經)≫의 儐자와 같다.(「賓, 上从屋, 下从人, 从止, 象人主屋下, 其義爲賓. 各客二字, 从夂, 義皆如此. 金文及小篆, 易从止爲从貝者乃後起字. 古者賓客至, 必有物以贈之之事, 謂之賓. 故其字从貝. 其義卽≪禮經≫之儐字也.」)"라고 하였다.(≪관당집림(觀堂集林)≫)

이 설은 많은 학자들이 동의하고 있다.(제6편 하 제228부 <패부(貝部)> (3948) '賓'자 참조)
③≪계전≫과 ≪구두≫에는 '手'자 다음에 '作(작)'자가 한 글자 더 있다.

84(5007) 偓 (거리낄 악, 신선 이름 악)

偓, 佺也.① 从人, 屋聲.
(「偓은 偓佺(악전, 신선의 이름)이다. 人은 의미부분이고, 屋(옥)은 발음부분이다.」)

①≪계전≫과 ≪주≫에서는 "偓, 偓佺, 古仙人名也.(「偓은 偓佺으로, 옛날 신선의 이름이다.」)"라고 하였다.
또한 ≪의증≫·≪통훈정성≫·≪교록≫ 등에서는 "偓佺也."라고 하였다.

85(5008) 佺 (신선 이름 전)

佺, 偓佺, 仙人也.① 从人, 全聲.
(「佺은 偓佺(악전)으로, 신선(의 이름)이다. 人은 의미부분이고, 全(전)은 발음부분이다.」)

①≪계전≫과 ≪주≫에서는 "偓佺也."라고 하였다.
한편 ≪통훈정성≫에서는 '仙(선)'을 '僊(선)'으로 썼다. 왕균도 '仙'은 마땅히 '僊'으로 써야 한다고 하였다.(≪구두≫)

86(5009) 儑 (심복할 섭)

儑, 心服也.① 从人, 聶聲.
(「儑은 마음으로 복종한다는 뜻이다. 人은 의미부분이고, 聶(섭)은 발음부분이다.」)

①단옥재는 "<심부(心部)> 慴(섭)자에 이르기를 '일설에는 마음으로 복종한다는 뜻이라고도 한다.(「一曰心服也.」)'라고 하였다. 그러한 즉 이 두 글자는 발음과 뜻이 같다. ≪광운(廣韻)≫에는 儑자가 없다.(「<心部>慴下: '一曰心服也.' 然則二字音義同. ≪廣韻≫無儑.」)"라고 하였다.(≪주≫)
참고로 제10편 하 제408부 <심부> (6903) '慴'자 해설을 보면, "慴, 失气也. 从心, 聶聲. 一曰服也.(「慴은 기운을 잃었다는 뜻이다. 心은 의미부분이고, 聶(섭)은 발음부분이다. 일설에는 복종한다는 뜻이라고도 한다.」)"라고 하였다.

87(5010) 仢 (외나무다리 작)

仢, 約也.① 从人, 勺聲.
(「仢은 작약(仢約, 외나무다리)을 뜻한다. 人은 의미부분이고, 勺(작)은 발음부분이다.」)

①왕균은 "다른 여러 책에서는 约(작)으로 썼다. ≪광운(廣韻)≫에서는 '约은 가로막대로 (이것으로) 물을 건넌다.(「约, 橫木, 渡水.」)'라고 하였고, ≪태평어람(太

平御覽)≫에 이르기를 '≪설문해자≫에서 榷(교)는 물 위에 놓인 가로막대로, 물을 건너는 도구이다. 約이라고도 쓴다.(「≪說文≫: 榷, 水上橫木, 所以渡也. 亦作約.」)'라고 하였다. 오늘날은 이것을 일컬어 '략약(略約)'이라고 한다. 내 생각에, 이것은 仢·榷·約 등 세 글자는 세 가지 이름으로 한 가지 사물을 가리키는 것이다.(「羣書作仢. ≪廣韻≫: '仢, 橫木渡水.' ≪御覽≫曰: '≪說文≫: 榷, 水上橫木, 所以渡也. 亦作約.' 今謂之略約. 案: 此則仢·榷·約三名而一物也..」)라고 하였다.(≪구두≫)

참고로 제6편 상 제206부 <목부(木部)> (3764) '榷'자 해설을 보면, "榷, 水上橫木, 所以渡者也. 从木, 寉聲.(「榷는 물 위에 놓인 가로막대로, 물을 건너는 도구이다. 木(목)은 의미부분이고, 寉(혹·각·확)은 발음부분이다.」)"이라고 하였다.

88(5011) 儕 (무리 제)

儕, 等輩也. 从人, 齊聲.① ≪春秋傳≫曰: "吾儕小人."②
(「儕는 무리를 뜻한다. 人은 의미부분이고, 齊(제)는 발음부분이다. ≪춘추전(春秋傳)≫에 이르기를 "우리 이 소인 무리들."이라고 하였다.」)

① 서주 금문 춘추 금문 소 전

五年師旋簋 殷敎盤 설문해자

갑골문에는 '儕'자가 보이지 않는다.
금문과 소전의 자형은 모두 '人'과 '齊'로 이루어져 있다.
②≪춘추좌전(春秋左傳)≫ <선공(宣公) 11년>과 <양공(襄公) 17년>에 나오는 글귀.

89(5012) 倫 (인륜 륜)

倫, 輩也. 从人, 侖聲. 一曰道也.①
(「倫은 무리를 뜻한다. 人은 의미부분이고, 侖(륜)은 발음부분이다. 일설에는 도리를 뜻한다고도 한다.」)

①≪계전≫에는 이 글귀가 없다.

90(5013) 侔 (같을 모)

侔, 齊等也. 从人, 牟聲.
(「侔는 균등(均等)하다는 뜻이다. 人은 의미부분이고, 牟(모)는 발음부분이다.」)

91(5014) 偕 (함께 할 해, 굳셀 해; 같을 혜)(고음 계)

偕, 彊也.① 从人, 皆聲.② ≪詩≫曰: "偕偕士子."③ 一曰俱也.
(「偕는 굳세다는 뜻이다. 人은 의미부분이고, 皆(개)는 발음부분이다. ≪시경(詩經)≫에 이르기를 "건장하구나, 관원들이여."라고 하였다. 일설에는 함께 한다는 뜻이라고도 한다.」)

①≪계전≫에서는 '彊(강)'을 '强(강)'으로 썼다.
②≪계전≫에서는 "從人·皆, 皆亦聲.(「人과 皆는 (모두) 의미부분인데, 皆는 발음부분이기도 하다.」)"이라고 하였다.
③≪시경·소아(小雅)·북산(北山)≫에 나오는 글귀.

92(5015) 俱 (모두 구)

俱, 偕也.① 从人, 具聲.
(「俱는 함께 한다는 뜻이다. 人은 의미부분이고, 具(구)는 발음부분이다.」)

①≪주≫와 ≪통훈정성≫에서는 '偕(함께 할 해)'를 '皆(모두 개)'로 썼다. 왕균은 "偕와 俱는 서로 훈을 하며, 훈도 역시 모두 '함께 한다'라는 뜻이다. 그래서 偕와 俱는 곧 皆와 具의 분별문(分別文, 부수가 더해지면서 뜻이 달라진 글자)임을 알 수 있다.(「偕·俱互訓, 而皆亦訓俱. 所以見偕·俱, 即皆·具之分別文.」)"라고 하였다.(≪구두≫)

93(5016) 儹 (모여서 의논할 찬)

儹, 最也.① 从人, 贊聲.
(「儹은 모은다는 뜻이다. 人은 의미부분이고, 贊(찬)은 발음부분이다.」)

①≪주≫와 ≪통훈정성≫에서는 '最(최)'를 '冣(모을 취)'로 썼다. 여기에서는 이에 따라 번역하였다.

참고로 ≪광운(廣韻)·완운(緩韻)≫을 보면 "儹은 모은다는 뜻이다.(「儹, 聚也.」)"라고 하였다. 옛날에 '聚(취)'와 '冣'는 통용하였다.

94(5017) 倂 (나란히 할 병)

倂, 並也. 从人, 幷聲.
(「倂은 나란히 서 있다는 뜻이다. 人은 의미부분이고, 幷(병)은 발음부분이다.」)

95(5018) 傅 (스승 부, 베풀 부)

傅, 相也.① 从人, 尃聲.
(「傅는 보좌한다는 뜻이다. 人은 의미부분이고, 尃(부)는 발음부분이다.」)

①계복은 한(漢)나라 때 왕들은 (보좌역으로) '傅'도 두었고, '相(상)'도 두었다고 하였다.(≪의증≫)

96(5019) 侙 (조심할 칙)

侙, 惕也. 从人, 式聲. ≪春秋國語≫曰: "於其心侙然."①
(「侙은 두려워한다는 뜻이다. 人은 의미부분이고, 式(식)은 발음부분이다. ≪춘추국어(春秋國語)≫에 이르기를 "그 마음이 언제나 두렵고 불안하였다."라고 하였다.」)

①현재 전해지는 ≪국어·오어(吳語)≫에서는 '侙'을 '戚(척)'으로 썼다.
≪계전≫·≪주≫·≪구두≫ 등에는 이다음에 '是也(시야)' 두 글자가 더 있다.

97(5020) 俌 (도울 보)

俌, 輔也.① 从人, 甫聲.② 讀若撫.③
(「俌는 돕는다는 뜻이다. 人은 의미부분이고, 甫(보)는 발음부분이다. 撫(무)처럼 읽는다.」)

①단옥재는 "人의 俌는 車(거·차)의 輔(보)와 같음을 일컫는 것이다.(「謂人之俌猶車之輔也.」)"라고 하면서, 오늘날 '輔'자가 널리 쓰이면서 '俌'자는 잘 쓰이지 않게 되었다고 하였다.(≪주≫)

참고로 '輔'는 수레 바큇살의 힘을 돕는 나무를 뜻한다.

② 금 문   소 전

갑골문에는 '俌'자가 보이지 않고, 전국(戰國)시대 금문과 소전의 자형은 '俌'로 같다.(참고로 ≪한어고문자자형표(漢語古文字字形表)≫에서는 위의 금문을 '傅(부)'자로 소개하고 있다.)

③≪계전≫과 ≪구두≫에는 '撫'자 다음에 '也(야)'자가 한 글자 더 있다.

98(5021) 倚 (의지할 의)

倚, 依也. 从人, 奇聲.
(「倚는 依(의지할 의)이다. 人은 의미부분이고, 奇(기)는 발음부분이다.」)

99(5022) 依 (의지할 의)

依, 倚也.① 从人, 衣聲.②
(「依는 倚(의지할 의)이다. 人은 의미부분이고, 衣(의)는 발음부분이다.」)

①'依'와 (5021) '倚'는 전주(轉注) 관계이다.

② 갑골문   소 전

'依'자는 갑골문을 보면 옷[衣] 안에 사람[人]이 있는 형태이다.

이효정(李孝定)선생은 "갑골문의 '依'자는 사람이 옷을 입는 모양을 그린 것이다. '의지(依支)한다'라는 뜻은 인신의(引伸義)이다. 그 본래의 뜻은 당연히 동사로서, '옷을 벗다·옷을 입(히)다'라고 할 때의 두 번째 '衣'자의 뜻이다.(「字象人體著衣之形. '倚也'其引申義也. 其本義當爲動字, 卽'解衣·衣人'之第二'衣'字之義也.」)"라고 하였다.(≪갑골문자집석(甲骨文字集釋)≫)

100(5023) 仍 (인할 잉)

仍, 因也.① 从人, 乃聲.②
(「仍은 원인이 된다는 뜻이다. 人은 의미부분이고, 乃(내)는 발음부분이다.」)

①≪이아(爾雅)・석고(釋詁)≫에 보인다.
≪구두≫에서는 ≪유편(類篇)≫에 근거하여 이다음에 "關中語.(「관중(關中) 지방의 말이다.」)"라는 글귀를 보충하였다.

②'仍'의 고음은 양성운(陽聲韻) *njiəng / niIng(닁→잉)이고, '乃'의 고음은 음성운(陰聲韻) *nəɣ / nəi(너이→내)이다. 두 글자는 첫소리가 [n-]으로 같고, 상고음(上古音)의 주모음(主母音) 역시 [ə]로 같으며, 운미(韻尾)는 혀뿌리 소리[설근음(舌根音)]인 [-ɣ]과 [-ng]으로 발음 부위가 같다. 그래서 '仍'자에서 '乃'가 발음부분이 될 수 있는 것이다. 고대에 음성운과 양성운이 협운을 하는 것은 흔하지는 않지만 전혀 없는 일은 아니다.

101(5024) 佽 (도울 차, 민첩할 차, 편리할 차)

佽, 便利也. 从人, 次聲. ≪詩≫曰: "決拾旣佽."① 一曰遞也.
(「佽는 편리하다는 뜻이다. 人은 의미부분이고, 次(차)는 발음부분이다. ≪시경(詩經)≫에 이르기를 "활깍지와 어깨 보호대가 이미 너무 편리하네."라고 하였다. 일설에는 순서를 뜻한다고도 한다.」)

①≪시경・소아(小雅)・거공(車攻)≫에 나오는 글귀.

102(5025) 佴 (버금 이)

佴, 佽也.① 从人, 耳聲.②
(「佴는 순서를 뜻한다. 人은 의미부분이고, 耳(이)는 발음부분이다.」)

①≪계전≫에서는 '佽(편리할 차)'를 '次(차)'로 썼다.
왕균은 "이것은 (佽의) '遞(갈마들 체)'라는 뜻을 이어 받은 것이다. 즉 차제(次第, 순서)의 지칭이다.(「此承'遞也'一義. 卽次第之謂.」)"라고 하였다.(≪구두≫)
≪이아(爾雅)・석언(釋言)≫을 보면 "佴는 두 번째를 뜻한다.(「佴, 貳也.」)"라고 하였다.

②

갑골문에는 '伹'자가 보이지 않고, 서주(西周) 금문과 소전의 자형은 '伹'로 같다.

103(5026) 倢 (빠를 첩)

倢, 佽也. 从人, 疌聲.
(「倢은 빠르다는 뜻이다. 人은 의미부분이고, 疌(섭)은 발음부분이다.」)

①≪계전≫에서는 '佽(편리할 차)'를 '次(차)'로 썼다.
단옥재는 "이 풀이는 (佽의) '편리(便利)하다'라는 뜻을 이어 받은 것이다.(「此解篆'便利'之訓.」)"라고 하였다.(≪주≫)

104(5027) 侍 (모실 시)

侍, 承也. 从人, 寺聲.①
(「侍는 받든다는 뜻이다. 人은 의미부분이고, 寺(사)는 발음부분이다.」)

갑골문에는 '侍'자가 보이지 않고, 전국(戰國)시대 금문과 소전의 자형은 '侍'로 같다.
≪계전≫에서는 "從人, 從寺.(「人과 寺는 (모두) 의미부분이다.」)"라고 하였다.

105(5028) 傾 (기울어질 경)

傾, 仄也. 从人, 从頃①, 頃亦聲.
(「傾은 기울었다는 뜻이다. 人과 頃(경)은 (모두) 의미부분인데, 頃은 발음부분이기도 하다.」)

①단옥재는 "<측부(仄部)>에 이르기를 '仄은 傾이다.'라고 하였으니, 이 두 글자는 호훈(互訓) 관계이다. 옛날에는 대부분 頃(경)자를 빌려서 썼다. 또 내 생각에, 仄은 마땅히 矢(머리가 기울 녈)로 써야 할 것이다. (≪설문해자≫의) 矢자 해설을 보면, '矢은 기울어진 머리를 뜻한다.(「矢, 傾頭也.」)'라고 하였다. 여기에서 인신하여 무릇 기울어진 것은 모두 傾이라고 하는데, 矢과 仄은 뜻이 약간 다르다.(「<仄部>曰: '仄, 傾也.' 二字互訓. 古多用頃爲之. 又按: 仄當作矢. 矢下曰: '傾頭也.' 引申謂凡矢皆曰傾, 矢與仄義小異.」)"라고 하였다.(≪주≫)

참고로 제8편 상 제289부 <비부(匕部)> (5195) '頃'자 해설을 보면, "頃, 頭不正也. 从匕, 从頁.(「頃은 머리가 올바르지 않다는 뜻이다. 匕(비)와 頁(혈)은 (모두) 의미부분이다.」)"이라고 하였다.

106(5029) 側 (곁 측)

側, 旁也.① 从人, 則聲.②
(「側은 곁을 뜻한다. 人은 의미부분이고, 則(칙)은 발음부분이다.」)

①단옥재는 "올바르지 않은 것(기울어진 것)은 仄(측)이라고 하고, 가운데가 아닌 것은 側이라고 한다. 이 두 가지 뜻은 차이가 있는데, 경전에서는 대부분 통용한다.(「不正曰仄, 不中曰側. 二義有別, 經傳多通用.」)"라고 하였다.(≪주≫)

②

'側'자는 갑골문에는 보이지 않는다.

서주(西周) 금문에서는 가운데 부분을 '鼎(정)'으로 써서 '𠊱'으로 썼다.

고문자에서 '鼎'자는 글자의 모양이 비슷한 관계로 소전에서 종종 '貝(패)'로 변하기도 하였다.

107(5030) 侒 (편안할 안)

侒, 宴也.① 从人, 安聲.
(「侒은 편안하다는 뜻이다. 人은 의미부분이고, 安(안)은 발음부분이다.」)

46 人部 侐価付俜

①제7편 하 제269부 <면부(宀部)> (4558) '宴(연)'자 해설을 보면, "宴, 安也. 从宀, 妟聲.(「宴은 편안하다는 뜻이다. 宀(면)은 의미부분이고, 妟(안)은 발음부분이다.」)"이라고 하였다.

108(5031) 侐 (고요할 혁)

侐, 靜也. 从人, 血聲. ≪詩≫曰: "閟宮有侐."①
(「侐은 고요하다는 뜻이다. 人은 의미부분이고, 血(혈)은 발음부분이다. ≪시경(詩經)≫에 이르기를 "신궁(神宮)은 고요하도다."라고 하였다.」)

①≪시경·노송(魯頌)·비궁(閟宮)≫에 나오는 글귀.

109(5032) 付 (부칠 부)

付, 與也.① 从寸持物對人.②
(「付는 준다는 뜻이다. 손[寸(촌)]으로 물건을 쥐고 사람[人]을 대하는 형태(의 회의자)이다.」)

①≪계전≫과 ≪주≫에서는 '與(여)'를 '予(여)'로 썼고, ≪구두≫에서는 '与(여)'로 썼다.

② 상 금문   서주 금문   소 전

| 付 鼎 | 永 盂 | 兩 鼎 | 曶 鼎 | 散 盤 | 설문해자 |

갑골문에는 '付'자가 보이지 않는다.
금문을 보면 '人'에 '又(우)'를 쓴 형태(<부정(付鼎)>)와 '寸'을 쓴 형태(<영우(永盂)>) 등 두 종류가 있다. '又'와 '寸'은 모두 손을 그린 글자로서 뜻의 차이는 없다.

110(5033) 俜 (비틀거릴 빙, 호협(豪俠)할 빙)

俜, 使也.① 从人, 甹聲.
(「俜은 시킨다는 뜻이다. 人은 의미부분이고, 甹(병)은 발음부분이다.」)

①≪계전≫·≪주≫·≪구두≫ 등에서는 '使(사)'를 '俠(협)'으로 썼다.

111(5034) 俠 (의기 협)

俠, 俜也. 从人, 夾聲.
(「俠은 호협(豪俠)하다는 뜻이다. 人은 의미부분이고, 夾(협)은 발음부분이다.」)

112(5035) 僐 (머뭇거릴 천)

僐, 僐何也.① 从人, 亶聲.
(「僐은 머뭇거린다는 뜻이다. 人은 의미부분이고, 亶(단)은 발음부분이다.」)

①≪계전≫에는 '何(하)'자 앞의 '僐'자가 없다.
단옥재는 "(이러한 말은) 들어본 적이 없다. 만약 훈을 '擔何(담하, 짊어진다는 뜻)'라고 하면, 또 여기에서는 '곁'이라고 분석해서는 안 된다. 혹시 '僐回(천회, 머뭇거린다는 뜻)'로 써야하지 않을까 한다.(「未聞. 假令訓爲儋何, 則又不當析廁於此. 或當作僐回.」)"라고 하였다.(≪주≫)
≪통훈정성≫에서는 '僐回'로 썼다.
여기에서는 이 두 사람의 견해에 따라 번역하였다.

113(5036) 侁 (떼지어갈 신)

侁, 行皃.① 从人, 先聲.
(「侁은 다니는 모습을 뜻한다. 人은 의미부분이고, 先(선)은 발음부분이다.」)

①≪구두≫에서는 현응(玄應)의 ≪일체경음의(一切經音義)≫에 근거하여 이 글귀를 "侁侁, 往來行皃也.(「侁侁으로, 왕래하며 다니는 모습을 뜻한다.」)"라고 보충하여 썼다.

114(5037) 仰 (우러러볼 앙)

仰, 擧也. 从人, 从卬.①
(「仰은 (머리를) 들어 올린다는 뜻이다. 人과 卬(앙)은 (모두) 의미부분이다.」)

①계복(桂馥)은 "仰은 곧 卬의 분별문(分別文, 부수가 더해지면서 뜻이 달라진 글자)이다.(「仰即卬之分別文.」)"라고 하였다.(≪의증≫)

115(5038) 侸 (몹시 피곤할 두; 세울 수)

侸, 立也.① 从人, 豆聲.② 讀若樹.
(「侸는 섰다는 뜻이다. 人은 의미부분이고, 豆(두)는 발음부분이다. 樹(수)처럼 읽는다.」)

①단옥재는 "내 생각에, 侸(수)는 ≪옥편(玉篇)≫에서 侸로 썼고, 云: '오늘날 樹(수)로 쓴다'라고 하였다. ≪광운(廣韻)≫에 이르기를: '侸는 尌(세울 주)와 같다'라고 하였다. 아마 樹가 널리 쓰이면서 侸·尌·豎(수)는 더 이상 쓰이지 않게 되었고, 더불어 侸 역시 쓰이지 않게 되었다.(「按: 侸, ≪玉篇≫作侸, 云: '今作樹.' ≪廣韻≫曰: '侸同尌.' 蓋樹行而侸·尌·豎廢, 並侸亦廢矣.」)"라고 하였다.(≪주≫)

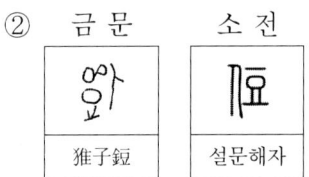

②	금 문	소 전
	雅子鉦	설문해자

갑골문에는 '侸'자가 보이지 않고, 전국(戰國)시대 금문에서는 '𠊎'로 썼다.

116(5039) 儽 (게으를 래)

儽①, 垂皃.② 从人, 纍聲. 一曰嬾解.
(「儽는 (머리를) 내려뜨린 모습을 뜻한다. 人은 의미부분이고, 纍(루·류)는 발음부분이다. 일설에는 게으르다는 뜻이라고도 한다.」)

①≪주≫에서는 이 글자를 '儽' 즉 '儽'로 썼다.
②≪주≫와 ≪의증≫에서는 '垂(수)'를 '巫(수)'로 썼다.

117(5040) 侳 (편안할 좌)

侳, 安也. 从人, 坐聲.
(「侳는 편안하다는 뜻이다. 人은 의미부분이고, 坐(좌)는 발음부분이다.」)

①≪계전≫·≪의증≫·≪통훈정성≫·≪구두≫·≪교록≫ 등에서는 '坐'를 '座(좌)'로 썼다.

118(5041) 偁 (저울질할 칭)

偁, 揚也. 从人, 爯聲.①

(「偁은 들어 올린다는 뜻이다. 人은 의미부분이고, 爯(칭)은 발음부분이다.」)

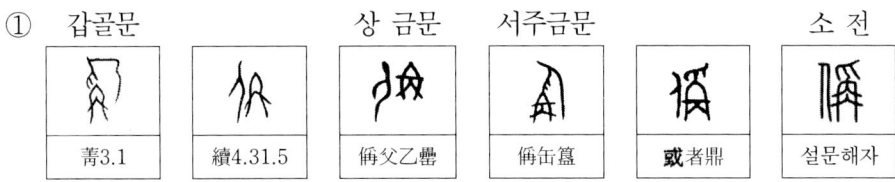

① 갑골문　　상 금문　　서주금문　　소 전

菁3.1　續4.31.5　偁父乙罍　偁缶簋　戜者鼎　설문해자

'偁'자는 갑골문, 금문 그리고 소전 등의 자형이 모두 '人'과 '爯'으로 이루어져 있다.

이효정(李孝定)선생은 "偁자는 <청(菁) 3.1>에서 보이는 '👤' 형태가 정자(正字)로서, 사람이 손으로 무엇인가를 들어 올리는 모양을 그린 것이다. '👤'으로 쓴 것은 사람과 손으로 들어 올리려는 물건이 서로 떨어져 둘이 되었다.(「字當以<菁華>所見之文作👤字爲正體, 象人以手有所爯擧之形. 作👤字人形與所擧之物已析而爲二..)"라고 하였고(≪갑골문자집석(甲骨文字集釋)≫), 서중서(徐中舒)는 '偁'은 사람이 손으로 물고기를 들어 올리는 모양을 그린 것으로, '偁'과 '爯'은 본래 한 글자라고 하였다(≪갑골문자전(甲骨文字典)≫).

참고로 '爯'자는 갑골문에서는 '👤'(<철(鐵) 102.2>)·'👤'(<을(乙) 1710>) 등으로 썼고, 금문에서는 '👤'(<승궤(爯簋)>)·'👤'(<중승궤(仲爯簋)>) 등으로 썼다. 이에 대해 이효정선생은 '爯'자는 손으로 어떤 물건을 들어 올리는 모양을 그린 것인데, 그 물건이 무엇인지는 분명하지 않다고 하였고(≪갑골문자집석≫), 서중서는 손으로 물고기를 들어 올리는 모양이라고 하였다(≪갑골문자전≫). 따라서 '爯'자에도 '들다'라는 뜻이 있으므로, '爯'은 발음부분이면서 의미부분도 된다고 할 수 있다.

119(5042) 伍 (다섯 오)

伍, 相參伍也.① 从人, 从五.②

(「伍는 세 사람 또는 다섯 사람이 섞여 있다는 뜻이다. 人과 五(오)는 (모두) 의미부분이다.」)

①≪계전≫에는 '伍'자 다음의 '也(야)'자가 없다.

서개는 "세 사람이 서로 섞인 것을 일컬어 參이라고 하고, 다섯 사람이 서로 섞인 것을 일컬어 伍라고 한다.(「三人相雜謂之參, 五人相雜謂之伍.」)"라고 하였다.(≪계전≫)

②≪계전≫과 ≪구두≫에서는 "從人, 五聲.(「人은 의미부분이고, 五는 발음부분이다.」)"이라고 하였다.

단옥재(≪주≫)와 주준성(≪통훈정성≫)은 "五亦聲.(「五는 발음부분이기도 하다.」)"이라고 하였다.

120(5043) 什 (열 사람 십)

什, 相什保也.① 从人·十.②

(「什은 열 사람이 한 단위가 되어 보살핀다는 뜻이다. 人과 十(십)은 (모두) 의미부분이다.」)

①단옥재는 "≪주례(周禮)·지관(地官)≫ 족사(族師)조에 이르기를 '5가(家)는 비(比)이고, 10가는 聯(련)이다. 5인은 伍(오)이고, 10인은 聯으로, 그것으로 하여금 서로 보살피고 책임을 지도록 한다'라고 하였다.(「<族師職>曰: '五家爲比, 十家爲聯. 五人爲伍, 十人爲聯, 使之相保相受.'」)"라고 하였다.(≪주≫)

②≪구두≫에서는 "從人, 十聲.(「人은 의미부분이고, 十은 발음부분이다.」)"이라고 하였고, ≪통훈정성≫에서는 "从人, 从十. 會意. 十亦聲.(「人과 十은 (모두) 의미부분이다. 회의(會意)이다. 十은 발음부분이기도 하다.」)"이라고 하였다.

121(5044) 佰 (백 사람의 어른 백)

佰, 相什伯也.① 从人·百.②

(「佰은 백 사람이 한 단위가 된다는 뜻이다. 人과 百(백)은 (모두) 의미부분이다.」)

①≪계전≫·≪주≫·≪의증≫·≪통훈정성≫·≪구두≫ 등에서는 모두 '伯(백)'을 '佰'으로 썼다.

또 ≪계전≫에는 '佰'자 다음의 '也(야)'자가 없다.

②≪계전≫과 ≪구두≫에서는 "從人, 百聲.(「人은 의미부분이고, 百은 발음부분이다.」)"이라고 하였다.

주준성은 "百亦聲.(「百은 발음부분이기도 하다.」)"이라고 하였다.(≪통훈정성≫)

122(5045) 's (힘 뻗을 괄; 이르를 활)

's, 會也. 从人, 昏聲.① ≪詩≫曰: "曷其有's."② 一曰: 's's, 力皃.③
(「's은 모인다는 뜻이다. 人은 의미부분이고, 昏(괄)은 발음부분이다. ≪시경(詩經)≫에 이르기를 "어느 때나 만나 볼까?"라고 하였다. 일설에 's's은 힘쓰는 모습을 뜻한다고도 한다.」)

①소전의 '昏'자는 예서에서 일률적으로 '舌(설)'자로 바뀌었다. 예를 들어 '括(괄)'·'刮(괄)'·'活(활)'·'姤(활)'·'話(화)' 등에서의 '舌' 부분은 모두 '昏'에서 온 것이다.

②현재 전해지는 ≪시경·왕풍(王風)·군자우역(君子于役)≫에서는 「's'을 '佸'로 썼다.

③≪계전≫에는 이러한 글귀가 없다.

123(5046) 佮 (합할 합)

佮, 合也.① 从人, 合聲.②
(「佮은 합한다는 뜻이다. 人은 의미부분이고, 合(합)은 발음부분이다.」)

①서개는 "사람이 서로 잘 맞는다는 뜻이다.(「人相合也.」)"라고 하였다.(≪계전≫)

② 금문   소전

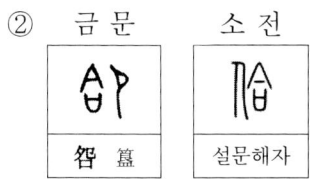

갑골문에는 '佮'자가 보이지 않고, 전국(戰國)시대 금문과 소전의 자형은 모두 '人'과 '合'으로 이루어졌다.

124(5047) 敚 (미)

敚, 妙也.① 从人, 从攴②, 豈省聲.③
(「敚는 미세(微細)하다는 뜻이다. 人과 攴(복)은 의미부분이고, 豈(기)의 생략형은 발음부분이다.」)

①≪주≫에서는 '妙(묘)'를 '眇(작을 묘)'로 썼고, ≪통훈정성≫에서는 '秒(초)'로 썼다.

왕균은 ≪설문해자≫에는 '妙'자가 없으므로, '妙'를 '眇'로 고쳐 쓴 단옥재의 견해가 옳다고 하였다.(≪구두≫)

②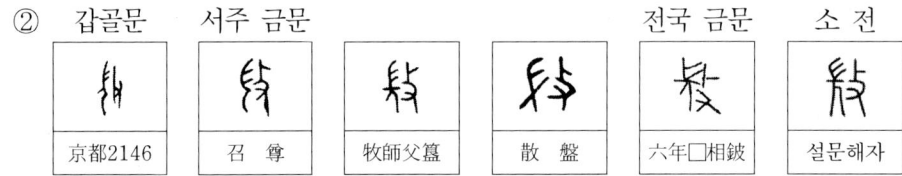

'散'자는 갑골문, 금문 그리고 소전 등의 자형이 대체로 비슷하다.

서중서(徐中舒)는 '長(장)'과 '攴'의 결합이라고 하였고(≪갑골문자전(甲骨文字典)≫), 고홍진(高鴻縉)은 '髟(발)'과 '攴'의 결합이라고 하였다(≪산반집석(散盤集釋)≫).

'長'과 '髟'은 모두 사람의 머리카락이 긴 것을 그린 글자이다. '미세하다'라는 의미는 여기에서 나온 것일 것이다. '攴'이 의미부분으로 쓰인 것은 "머리를 손질하다"라는 의미가 아닌가 생각된다.

③서현 등은 "(散자에서) 豈의 생략형이 발음부분으로 쓰였다는 것은 아마도 옮겨 쓸 때 잘못 쓴 것이고, 혹시 耑(단)자의 생략형이 아닌가 한다. 耑은 사물이 처음 막 생겨났을 때이므로, 아직 가늘고 작기 때문이다.(「從豈省, 盖傳寫之誤, 疑從耑省. 耑, 物初生之題, 尙散也..」)"라고 하였다.(대서본 ≪설문해자≫)

임의광(林義光)도 이와 같은 주장을 하였다.(≪문원(文源)≫)

125(5048) 㒳 (약을 원)

㒳, 黠也. 从人, 原聲.
(「㒳은 약다는 뜻이다. 人은 의미부분이고, 原(원)은 발음부분이다.」)

126(5049) 作 (지을 작)

作, 起也.① 从人, 从乍.②
(「作은 일어난다는 뜻이다. 人과 乍(사)는 (모두) 의미부분이다.」)

①

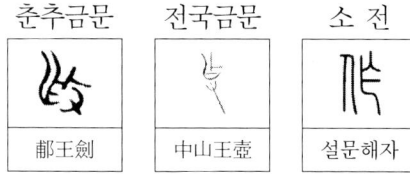

'作'자는 갑골문에서는 '乍'(=乍, 사)를 기본으로 'ㅋ'·'ㅓ' 등이 더해진 형태이다.

서중서(徐中舒)는 '乍'는 옷을 만들 때 옷깃을 완성한 모양을 그린 것이고, 'ㅋ'는 실로 꿰맨 흔적을 나타낸 것이며, 'ㅓ'은 손으로 바늘을 쥐고 있는 모양을 그린 것이라고 하였다.(≪갑골문자전(甲骨文字典)≫)

이 주장에 따르면 갑골문의 '作'자는 "옷을 만들다"라는 뜻을 나타내는 회의자이며, '일하다'라는 뜻은 여기에서 파생되어 나왔다고 할 수 있다.

서주(西周) 금문의 '作'자는 단순히 '乍'로 쓰거나(<이궤(利簋)>), 손으로 일을 한다는 뜻의 '攴(복)'자를 더한 '敀'(<길씨궤(姞氏簋)>)으로 썼고, 소전에서는 '乍'에 '人'을 더하여 현재의 자형과 같은 '作'으로 썼다.

② ≪계전≫·≪주≫·≪구두≫ 등에서는 "乍聲.(「乍는 발음부분이다.」)"이라고 하였다.

참고로 '作'의 고음은 음성운(陰聲韻) *tsaɣ / tsuo(줘→조)와 입성운(入聲韻) *tsak / tsak(작) 등 두 가지이고, '乍'의 고음은 음성운(陰聲韻) *dzraɣ / dʐa(자→사)이다. 두 글자는 '作'을 어떤 발음으로 읽던 간에 첫소리는 [ts-] 계열로 비슷하고, 상고음(上古音)의 주모음(主母音)도 [a]로 같으며, 운미(韻尾) 역시 혀뿌리 계열인 [-k]와 [-ɣ]으로 비슷하다. 따라서 '作'자에서 '乍'는 발음부분이 될 수 있다. 또한 고대에는 음성운과 입성운이 협운을 하기도 하였다. 그러므로 ≪계전≫·≪주≫·≪구두≫ 등에서 '作'자에서 '乍'가 발음부분이라는 풀이는 근거가 있는 것이다. 다만 '乍'에도 뜻이 있으므로, "从人, 从乍, 乍亦聲.(「人과 乍는 (모두) 의미부분인데, 乍는 발음부분이기도 하다.」)"이라고 하면 좀 더 정확한 분석이 될 것이다.

127(5050) 假 (거짓 가)

假, 非眞也. 从人, 叚聲.① 一曰至也.② <虞書>曰: "假于上下."③
(「假는 진짜가 아니라는 뜻이다. 人은 의미부분이고, 叚(가)는 발음부분이다. 일설에는 이르렀다는 뜻이라고도 한다. <우서(虞書)>에 이르기를 "하늘과 땅에 이르렀다."라고 하였다.」)

①단옥재는 "<우부(又部)>에 이르기를: '叚는 빌린다는 뜻이다'라고 하였다. 그러한즉 假와 叚는 뜻이 어느 정도 같다.(「<又部>曰: '叚, 借也.' 然則假與叚義略同.」)"라고 하였다.(≪주≫)

②≪주≫에는 이 글귀가 없다.

③현재 전해지는 ≪서경(書經)·우서·요전(堯典)≫에서는 '假'를 '格(격)'으로 썼다.

128(5051) 借 (빌릴 차)①

借, 假也.② 从人, 昔聲.③

(「借는 빌린다는 뜻이다. 人은 의미부분이고, 昔(석)은 발음부분이다.」)

①요문전(姚文田)과 엄가균(嚴可均)은 "借자는 서현 등이 새로 추가한 19글자 가운데 하나이다. 없애야 한다는 의견이 있다. 옛날 책에서는 모두 藉(자)자를 썼다.(「借, 大徐新修十九文也. 議刪. 古書皆作藉.」)"라고 하였다.(≪설문교의(說文校議)≫)

서현 등이 새로 추가한 19글자에 대해서 ≪주≫·≪의증≫·≪통훈정성≫·≪구두≫ 등에서는 일반적으로 싣지 않는데, 이 글자는 소개하고 있다.(≪구두≫는 제외)

이에 대해 단옥재는 "≪설문해자·서≫에서 육서(六書)를 설명할 때 여섯 번째 항목에 假借(가차)가 있고, <우부(又部)> 叚(가)자 해설에서 '叚, 借也'라고 한 것으로 볼 때, 여기에 마땅히 借자가 있어야 함을 알 수 있다.(「<序>曰: '六書, 六曰: 假借.' <又部>叚下曰: '借也.' 此處當有借篆可知矣.」)"라고 하였다.(≪주≫)

②≪통훈정성≫에서는 '假(가)'를 '叚'로 썼다.

③'借'의 고음은 음성운(陰聲韻) *ts'aɣ / ts'uo(취→초); *tsjiaɣ / tsia(쟈→차); *tsjiak / tsiæk(쟥→적) 등 세 가지이고, '昔'의 고음은 입성운(入聲韻) *sjiak / siæk(색→석)이다. 두 글자는 '借'를 입성운 '적'으로 읽으면 발음이 거의 같고, 음성운 '초'나 '차'로 읽을 경우에도 상고음(上古音)의 주모음(主母音)은 [a]로 같고, 운미(韻尾) 역시 각각 혀뿌리소리인 [-ɣ]와 [-k]으로 비슷하다. 그래서 '借'자에서 '昔'이 발음부분이 될 수 있는 것이다. 고대에는 음성운과 입성운이 협운을 하기도 하였다.

129(5052) 侵 (범할 침)

侵, 漸進也. 从人又持帚.① 若埽之進.② 又, 手也.③
(「侵은 천천히 나아간다는 뜻이다. 사람[人]이 손[又(우)]에 빗자루[帚(추)]를 쥐고 있는 형태(의 회의자)이다. 빗자루로 쓸면서 앞으로 차츰차츰 나아가는 것과 같다는 것이다. 又는 손이다.」)

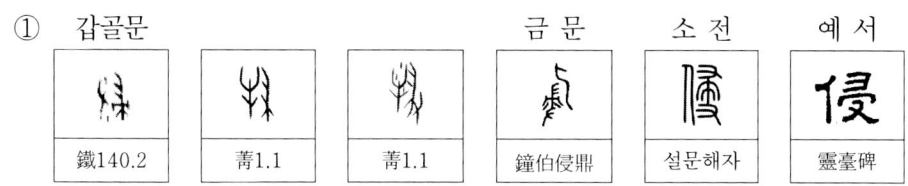

갑골문의 '侵'자는 '人'자 없이 '埽(소)'(<철(鐵) 140.2>), '帚'·'㪯'(<청(菁) 1.1>) 등으로 썼다. 손에 빗자루[帚]를 들고 청소를 하거나, 빗자루로 소를 몰고 가는 의미라고 생각된다. 빗자루 옆에 있는 점들은 먼지를 표시한 것이다.

서주(西周) 금문에서는 '人'과 손[彐](즉 又)이 더해져서 '侵'으로 썼는데, 소전은 금문의 형태를 따랐다. '侵'은 '侵'의 예서체이다.

②≪구두≫에는 '進(진)'자 다음에 '也(야)'자가 한 글자 더 있다.
③≪계전≫에는 이 글귀 대신, '會意(회의)' 두 글자가 있다.

130(5053) 儥 (팔 육)

儥, 賣也.① 从人, 賣聲.②
(「儥은 판다는 뜻이다. 人은 의미부분이고, 賣(육)은 발음부분이다.」)

①≪계전≫·≪주≫·≪통훈정성≫ 등에서는 '賣(매)'를 '見(견)'으로 썼고, ≪교록≫에서는 '賣'으로 썼다.

단옥재는 "내 생각에, 경전(經傳)에서는 오늘날 모두 覿(볼 적)자로 쓴다. 覿자가 널리 쓰이면서 儥자는 잘 쓰이지 않게 되었다. ≪설문해자≫에는 覿자가 없다. (「按: 經傳今皆作覿, 覿行而儥廢矣. 許書無覿字.」)"라고 하였다.(≪주≫)

갑골문에는 '償'자가 보이지 않고, 서주(西周) 금문의 자형은 '人'과 '賣'으로 이루어져 있다.

단옥재는 "<패부(貝部)> 賣자에 이르기를 '衒(현)이다'라고 하였다. 衒은 다니면서 판다는 뜻이다. 賣은 곧 ≪주례(周禮)≫의 償자로서, 오늘날의 鬻(죽 죽, 팔 육)자이다.(「<貝部>賣下曰: '衒也.' 衒者, 行且賣也. 賣卽≪周禮≫之償字. 今之鬻字.」)"라고 하였다.(≪주≫)

참고로 '賣'과 '賣'는 해서체로는 자형이 비슷해서 혼동되어 쓰이지만, 두 글자의 소전을 비교해보면 모양도 다를 뿐만 아니라 구성요소도 다르다.

'賣'의 소전체는 '賣'으로, '㞢(버섯 류)'·'囧(빛날 경)'·'貝(패)'로 이루어져 있고; '賣'의 소전은 '賣' 즉 '賣'로서, '出(출)'·'罒(망)'·'貝'로 이루어졌다.

131(5054) 候 (물을 후)

候, 伺望也.① 从人, 矦聲.②

(「候는 가만히 바라본다는 뜻이다. 人은 의미부분이고, 矦(후)는 발음부분이다.」)

①≪주≫에서는 '伺(엿볼 사)'를 '司(맡을 사)'로 썼다.

엄가균(嚴可均)은 ≪설문해자≫에는 '伺'자가 없으므로 '伺'는 마땅히 '司'로 써야 한다고 하였다.(≪설문교의(說文校議)≫)

②유월(兪樾)은 '矦'가 본래 활쏘기의 뜻이었으므로, '矦'자에 (활 쏘는 것을) 가만히 지켜본다는 뜻이 있다고 하였다.(≪아점록(兒笘錄)≫)

132(5055) 償 (갚을 상)

償, 還也. 从人, 賞聲.①

(「償은 상환(償還)한다는 뜻이다. 人은 의미부분이고, 賞(상)은 발음부분이다.」)

①

금 문	소 전
昏鼎	설문해자

갑골문에는 '償'자가 보이지 않고, 서주(西周) 금문에서는 '人'을 쓰지 않고 단순히 '賞'으로 썼다.

133(5056) 僅 (겨우 근)

僅, 材能也.① 从人, 堇聲.
(「僅은 겨우 할 수 있다는 뜻이다. 人은 의미부분이고, 堇(근)은 발음부분이다.」)

①≪계전≫·≪통훈정성≫·≪구두≫ 등에서는 '材(재)'를 '才(재주 재, 겨우 재)'로 썼다.

단옥재는 "材能(재능)은 겨우 할 수 있음을 말하는 것이다.(「材能言僅能也.」)"라고 하였다.(≪주≫)

134(5057) 代 (대신할 대)

代, 更也.① 从人, 弋聲.②
(「代는 바꾼다는 뜻이다. 人은 의미부분이고, 弋(익)은 발음부분이다.」)

①≪계전≫·≪주≫·≪의증≫·≪구두≫ 등에서는 '更(경)'을 '叓(경)'으로 썼다. '更'은 '叓'의 예서체이다.

주준성은 "무릇 이것으로 저것과 바꾸는 것과 뒤의 것으로써 앞의 것을 잇는 것을 모두 代라고 한다.(「凡以此易彼, 以後續前皆曰代.」)"라고 하였다.(≪통훈정성≫)

② 금 문   소 전

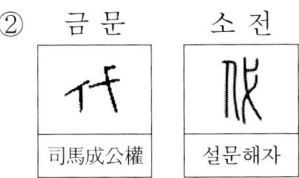

갑골문에는 '代'자가 보이지 않고, 전국(戰國)시대 금문과 소전의 자형은 '代'로 같다.

'代'의 고음은 음성운(陰聲韻) *dəɣ / dəi(더이→대)이고, '弋'의 고음은 입성운(入聲韻) *riək / iIk(익)이다. 두 글자는 상고음(上古音)의 주모음(主母音)이 [ə]로 같고, 운미(韻尾) 역시 혀뿌리소리[설근음(舌根音)]인 [-ɣ]과 [-k]으로 발음부위가 같다. 그래서 '代'자에서 '弋'이 발음부분이 될 수 있는 것이다. 고대에는 음성운과 입성운이 협운을 하기도 하였다.

135(5058) 儀 (모양 의)

儀, 度也.① 从人, 義聲.②
(「儀는 법도를 뜻한다. 人은 의미부분이고, 義(의)는 발음부분이다.」)

①단옥재는 '度(도)'는 법제(法制)를 뜻하며, 오늘날 이른바 '義'라고 하는 것은 옛날 책에서는 '誼(옳을 의)'로 썼다고 하였다.(≪주≫)

② 서주금문   춘추금문   소전
   牆 盤   虢叔鐘   秦公鎛   설문해자

갑골문에는 '義'자가 보이지 않고, 금문에서는 '人'을 쓰지 않고 단순히 '義'로 썼다.

≪계전≫에서는 "從人·義, 義亦聲.(「人과 義는 (모두) 의미부분인데, 義는 발음부분이기도 하다.」)"이라고 하였다.

136(5059) 傍 (의지할 방)

傍, 近也.① 从人, 旁聲.
(「傍은 가깝다는 뜻이다. 人은 의미부분이고, 旁(방)은 발음부분이다.」)

①서개는 "가깝게 한다는 뜻이다.(「近之也.」)"라고 하였다.(≪계전≫)
서호(徐灝)는 "'의지한다'라는 뜻은 旁의 인신(引申)이다. 旁과 傍은 아마 본래 한 글자였을 것이다.(「依傍之義即旁之引申. 旁·傍蓋本一字耳.」)"라고 하였다.(≪설문해자주전(說文解字注箋)≫)

137(5060) 似 (같을 사)

似, 象也.① 从人, 㠯聲.②
(「佀는 닮았다는 뜻이다. 人은 의미부분이고, 㠯(이)는 발음부분이다.」)

①≪계전≫과 ≪구두≫에는 '象(상)'자 다음에 '肖(닮을 초)'자가 한 글자 더 있고, ≪주≫에서는 '象'을 '像(상)'으로 썼다.

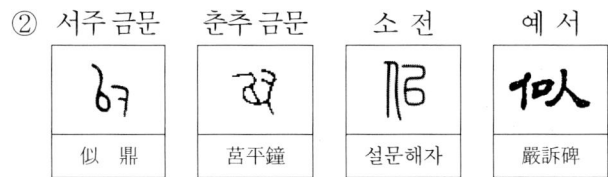

갑골문에는 '似'자가 보이지 않고, 금문에서는 '㠯'로 썼다.

소전에서는 '佀'로 썼는데, '似'는 '佀'의 예서체이다.

참고로 '似'의 고음은 *rjiəɤ / zi(지→사)이고, '㠯'의 고음은 *riəɤ / i(이)이다. 두 글자는 상고음(上古音)의 첫소리가 [r-]로 같고, 주모음(主母音)과 운미(韻尾)도 [əɤ]으로 같다. 그래서 '似'자에서 '㠯'가 발음부분이 될 수 있는 것이다.

138(5061) 便 (편할 편)

便, 安也.① 人有不便, 更之.② 从人·更.③
(「便은 편안(便安)하다는 뜻이다. 사람은 불편한 것이 있으면 바꾼다. 人(인)과 更(경·갱)은 (모두) 의미부분이다.」)

'便'자는 갑골문에는 보이지 않는다.

서주(西周) 금문에서는 '俊'으로 썼고, 소전은 '便'으로 썼다. '便'은 '便'의 예서체이다.

진초생(陳初生)은 금문의 '便'은 '鞭(채찍 편)'자의 초문(初文)으로, 뒤에 '便'자가 현재의 '편안하다'라는 뜻으로 가차(假借)되어 쓰이자 다시 '革(혁)'을 더한 '鞭'자를 만들어 그 자리를 보충하였다고 하였다.(≪금문상용자전(金文常用字典)≫)

②허신은 '便'이 본래 '채찍'이라는 뜻에서 온 가차자인줄 모르고 '人'과 '更'이라는 자형에 얽매여 이와 같은 해석을 한 것으로 생각된다.

≪계전≫·≪주≫·≪구두≫ 등에서는 '便'을 '便'으로 썼다.

③≪계전≫·≪주≫·≪구두≫ 등에서는 여기서의 두 개의 '更'자를 모두 '叏'으로 썼다.

139(5062) 任 (맡길 임)

任, 符也.① 从人, 壬聲.②
(「任은 추천한다는 뜻이다. 人은 의미부분이고, 壬(임)은 발음부분이다.」)

①≪계전≫·≪주≫·≪의증≫·≪통훈정성≫·≪구두≫·≪교록≫ 등에서는 모두 '符(부)'를 '保(보)'로 썼다.

단옥재는 "(保는) 오늘날 '보거(保擧)'(상급자에게 인재를 추천한다는 뜻)라고 하는 것과 같다.(「如今言保擧是也.」)"라고 하였다.(≪주≫) 여기에서도 이에 따라 번역하였다.

②

'任'자는 갑골문에서는 '人'과 '工(공)'으로 이루어져 있다. 즉 사람이 '工(직선을 그릴 때 쓰는 자)'을 쥐고 일을 한다는 뜻이다.

서주(西周) 금문과 소전에서는 '人'과 '壬'으로 이루어져 있다. 갑골문에서는 '壬'을 '工'으로 썼으므로 모두 같은 구조라고 할 수 있다.

정산(丁山)은 갑골문에서의 '任'자는 주(周)나라 때의 남작(男爵)에 해당하는 작위를 뜻하였다고 하였다.(≪갑골문으로 본 씨족 및 그 제도(甲骨文所見氏族及其制度)≫)

140(5063) 俔 (염탐할 현; 비유할 견)

俔, 譬諭也.① 一曰閒見.② 从人, 从見.③ ≪詩≫曰: "俔天之妹."④
(「俔은 비유한다는 뜻이다. 일설에는 틈새로 엿본다는 뜻이라고도 한다. 人과 見(견)은 (모두) 의미부분이다. ≪시경(詩經)≫에 이르기를 "하늘의 선녀와 같네."라고 하였다.」)

①≪계전≫에서는 '諭'를 '喩(유)'로 썼다.

≪주≫에서는 ≪모시정의(毛詩正義)≫에 근거하여 '譬諭(비유)'에서 '譬'자를 뺐다.

단옥재는 "<언부(言部)>에서 '譬는 諭이다'라고 하였으므로, 諭자 한 글자만 써도 이미 충분하다.(「<言部>曰: '譬者, 諭也.' 則言諭已足矣.」)"라고 하였다.

②≪주≫에서는 '聞(문)'을 '閒(한·간)'으로 썼다.

③
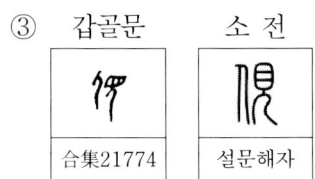

'俔'자는 갑골문과 소전의 자형이 모두 '人'과 '見'으로 이루어져 있다.

복사(卜辭)에서 '俔'이 무슨 뜻으로 쓰였는지에 대해서는 아직 정론이 없다.

≪계전≫과 ≪구두≫에서는 "見聲.(「見은 발음부분이다.」)"이라고 하였고, ≪통훈정성≫에서는 "从人, 从見. 會意. 見亦聲.(「人과 見은 (모두) 의미부분이다. 회의(會意)이다. 見은 발음부분이기도 하다.」)"이라고 하였다.

④≪시경・대아(大雅)・대명(大明)≫에 나오는 글귀.

141(5064) 優 (넉넉할 우)

優, 饒也. 从人, 憂聲, 一曰倡也.①

(「優는 넉넉하다는 뜻이다. 人은 의미부분이고, 憂(우)는 발음부분이다. 일설에는 광대를 뜻한다고도 한다.」)

①≪계전≫과 ≪구두≫에는 이다음에 "又俳優者.(「또 배우(俳優)를 뜻한다고도 한다.」)"라는 글귀가 더 있다.

142(5065) 僖 (기꺼울 희)

僖, 樂也.① 从人, 喜聲.

(「僖는 즐겁다는 뜻이다. 人은 의미부분이고, 喜(희)는 발음부분이다.」)

①단옥재는 "이 글자는 본뜻으로는 잘 쓰이지 않는다. 예서에서 변하여 嬉(즐길 희)로 되었다.(「此字之本義少用. 其隸變爲嬉.」)"라고 하였다.(≪주≫)

주준성은 "내 생각에, (僖는) 곧 喜자인데, (僖는) 시호(諡號)로 쓰이기 때문에, 그래서 人을 의미부분으로 쓴 것이다.(「按: 即喜字, 因以爲諡, 故从人.」)"라고 하였다.(≪통훈정성≫)

143(5066) 偆 (풍부할 춘)

偆, 富也. 从人, 春聲.①

(「偆은 풍부하다는 뜻이다. 人은 의미부분이고, 春(춘)은 발음부분이다.」)

①≪주≫와 ≪의증≫에서는 '春'을 '萅(춘)'으로 썼다. '萅'은 '萅'의 예서체이다.

144(5067) 俒 (완전할 흔)

俒, 完也. ≪逸周書≫曰: "朕實不明, 以俒伯父."① 从人, 从完.②
(「俒은 완전하다는 뜻이다. ≪일주서(逸周書)≫에 이르기를 "나는 정말 현명하지 못해서, 백부(伯父)(의 말씀)를 온전히 지키지 못하고 있다."라고 하였다. 人과 完(완)은 (모두) 의미부분이다.」)

①단옥재는 "≪일주서≫란 ≪한서(漢書)·예문지(藝文志)≫에 소개된 71편의 ≪주서(周書)≫를 말한다. 오늘날 <대계해(大戒解)>에 '朕實不明(짐실불명)'이라는 글귀가 있다.(「≪逸周書≫者, 謂≪漢志≫七十一篇之≪周書≫也. 今<大戒解>有'朕實不明'句.」)"라고 하였다.(≪주≫)

②≪통훈정성≫에서는 "从人, 从完. 會意. 完亦聲.(「人과 完은 (모두) 의미부분이다. 회의(會意)이다. 完은 발음부분이기도 하다.」)"이라고 하였다.

145(5068) 儉 (검소할 검)

儉, 約也.① 从人, 僉聲.
(「儉은 검소하다는 뜻이다. 人은 의미부분이고, 僉(첨)은 발음부분이다.」)

①단옥재는 "約(약)은 동여맨다는 뜻이다. 儉은 감히 사치하지 않는다는 의미이다.(「約者, 纏束也. 儉者, 不敢放侈之意..」)"라고 하였다.(≪주≫)

146(5069) 偭 (향할 면)

偭, 鄕也.① 从人, 面聲.② <少儀>曰: "尊壺者偭其鼻."③
(「偭은 향한다는 뜻이다. 人은 의미부분이고, 面(면)은 발음부분이다. <소의(少儀)>에 이르기를 "존(尊)과 호(壺)를 (그것을 놓는 사람에게) 그 코를 향하게 하라."라고 하였다.」)

①단옥재는 "(여기에서의) 鄕(향)은 요즘 사람들이 쓰는 向(향)자이다. 한(漢)나라 사람들은 (향한다는 뜻으로) 向자를 쓰지 않았다.(「鄕, 今人所用之向

字也. 漢人無作向者.」)"라고 하였다.(≪주≫)

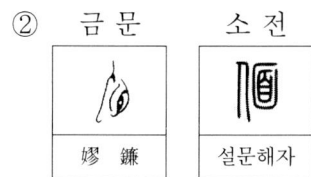

갑골문에는 '値'자가 보이지 않고, 전국(戰國)시대 금문과 소전의 자형은 '値'으로 같다.

단옥재는 "이 글자는 형성(形聲)을 들어 회의(會意)를 품고 있다.(「此擧形聲包會意.」)"라고 하였다. 즉 '面'에도 뜻이 있다는 의미이다.

③≪소대예기(小戴禮記)·소의≫에 나오는 글귀.

≪계전≫·≪주≫·≪구두≫ 등에는 '少儀' 앞에 '禮(예)'자가 한 글자 더 있다.

147(5070) 俗 (익숙할 속)

俗, 習也. 从人, 谷聲.①

(「俗은 습관이 되었다는 뜻이다. 人은 의미부분이고, 谷(곡)은 발음부분이다.」)

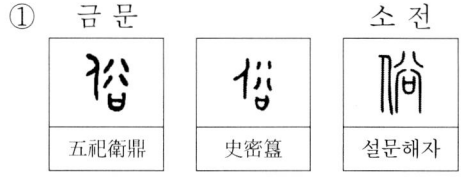

갑골문에는 '俗'자가 보이지 않는다.

서주(西周) 금문과 소전의 자형은 모두 '人'과 '谷'으로 이루어졌다.

148(5071) 俾 (더할 비, 시킬 비)

俾, 益也.① 从人, 卑聲. 一曰: 俾, 門侍人.

(「俾는 더한다는 뜻이다. 人은 의미부분이고, 卑(비)는 발음부분이다. 일설에 俾는 문지기를 뜻한다고도 한다.」)

①단옥재는 "俾와 埤(비)·朇(비)·裨(비) 등은 발음과 뜻이 모두 같다. 오늘날 裨자가 널리 쓰이면서 俾·埤·朇 등은 잘 쓰이지 않게 되었다. 경전에서 裨자는 모두 '시킨다'라는 뜻으로 쓰였고 다른 해석은 없는데, 아마 '더한다'라는 뜻의 인신

(引伸)이 아닌가 생각된다.(「俾與埤·朇·裨音義皆同. 今裨行而埤·朇·俾皆廢矣. 經傳之俾皆訓'使也', 無異解, 葢即益義之引伸.」)"라고 하였다.(≪주≫)

149(5072) 倪 (어릴 예)

倪, 俾也. 从人, 兒聲
(「倪는 더한다는 뜻이다. 人은 의미부분이고, 兒(아)는 발음부분이다.」)

150(5073) 億 (억 억, 편안할 억)

億, 安也.① 从人, 意聲.②
(「億은 편하다는 뜻이다. 人은 의미부분이고, 意(의)는 발음부분이다.」)

① 서주 금문 / 전국 금문 / 소전 / 예서
牆盤 / 令狐君壺 / 설문해자 / 嚴訴碑

갑골문에는 '億'자가 보이지 않는다.
금문에서는 '人'과 '心(심)'은 쓰지 않고 단지 '䇂(억)'으로 썼다.
소전에서는 '億'으로 썼는데, '億'은 이 글자의 예서체이다.
②≪계전≫·≪주≫·≪의증≫·≪통훈정성≫·≪구두≫ 등에서는 '意'를 '䇂(억)'으로 썼다.

현재 '億'자는 '1억'이라는 뜻으로 쓰이는데, 이 뜻으로는 제10편 하 제408부 <심부(心部)> (6732) '𢡃'자가 가깝다. 그 해설을 보면, "𢡃, 滿也. 从心, 䇂聲. 一曰十萬曰𢡃. 𢡃, 籒文省.(「𢡃은 가득 찼다는 뜻이다. 心은 의미부분이고, 䇂은 발음부분이다. 일설에는 10만을 𢡃이라고 한다고도 한다. 𢡃은 주문(籒文)으로 생략형이다.」)"라고 하였는데, 이에 대해 단옥재는 '𢡃'을 10만이라고 한 것은 옛날의 셈법이고 지금은 1억으로 쓰인다고 하였다.(≪주≫)

참고로 '億'자의 고음은 입성운(入聲韻) *ʔjək / ʔiek(억→억)이고, '意'자의 고음은 음성운(陰聲韻) *ʔjəɣ / ʔi(이→의)이다. 두 글자는 첫소리가 [ʔ-]으로 같고, 상고음(上古音)의 주모음(主母音)도 [ə]로 같으며, 운미(韻尾) 역시 목구멍소리인 [-ɣ]과 혀뿌리소리인 [-k]으로 비슷하다. 그래서 '億'자에서 '意'가 발음부분이 될 수도 있다. 고대에는 음성운과 입성운이 협운을 하기도 하였다.

151(5074) 使 (부릴 사)

使, 伶也.① 从人, 吏聲.②
(「使는 시킨다는 뜻이다. 人은 의미부분이고, 吏(리)는 발음부분이다.」)

갑골문	춘추금문	전국 금문			소 전
甲68	黏鎛	詔史矛	中山獸器	中山王鼎	설문해자

갑골문·금문 등 고문자에서는 '史(사)'·'事(사)'·'吏(리)' 그리고 '使' 이들 네 글자는 본래 한 글자였다.

다만 '使'는 갑골문과 춘추(春秋)시대 금문까지는 '吏' 또는 '事'자와 같이 썼는데, 전국(戰國)시대에 들면서 '人'·'彳(척)'·'辵(착)' 등이 더해졌다.

'史'·'事'·'吏' 등이 자형이 비슷하고 또 한 글자였다고 하지만 이것이 무엇을 그린 것인지에 대해서는 아직 정론이 없다.

오대징(吳大徵)은 손으로 간서(簡書)를 쥐고 일을 하는 모양이라고 하였고(≪설문고주보(說文古籀補)≫), 왕국유(王國維)는 손으로 책을 쥐고 있는 모양을 그린 것이라고 하였으며(≪관당집림(觀堂集林)≫), 마서륜(馬敍倫)은 손으로 붓을 거꾸로 잡고 있는 모양이라고 하였다(≪마서륜학술논문집(馬敍倫學術論文集)≫).

또한 서중서(徐中舒)는 사냥 도구인 창을 잡고 사냥을 한다는 뜻이라고 하였고(≪갑골문자전(甲骨文字典)≫), 하록(夏淥)은 손으로 풀[屮]을 땅에 심고 있는 모양으로 '蒔(모종낼 시)'자의 초문(初文)이라고 하였는데(장설명(張雪明) ≪형음의자전(形音義字典)≫에서 재인용), 누구의 주장이 옳은지는 아직 분명하지 않다.

≪계전≫과 ≪주≫에서는 '伶'을 '令(령)'으로 썼다.

② '使'는 첫소리가 복성모(複聲母)인 [sl-]로 [s-]와 [l-] 두 가지 계열의 성모를 가지고 있었던 글자로서, 고음은 *sliəɤ / ʂli(시→사)이고, '吏'의 고음은 *liəɤ / liI(리)와 *leɤ / liɛi(레이→려) 등 두 가지이다. 두 글자는 상고음(上古音)의 주모음(主母音)과 운미(韻尾)가 [əɤ]과 [eɤ]으로 비슷하다. 그래서 '使'자에서 '吏'가 발음부분이 될 수 있는 것이다.

152(5075) 俟 (계)①

𠊱, 俟②, 左右兩視.③ 从人, 癸聲.
(「俟는 좌우 양쪽을 본다는 뜻이다. 人은 의미부분이고, 癸(계)는 발음부분이다.」)

①'俟'자는 ≪대한한사전(大漢韓辭典)≫에 보이지 않는다.

발음은 ≪광운(廣韻)≫에 따르면 '渠追切(거추절)' 즉 '구'→'규'와 '其季切(기계절)' 즉 '계' 등 두 가지이다.

한편 대서본 ≪설문해자≫·≪주≫·≪의증≫·≪구두≫·≪교록≫ 등에서는 모두 '其季切' 즉 '계'라고 하였다. 여기에서는 공통된 발음인 '계'로 부르겠다.

②단옥재는 '左右(좌우)' 앞의 '俟'자는 정문(正文)을 다시 쓴 것으로 없어도 된다고 하였고, 또 '俟'는 '睽(눈 어그러질 규)'의 이체자(異體字)라고 하였다. (≪주≫)

③≪통훈정성≫에는 '左右' 앞의 '俟'자가 없고, '視(시)'자 다음에 '也(야)'자가 한 글자 더 있다.

153(5076) 伶 (악공 령, 영리할 령)

伶, 弄也. 从人, 令聲.① 益州有建伶縣.②
(「伶은 가지고 논다는 뜻이다. 人은 의미부분이고, 令(령)은 발음부분이다. 익주(益州)에 건령현(建伶縣)이 있다.」)

① 금문   소전

三年鈹   襄城令戈   설문해자

갑골문과 서주(西周) 금문에는 '伶'자가 보이지 않는다.

전국(戰國)시대 금문의 자형은 '人'과 '命(명)'으로 이루어져 있다. 고문자에서 '命'과 '令'은 같은 글자였다.

②건령현의 옛 성은 지금의 운남성(雲南省) 곤명현(昆明縣) 서북쪽에 있다.

≪계전≫과 ≪구두≫에는 이다음에 "伶倫, 人名也.(「영윤(伶倫)은 사람의 이름이다.」)"라는 글귀가 더 있다.

154(5077) 儷 (아우를 려, 짝 려)

儷, 棽儷也.① **从人, 麗聲.**②
(「儷는 초목이 무성하다는 뜻이다. 人은 의미부분이고, 麗(려)는 발음부분이다.」)

①서개는 "棽儷(림려)는 (초목이) 들쭉날쭉 무성한 모습을 뜻한다.(「棽儷, 參差繁茂皃也.」)"라고 하였다.(≪계전≫)

단옥재는 "내 생각에, ≪좌전(左傳)≫에서 '伉儷(항려)'라고 한 것에 대해 두예(杜預)는 '儷는 배우자를 뜻한다'라고 하였고, ≪의례(儀禮)·사관례(士冠禮)≫와 <빙례(聘禮)> 등에서 '儷皮(려피)'라고 한 것에 대해 정현(鄭玄)은 '여기에서의 儷는 2와 같은 뜻이다'라고 하였다. … 허신은 단지 초목과 관계되는 뜻만을 소개할 뿐 다른 것은 언급하지 않고 있어서, 人을 의미부분으로 하는 의미와 부합하지 않으며, 이는 전체 책의 체제에도 맞지 않는다. (이 대목은) 혹시 ≪설문해자≫의 옛 판본(에 따른 것)이 아니지 않은가 한다.(「按: ≪左傳≫: '伉儷.' 杜云: '儷, 偶也.' <士冠禮>·<聘禮>: '儷皮.' 鄭云: '儷猶兩也.' … 許但取枝條棽儷之訓, 不及其他, 於从人之意未合, 於全書大例未符. 恐非許書之舊.」)"라고 하였다.(≪주≫)

②주준성은 '儷'는 곧 '麗'의 혹체자(或體字)이며, '𪏭(나라 이름 리)'로 쓰기도 한다고 하였다.(≪통훈정성≫)

155(5078) 傳 (전할 전)

傳, 遽也.① **从人, 專聲.**②
(「傳은 (역참(驛站)에 있는) 수레나 말을 뜻한다. 人은 의미부분이고, 專(전)은 발음부분이다.」)

①단옥재는 "오늘날의 역마(驛馬)와 같다.(「如今之驛馬.」)"라고 하였다.(≪주≫)

또 주준성은 "수레로 전달하는 것은 傳이라고 하고, 말로 전달하는 것은 遽(거)라고 한다.(「以車曰傳, 以馬曰遽.」)"라고 하였다.(≪통훈정성≫)

'傳'과 '遽'는 본래 역참(옛날에 말을 바꿔 타던 곳)에서 준비하고 있는 수레나 말을 뜻하였는데, 여기에서 인신하여 역참이라는 뜻이 되었다.

②

갑골문		서주 금문			
佚728	後下7.13	傳卣	叔傳簠	傳鼎	散盤

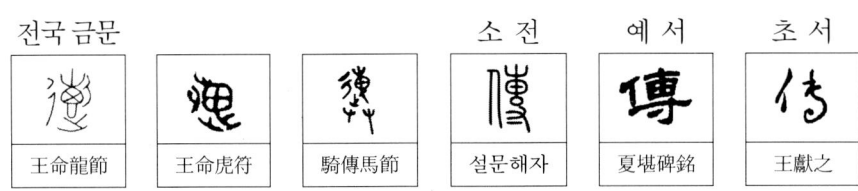

'傳'자는 갑골문, 금문 그리고 소전 등이 대부분 '人(인)'과 '專(전)'으로 구성되어 있는데, 때로는 여기에 '辵(착)'이 더해져 '遵'으로 쓰기도 하였다.

'專'자는 실북[紡塼(방전)]을 그린 것으로, '專'자와 함께 쓰이는 글자는 대체로 '돌아가면서 움직이는[轉動(전동)]' 의미로 많이 쓰인다.

'傳'자에서 의미부분인 '人'은 단지 사람하고 관계된다는 넓은 범위를 나타낼 뿐 실제 '전하다'라는 구체적인 뜻은 발음부분인 '專'에서 비롯되었다고 할 수 있다. 그러므로 '傳'자에서 '專'은 의미부분과 발음부분을 겸하고 있다고 보아야 할 것이다.

형성자는 일반적으로 한 쪽은 뜻을 담당하고, 한 쪽은 소리를 담당한다고 알려져 있다. 그런데 어떤 글자들은 '傳'자의 경우처럼 의미부분은 전체 뜻의 범위를 정할 뿐이고, 구체적인 뜻은 발음부분에 있을 때도 있다.

156(5079) 倌 (수레 부리는 사람 관)

倌, 小臣也. 从人, 从官.① ≪詩≫曰: "命彼倌人."②
(「倌은 하급 관리를 뜻한다. 人과 官(관)은 (모두) 의미부분이다. ≪시경(詩經)≫에 이르기를 "저 수레를 부리는 관리에게 명하였네."라고 하였다.」)

갑골문에는 '倌'자가 보이지 않고, 전국(戰國)시대 금문과 소전의 자형은 '倌'으로 같다.

≪계전≫·≪주≫·≪구두≫ 등에서는 "從人, 官聲.(「人은 의미부분이고, 官은 발음부분이다.」)"이라고 하였다.

≪통훈정성≫에서는 "从人, 从官. 會意. 官亦聲.(「人과 官은 (모두) 의미부분이다. 회의(會意)이다. 官은 발음부분이기도 하다.」)"이라고 하였다.

②≪시경·용풍(鄘風)·정지방중(定之方中)≫에 나오는 글귀.

157(5080) 价 (착할 개, 클 개)

价, 善也. 从人, 介聲. ≪詩≫曰: "价人惟藩."①
(「价는 좋다는 뜻이다. 人은 의미부분이고, 介(개)는 발음부분이다. ≪시경(詩經)≫에 이르기를 "선인(善人)은 나라의 울타리로다."라고 하였다.」)

①현재 전해지는 ≪시경·대아(大雅)·판(板)≫에서는 '惟(생각할 유)'를 '維(벼리 유)'로 썼다. 둘 다 어조사의 역할을 하는 글자들이므로, 뜻에는 차이가 없다.

158(5081) 仔 (맡길 자, 이길 자)

仔, 克也.① 从人, 子聲.②
(「仔는 이겨낸다는 뜻이다. 人은 의미부분이고, 子(자)는 발음부분이다.」)

①단옥재는 "≪시경(詩經)·주송(周頌)·경지(敬之)≫에 이르기를 '佛時仔肩(불시자견, 책임(責任)진 신하들로 돕게 하여)'이라고 하였는데, 정현(鄭玄)은 전(箋)에서 '仔肩은 책임진다는 뜻이다'라고 하였다. 克은 이겨낸다는 뜻이다. 勝(승)과 任(임)은 뜻이 다른 것 같지만 같다.(「<周頌>曰: '佛時仔肩.' 箋云: '仔肩, 任也.' 克, 勝也. 勝與任義似異而同.」)"라고 하였다.(≪주≫)

②

상 금문	서주금문		소 전
仔爵	仔癸爵	且辛父庚鼎	설문해자

'仔'자는 금문과 소전이 모두 '人'과 '子'로 이루어져 있다.

159(5082) 伇① (보낼 잉)

伇, 送也. 从人, 灷聲.② 呂不韋曰: "有侁氏以伊尹伇女."③ 古文以爲訓字.④
(「伇은 보낸다는 뜻이다. 人은 의미부분이고, 灷(선)은 발음부분이다. 여불위(呂不韋)는 "유신씨(有侁氏)가 이윤(伊尹)에게 여자를 보냈다."라고 하였다. 고문(古文)에서는 이 글자를 訓(훈)자로 썼다.」)

①단옥재는 '伇'은 오늘날의 '媵(보낼 잉)'자라고 하였다.(≪주≫)

이에 대해 단옥재는 "≪이아(爾雅)·석언(釋言)≫에 이르기를 '媵은 장차 보낸다는 뜻이다'라고 하였다. '보낸다'는 것이 媵의 본뜻이다. 조카딸이이나 여동생을 보낸다는 것은 곧 그 일부분이다. … 오늘날의 뜻은 곧 일부분만 쓰이고 전체적인 것은 쓰이지 않는다. 오늘날 글자형태에서 女(녀)가 쓰이고 있는 것은 곧 그 일부분의 뜻만 쓰이고 있기 때문이다.(「＜釋言＞曰: '媵, 將送也.' 送爲媵之本義. 以姪娣送女, 乃其一耑耳. … 今義則一耑行, 而全者廢矣. 今形从女者, 由一耑之義獨行故也..」)"라고 하였다.

참고로 ≪설문해자≫에는 '媵'자가 없다.

②

갑골문에는 '灷'자가 보이지 않는다.

서주(西周) 금문의 자형은 단순히 '灷'로 쓰거나 소전과 같이 '人'과 함께 쓰기도 하였다.

서현 등은 '灷'은 독립된 글자가 아니라 '朕(짐)'의 생략형이라고 하였다.(대서본 ≪설문해자≫)

또 단옥재는 "≪설문해자≫에는 이 글자(즉 灷)가 없는데, 送(송)·灷·朕 등과 같은 글자에서는 모두 이 글자를 발음부분으로 쓰고 있다. 이것 역시 ≪설문해자≫에서 빠트린 글자 중에 하나일 것이다.(「灷, 許書無此字, 而送·灷·朕皆用爲聲. 此亦許書奪扁之一也..」)"라고 하였다.

③≪여씨춘추(呂氏春秋)·본미편(本味篇)≫에 나오는 글귀.

단옥재는 "무릇 허신이 ≪여씨춘추≫를 인용할 때는 모두 직접 '여불위가 말하기를(「呂不韋曰」)'이라고 하였다. 이 글자와 爝(횃불 작)자에서 그러한데, 그 사람을 싫어해서이다.(「凡許引≪呂氏春秋≫, 皆直書'呂不韋曰'. 此與爝下是也, 惡其人也..」)"라고 하였다.

④단옥재는 "訓과 灷은 발음의 차이가 너무 크고, 자형 또한 疋(필)과 足(족)·屮(철)과 艸(초)·丂(고)와 丂(우) 등과 비교해서 가깝지도 않다. 이제 내 생각에, 訓은 마땅히 揚(오를 양)으로 써야 할 것이다. 揚에서 詠(읊을 영)으로 잘못 바뀌었고, 詠에서 다시 訓으로 잘못 바뀐 것이다. 처음에는 발음이 잘못되었고, 끝에는 글자가 잘못된 것이다.(「訓與灷音部既相距甚遠. 字形又不相似, 如疋足·屮艸·丂丂之比. 今按: 訓當作揚. 由揚譌詠, 由詠復譌訓. 始則聲誤, 終則字誤耳..」)"라고 하였다.

160(5083) 徐 (천천히 걸을 서)

徐, 緩也. 从人, 余聲.
(「徐는 느슨하다는 뜻이다. 人은 의미부분이고, 余(여)는 발음부분이다.」)

　①단옥재는 '徐(서)'와 뜻이 거의 같다고 하였다.(≪주≫)

161(5084) 偋 (물리칠 병, 궁벽할 병)

偋, 僻寠也. 从人, 屛聲.
(「偋은 후미지고 초라하다는 뜻이다. 人은 의미부분이고, 屛(병)은 발음부분이다.」)

162(5085) 伸 (펼 신)

伸, 屈伸.① 从人, 申聲.
(「伸은 굽었다 폈다 할 때의 편다는 뜻이다. 人은 의미부분이고, 申(신)은 발음부분이다.」)

　①단옥재는 "屈(굴)은 '꼬리가 없다'라는 뜻으로, 伸의 반대말이다. 屈伸은 노래나 속어에서 모두 아는 말이다. 그래서 이 뜻으로 풀이를 한 것이다. 屈은 또 詘(굽힐 굴)로 쓰기도 하는데, (≪설문해자·서≫에서 상형(象形)을 풀이하는 내용 가운데) 이른바 隨體詰詘(수체힐굴, 형체를 따라 구불구불 그린다는 뜻에서의 詘)이다. 伸은 옛 경전(經傳)에서는 모두 信으로 썼다. … 송(宋) 모황(毛晃)은 이르기를 '옛날에는 申으로만 썼는데, 후에 人을 더하여 구별하였다'라고 하였다.(「屈者, 無尾也, 伸之反也. 屈伸, 謠俗共知之語, 故以爲訓. 屈亦作詘, 所謂隨體詰詘也. 伸古經傳皆作信. … 宋毛晃曰: '古惟申字, 後加立人以別之.'」)"라고 하였다.(≪주≫)

163(5086) 伹 (서)①

伹, 拙也.② 从人, 且聲.
(「伹는 못났다는 뜻이다. 人은 의미부분이고, 且(차)는 발음부분이다.」)

　①'伹'자는 ≪대한한사전(大漢韓辭典)≫에 보이지 않는다.
　발음은 ≪광운(廣韻)≫에 따르면 '七余切(칠여절)' 즉 '처'와 '伹古切(조고절)' 즉 '조' 등 두 가지이다.
　한편 대서본 ≪설문해자≫·≪주≫·≪의증≫·≪구두≫·≪교록≫ 등에서는 모두

'似魚切(사어절)' 즉 '서'라고 하였다. 여기에서는 ≪설문해자≫ 주석본에 따라 '서'로 부르겠다.

②단옥재는 "≪광운≫에서는 '拙人(졸인, 못난 사람이라는 뜻)'이라고 하였다. (이것은) 마땅히 ≪설문해자≫의 옛날 판본이다.(「≪廣韻≫作拙人. 當是≪說文≫古本.」)"라고 하였다.(≪주≫)

164(5087) 偨 (황겁할 연)

偨, 意賸也.① 从人, 然聲.
(「偨은 의지(意志)가 약하다는 뜻이다. 人은 의미부분이고, 然(연)은 발음부분이다.」)

①단옥재는 "意는 의지를 뜻하고, 賸(취)는 물러서 쉽게 깨진다는 뜻이다. 意賸는 의지는 있지만 견고하지는 않음을 일컫는 것이다. ≪옥편(玉篇)≫에 이르기를 '의지는 급한데 두려워한다는 뜻이다'라고 하였는데, 대체로 ≪설문해자≫의 말을 한 것이다.(「意者, 志也; 賸者, 耎易破也. 意賸謂有此意而不堅. ≪玉篇≫云: '意急而懼.' 蓋說≪說文≫之語也.」)"라고 하였다.(≪주≫)

오늘날 '偨'자의 훈을 '황겁할 연'으로 하고 있는 것은 ≪옥편(玉篇)≫의 풀이를 따르고 있는 것으로 보인다. 참고로 '황겁(惶怯)'이란 '겁이 나고 두려움'을 뜻한다.

165(5088) 偄 (연약할 난)

偄, 弱也. 从人, 从耎.①
(「偄은 약하다는 뜻이다. 人과 耎(연)은 (모두) 의미부분이다.」)

①≪의증≫에서는 "耎聲.(「耎은 발음부분이다.」)"이라고 하였고, ≪통훈정성≫에서는 "从人, 从耎. 會意. 耎亦聲.(「人과 耎은 (모두) 의미부분이다. 회의(會意)이다. 耎은 발음부분이기도 하다.」)"이라고 하였다.

166(5089) 倍 (곱 배, 갑절 배)

倍, 反也.① 从人, 音聲.
(「倍는 뒤집는다는 뜻이다. 人은 의미부분이고, 音(투·부)는 발음부분이다.」)

①단옥재는 "이것이 倍의 본뜻이다. … 反(반)은 뒤집는다는 뜻이다. 뒤집으면 두 면이 있게 된다. 그래서 갑절을 倍라고 하는 것이다. 민간에서는 이 글자를 '갑절'

이라는 뜻으로 쓰고, '배반(背叛)하다'·'위반(違反)하다'라는 뜻으로는 모두 背자를 쓴다. 여타의 뜻이 널리 쓰이자 본래의 뜻은 쓰이지 않게 되었다.(「此倍之本義. … 以反者覆也, 覆之則有二面, 故二之曰倍. 俗人鋟析, 乃謂此專爲加倍字, 而倍上·倍文 則皆用背. 餘義行而本義廢矣.」)"라고 하였다.(≪주≫)

167(5090) 傿 (에누리할 언)

傿, 引爲賈也.① 从人, 焉聲.
(「傿은 값을 부풀린다는 뜻이다. 人은 의미부분이고, 焉(언)은 발음부분이다.」)

①단옥재는 "引(인)은 여기에서는 길고 크게 한다는 뜻과 같다.(「引猶長大之.」)"라고 하였다.(≪주≫)

168(5091) 僭 (참람할 참, 거짓 참)

僭, 假也.① 从人, 朁聲.
(「僭은 (임시로) 빌린다는 뜻이다. 人은 의미부분이고, 朁(참)은 발음부분이다.」)

①≪주≫에서는 ≪옥편(玉篇)≫에 근거하여 '假(가)'를 '儗(참람할 의)'로 고쳐 썼다.
참고로 '참람(僭濫)'이란 사전적인 의미로는 제 분수를 지나서 방자하다는 뜻이다. 덧붙여 말하자면 아랫사람이 윗사람의 권세를 빌려[假] 함부로 행동하는 것도 포함된다.

169(5092) 儗 (참람할 의, 서로 못 믿을 의)

儗, 僭也. 一曰相疑. 从人, 從疑.
(「儗는 참람(僭濫)한다는 뜻이다. 일설에는 서로 의심한다는 뜻이라고도 한다. 人과 疑(의)는 (모두) 의미부분이다.」)

①≪계전≫·≪주≫·≪구두≫ 등에서는 "疑聲.(「疑는 발음부분이다.」)"이라고 하였다.

170(5093) 偏 (치우칠 편)

偏, 頗也.① 从人, 扁聲.

(「偏은 치우쳤다는 뜻이다. 人은 의미부분이고, 扁(편)은 발음부분이다.」)

①단옥재는 "頗는 머리가 (한쪽으로) 기울었다는 뜻이다. 인신(引伸)하여 무릇 (한쪽으로) 기울어짐의 명칭이 되었다.(「頗, 頭偏也. 引申爲凡偏之稱.」)"라고 하였다.(≪주≫)

171(5094) 倀 (미칠 창)

倀, 狂也.① 从人, 長聲. 一曰仆也.
(「倀은 미쳤다는 뜻이다. 人은 의미부분이고, 長(장)은 발음부분이다. 일설에는 넘어졌다는 뜻이라고도 한다.」)

①주준성은 '倀'은 속자(俗字)로 '猖(미쳐 날뛸 창)'으로 쓴다고 하였다.(≪통훈정성≫)

172(5095) 儎 (어두울 훙)

儎, 惛也.① 从人, 薨聲.
(「儎은 정신이 흐릿하다는 뜻이다. 人은 의미부분이고, 薨(훙)은 발음부분이다.」)

①≪계전≫·≪주≫·≪의증≫·≪통훈정성≫·≪구두≫·≪교록≫ 등에서는 모두 '惛(혼)'을 '惽(혼)'으로 썼다.

173(5096) 儔 (짝 주)

儔, 翳也.① 从人, 壽聲.
(「儔는 가린다는 뜻이다. 人은 의미부분이고, 壽(수)는 발음부분이다.」)

①단옥재는 "翳(예)는 임금이 쓰는 양산을 뜻한다. 인신(引伸)하여 무릇 덮어서 가린다는 뜻의 명칭이 되었다.(「翳者, 華蓋也. 引伸爲凡覆蔽之偁.」)"라고 하였다.(≪주≫)
서개는 "儔와 翿(도)는 같은 뜻으로, 가린다는 뜻이다. 요즘 사람들은 조(稠)라고 발음하는데, 짝(배필)이라는 뜻이다.(「儔與翿同義, 隱翳也. 今人音稠, 匹儷也.」)"라고 하였다.(≪계전≫)

174(5097) 侜 (가리울 주)

侜, 有廱蔽也.① 从人, 舟聲.② ≪詩≫曰: "誰侜予美."③
(「侜는 막고 가리는 것이 있다는 뜻이다. 人은 의미부분이고, 舟(주)는 발음부분이다. ≪시경(詩經)≫에 이르기를 "누가 내 님을 꾀어내었나?"라고 하였다.」)

①≪계전≫에서는 '廱(화락할 옹)'을 '雝(막을 옹)'으로 썼다.
이에 대해 뉴수옥은 ≪설문해자≫에는 '雝'자가 없으므로 이는 틀린 것이라고 하였다.(≪교록≫)
단옥재는 '廱'과 '雝'은 고금자(古今字)라고 하였다.(≪주≫)

'侜'자는 갑골문과 서주(西周) 금문 그리고 소전 등이 모두 '人'와 '舟'로 이루어져 있다.

③≪시경·진풍(陳風)·방유작소(防有鵲巢)≫에 나오는 글귀.

175(5098) 俴 (엷을 천)

俴, 淺也. 从人, 戔聲.①
(「俴은 (사람이) 얕다는 뜻이다. 人은 의미부분이고, 戔(전·잔)은 발음부분이다.」)

①'戔'자가 발음부분으로 쓰이는 글자들은 대체로 '적다' 또는 '작다'라는 의미를 많이 갖는다. 예를 들면 돈[貝(패)]이 적은 것은 '賤(천)', 뼈[歹(알)]가 적은 것은 '殘(잔)', 죽간(竹簡) 위에 자신의 작은 견해를 적었다는 뜻의 '箋(전)', 쇠붙이 조각을 뜻하는 '錢(전)', '물이 깊지 않다'는 뜻의 '淺(천)' 등이 그러하다.

형성자는 일반적으로 한 쪽은 뜻을 담당하고, 한 쪽은 소리를 담당한다고 알려져 있다. 그런데 어떤 글자들은 '俴'자의 경우처럼 의미부분은 전체 뜻의 범위를 정할 뿐이고, 구체적인 뜻은 발음부분에 있을 때도 있다.

176(5099) 佃 (밭갈 전)

佃, 中也. 从人, 田聲.① ≪春秋傳≫曰: "乘中佃."② 一轅車.③

(「佃은 가운데를 뜻한다. 人은 의미부분이고, 田(전)은 발음부분이다. ≪춘추전(春秋傳)≫에 이르기를 "중간급의 수레를 탔다."라고 하였다. (中佃은) 끌채가 하나인 수레를 뜻한다.」)

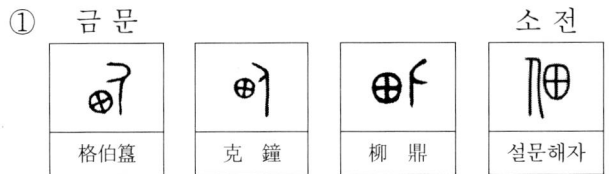

① 금문 　　　　　　　　　　소 전

格伯簋　　克鐘　　柳鼎　　설문해자

갑골문에는 '佃'자가 보이지 않는다.

서주(西周) 금문과 소전의 자형은 모두 '人'과 '田'으로 이루어져 있다. 다만 금문에서는 '畂' 즉 오늘날의 '甸(경기 전)'으로 썼다.

고홍진(高鴻縉)은 '佃'과 '甸'은 본래 한 글자였다가 둘로 나누어진 글자로서, '甸'은 밭을 관리하는 벼슬의 이름이었다고 하였다.(≪산반집석(散盤集釋)≫)

용경(容庚) 역시 '佃'과 '甸'은 본래 한 글자였다고 하였다.(≪금문편(金文編)≫)

②현재 전해지는 ≪춘추좌전(春秋左傳)·애공(哀公) 17년≫에서는 '中佃(중전)'을 '衷甸(충전)'으로 썼다. 공영달(孔穎達)은 소(疏)에서 '甸'은 '수레[乘(승)]'를 뜻한다고 하였다.

③≪주≫와 ≪구두≫에는 '一(일)'자 앞에 '中佃' 두 글자가 더 있다.

177(5100) 佌 (사)①

佌, 小兒. 从人, 囟聲. ≪詩≫曰: "佌佌彼有屋."②

(「佌는 작은 모습을 뜻한다. 人은 의미부분이고, 囟(신)은 발음부분이다. ≪시경(詩經)≫에 이르기를 "저렇게 작은 사람들도 집이 있는데."라고 하였다.」)

①'佌'자는 ≪대한한사전(大漢韓辭典)≫에 보이지 않는다.

발음은 ≪광운(廣韻)≫에 따르면 '雌氏切(자시절)' 즉 '지→자'와 '斯氏切(사씨절)' 즉 '시→사' 등 두 가지이다.

한편 대서본 ≪설문해자≫·≪주≫·≪의증≫·≪구두≫·≪교록≫ 등에서는 모두 '斯氏切' 즉 '사'라고 하였다. 여기에서는 공통된 발음인 '사'로 부르겠다.

②현재 전해지는 ≪시경·소아(小雅)·정월(正月)≫에서는 '佌'를 '佌(작을 차)'로 썼다.

178(5101) 侊 (클 광)

侊, 小兒.① 从人, 光聲. ≪春秋國語≫曰: "侊飯不及一食."②
(「侊은 작은 모습을 뜻한다. 人은 의미부분이고, 光(광)은 발음부분이다. ≪춘추국어(春秋國語)≫에 이르기를 "성대한 음식은 (배부르게 먹을 수 있는) 한 끼만 못하다."라고 하였다.」)

①단옥재는 "小(소)는 마땅히 大(대)로 써야 하는데, 글자를 틀리게 썼다. 무릇 光을 발음부분으로 쓰는 글자들은 대부분 '빛나고 큰[光大]' 뜻을 가지며, '작다'라고 훈을 하는 예는 없다.(「小當作大, 字之誤也. 凡光聲之字多訓光大, 無訓小者.」)"라고 하였다.(≪주≫)

②현재 전해지는 ≪국어·월어(越語)≫에서는 '觥飯不及壺飱(굉반불급호찬)'으로 되어 있다. 뜻은 거의 같다.

≪주≫에서는 '一食(일식)'을 '壺飱'으로 썼다. 이에 대해 단옥재는 '一食'에서의 '一'은 본래 '壺'자인데 '壺'자와 '壹(일)'자가 모양이 비슷해서 '壺'자를 '壹'자로 잘못 쓴 것이고, 연이어서 '壹'을 '一'로 잘못 쓴 것이라고 하였고, '食'자는 ≪옥편(玉篇)≫과 ≪광운(廣韻)≫에서 인용한 ≪설문해자≫에 근거하여 '飱'자로 바로잡는다고 하였다.

참고로 '飱'은 '飡(먹을 손; 삼킬 찬)'자와 통용된다.

≪계전≫과 ≪구두≫에는 이다음에 '是(시)'자가 한 글자 더 있다.

179(5102) 佻 (경박할 조)

佻, 愉也.① 从人, 兆聲. ≪詩≫曰: "視民不佻."②
(「佻는 경박하다는 뜻이다. 人은 의미부분이고, 兆(조)는 발음부분이다. ≪시경(詩經)≫에 이르기를 "백성들에게는 경박함을 보이지 말라."라고 하였다.」)

①≪의증≫과 ≪교록≫에서는 '愉(즐거울 유)'를 '偸(훔칠 투)'로 썼다.

단옥재는 "옛날 판본에서는 모두 愉로 썼다. 급고각(汲古閣)본에서는 偸로 썼는데, (이는) 잘못된 것이다. 내 생각에, ≪이아(爾雅)·석언(釋言)≫에서 '佻는 偸이다'라고 하였다. 偸는 愉의 속자(俗字)이다. 요즘 사람들은 '엷다'라든가 '훔치다'라고 할 때 모두 人을 의미부분으로 쓴 偸자를 쓴다. (발음은) 타후절(他侯切, 즉 투)이다. 그런데 愉는 '즐겁다'라는 뜻으로, 발음은 양주절(羊朱切, 즉 유)이다. 이것은 현재의 뜻과 발음과 형태이고, 옛날의 뜻과 발음과 형태가 아니다. 옛날에는 人을 쓴 偷자가 없었다. 愉는 '엷다'라는 뜻으로, 발음은 타후절이다. 愉愉는 화기(和氣)가 안색에 엷게 나타나는 것을 뜻한다. '훔친다'는 것은 천박함의 극치이다. '훔친다'라는 글자는 옛날에는 단지 愉로 썼다.(「古本皆作愉. 汲古閣作偷, 誤也. … 按: <釋言>: '佻, 偷也.' 偷者愉之俗字. 今人曰偷薄, 曰偷盜皆从人作偷. 他侯切. 而愉字訓爲愉悅, 羊朱切. 此今義·今音·今形, 非古義·古音·古形也. 古無从人之偷. 愉訓薄, 音他侯切. 愉愉者, 和氣之薄發於色也. 盜者, 澆薄之至也. 偷盜字古只作愉也.」)"라고 하였다.(≪주≫)

참고로 ≪설문해자≫에는 '偷'자가 없다.

②현재 전해지는 ≪시경·소아(小雅)·녹명(鹿鳴)≫에서는 '佻'를 '恌(경박할 조)'로 썼다.

180(5103) 僻 (후미질 벽)

僻, 避也.① 从人, 辟聲. ≪詩≫曰: "宛如左僻."② 一曰从旁牽也.③
(「僻은 피한다는 뜻이다. 人은 의미부분이고, 辟(벽)은 발음부분이다. ≪시경(詩經)≫에 이르기를 "선뜻 왼쪽으로 비켜섰네."라고 하였다. 일설에는 옆에서 끌어당긴다는 뜻이라고도 한다.」)

①≪계전≫과 ≪주≫에서는 '避(피)'를 '辟(피·벽)'으로 썼다.

②현재 전해지는 ≪시경·위풍(魏風)·갈구(葛屨)≫에서는 '如(여)'를 '然(연)'으로 썼고, '僻'을 '辟'으로 썼다.

③≪주≫와 ≪통훈정성≫에서는 '从(종)'을 '從(종)'으로 썼다. '从'과 '從'은 고금자(古今字)이다.

181(5104) 佷 (매우 현)

佷, 很也.① 从人, 弦省聲.②
(「佷은 사납다는 뜻이다. 人은 의미부분이고, 弦(현)은 생략형은 발음부분이다.」)

①단옥재는 "<심부(心部)>에 이르기를 '慈은 (마음이) 급하다는 뜻이다'라고 하였다. 뜻이 대략 같다.(「<心部>曰: '慈, 急也.' 義略同..」)"라고 하였다.(≪주≫)

②≪주≫에서는 '弦'을 '弦'으로 썼다.

182(5105) 伎 (재주 기)

伎, 與也.① 从人, 支聲. ≪詩≫曰: "籧人伎忒."②

(「伎는 함께 한다는 뜻이다. 人은 의미부분이고, 支(지)는 발음부분이다. ≪시경(詩經)≫에 이르기를 "사람을 심하게 심문하면 그를 해치고 변하게 한다네."라고 하였다.」)

①≪구두≫에는 '與(여)'자 앞에 공란 표시인 '□'가 있다. 즉 한 글자가 빠졌다는 의미이다.

단옥재는 "<여부(舁部)>에 이르기를 '與는 함께 한다는 뜻이다'라고 하였다. 이것이 伎의 본뜻이다. ≪광운(廣韻)≫에 이르기를 '반려(伴侶)를 뜻한다'라고 하였는데, 본래의 뜻에 어긋나지 않는다. 속어(俗語)로는 기교(技巧)의 技자로 쓰인다.(「<舁部>曰: '與者, 黨與也.' 此伎之本義也. ≪廣韵≫曰: '侶也.' 不違本義. 俗用爲技巧之技.」)"라고 하였다.(≪주≫)

②현재 전해지는 ≪시경·대아(大雅)·첨앙(瞻卬)≫에서는 '籧(국문할 국)'을 '鞫(국)'으로 썼고, '伎'를 '忮(해칠 기)'로 썼다.

여기에서는 현재 전해지는 판본을 근거로 하여 번역하였다.

183(5106) 侈 (사치할 치)

侈, 掩脅也.① 从人, 多聲.② 一曰奢也.③

(「侈는 (윗사람을) 덮어서 가리고 (주변 사람을) 위협한다는 뜻이다. 人은 의미부분이고, 多(다)는 발음부분이다. 일설에 사치(奢侈)한다는 뜻이라고도 한다.」)

①단옥재는 "掩(엄)은 윗사람을 덮어서 가린다는 뜻이고, 脅(협)은 옆에 있는 사람을 위협하여 제압한다는 뜻이다.(「掩者, 掩蓋其上; 脅者, 脅制其旁.」)"라고 하였다.(≪주≫)

②'侈'의 고음은 음성운(陰聲韻) *t'jia / tś'iI(치)이고, '多'의 고음은 *ta / tɑ(다)이다. 두 글자는 첫소리가 [t-] 계열로 비슷하고, 상고음(上古音)의 주모음(主母音)이 [a]로 같다. 그래서 '侈'자에서 '多'가 발음부분이 될 수 있는 것이다.

③≪계전≫과 ≪구두≫에는 '奢'자 다음에 '侈'자가 한 글자 더 있다.

또 ≪주≫에서는 ≪고금운회(古今韻會)≫에 근거하여 '奢'자 다음에 '泰(태)'자를 한 글자 보충하였다.

184(5107) 佁 (미련스러울 이)

佁, 癡皃. 从人, 台聲.① 讀若騃.
(「佁는 어리석은 모습을 뜻한다. 人은 의미부분이고, 台(태·이)는 발음부분이다. 騃(애)처럼 읽는다.」)

① 서주금문　　　　　　　춘추금문　　　　　소 전

| 智簋 | 佁伯簋 | 鄧公簋 | 鞄氏鐘 | 邾王義楚鍴 | 설문해자 |

갑골문에는 '佁'자가 보이지 않고, 금문과 소전은 '人'과 '台'로 이루어져 있다.
춘추(春秋)시대 금문 <도왕의초단(邾王義楚鍴)>에서는 여기에 '心(심)'이 더해지기도 하였다.

185(5108) 傞 (소)①

傞, 傞驕也.② 从人, 蚤聲.
(「傞는 교만(驕慢)하다는 뜻이다. 人은 의미부분이고, 蚤(조)는 발음부분이다.」)

①'傞'자는 《대한한사전(大漢韓辭典)》에 보이지 않는다.
발음은 《광운(廣韻)》에 따르면 '蘇遭切(소조절)' 즉 '소'이다.
②단옥재는 '驕'자 앞의 '傞'자는 정문(正文)을 다시 쓴 것으로, 없어도 된다고 하였다.(《주》)
또 《통훈정성》에는 '傞'자 앞에 또 '傞'자가 한 글자 더 있다. 이렇게 되면 번역은 "傞는 傞傞로, 교만하다는 뜻이다"로 된다.

186(5109) 僞 (거짓 위)

僞, 詐也.① 从人, 爲聲.
(「僞는 속인다는 뜻이다. 人은 의미부분이고, 爲(위)는 발음부분이다.」)

①《이아(爾雅)·석고(釋詁)》에 보인다.

187(5110) 伿 (게으를 이)

伿, 隋也.① 从人, 只聲.
(「伿는 게으르다는 뜻이다. 人은 의미부분이고, 只(지)는 발음부분이다.」)

①≪계전≫・≪주≫・≪의증≫・≪통훈정성≫・≪구두≫・≪교록≫ 등에서는 모두 '隋(수)'를 '惰(게으를 타)'로 썼다. 여기에서도 이에 따라 번역하였다.

188(5111) 佝 (곱사등이 후, 거리낄 후)(고음 구)

佝, 務也.① 从人, 句聲.
(「佝는 힘쓴다는 뜻이다. 人은 의미부분이고, 句(구)는 발음부분이다.」)

①≪계전≫에서는 '務(무)'를 '瞀(복)'으로 썼고, ≪주≫와 ≪통훈정성≫에서는 "佝瞀也.(「어리석다는 뜻이다.」)"라고 하였다.

189(5112) 僄 (진중하지 못할 표)

僄, 輕也.① 从人, 票聲.②
(「僄는 가볍다는 뜻이다. 人은 의미부분이고, 票(표)는 발음부분이다.」)

①≪방언(方言)≫ <권10>을 보면 "仉(범)・僄 등은 가볍다는 뜻이다. 초(楚) 지방에서는 무릇 서로 경박(輕薄)한 것을 일컬어 相仉(상범)이라고도 하고 또는 僄라고도 한다.(「仉・僄, 輕也. 楚凡相輕薄謂之相仉, 或謂之僄也.」)"라고 하였다.
②≪계전≫・≪의증≫・≪구두≫・≪교록≫ 등에서는 '票'를 '奧'로 썼고, ≪주≫와 ≪통훈정성≫에서는 '票'로 썼다.

190(5113) 倡 (가무 창)

倡, 樂也. 从人, 昌聲.
(「倡은 음악을 하는 사람을 뜻한다. 人은 의미부분이고, 昌(창)은 발음부분이다.」)

191(5114) 俳 (광대 배)

俳, 戲也.① 从人, 非聲.

(「俳는 광대를 뜻한다. 人은 의미부분이고, 非(비)는 발음부분이다.」)

①단옥재는 "우스운 짓을 하면서 말을 하는 것을 일컬어 俳라고 하고, 음악을 연주하면서 말을 하는 것을 倡(창)이라고도 하고, 또 優(우)라고도 하는데, 사실 하나인 것이다.(「以其戲言之謂之俳, 以其音樂言之謂之倡, 亦謂之優, 其實一物也.」)"라고 하였다.(≪주≫)

192(5115) 僊 (자태를 보일 선)

僊, 作姿也.① 从人, 善聲.②
(「僊은 자태(姿態)를 지어낸다는 뜻이다. 人은 의미부분이고, 善(선)은 발음부분이다.」)

①≪계전≫·≪통훈정성≫·≪구두≫ 등에는 '姿'자 다음에 '態'자가 한 글자 더 있다.
②≪계전≫·≪주≫·≪구두≫ 등에서는 '善'을 '譱'으로 썼다.

193(5116) 儳 (빠를 참, 어긋날 참)

儳, 儳互, 不齊也. 从人, 毚聲.
(「儳은 儳互(참호)로, 가지런하지 않다는 뜻이다. 人은 의미부분이고, 毚(참)은 발음부분이다.」)

194(5117) 佚 (편할 일; 방탕할 절)

佚, 佚民也. 从人, 失聲. 一曰: 佚, 忽也.①
(「佚은 은둔하며 사는 사람을 뜻한다. 人은 의미부분이고, 失(실)은 발음부분이다. 일설에 佚은 잊어버렸다는 뜻이라고도 한다.」)

①단옥재는 "<심부(心部)>에 이르기를 '忽(홀)은 잊어버렸다는 뜻이다'라고 하였다.(「<心部>曰: '忽, 忘也.'」)"라고 하였다.(≪주≫)

195(5118) 俄 (아까 아)

俄, 行頃也.① 从人, 我聲. ≪詩≫曰: "仄弁之俄."②

(「俄는 걸어가는데 머리가 기울었다는 뜻이다. 人은 의미부분이고, 我(아)는 발음부분이다. ≪시경(詩經)≫에 이르기를 "비뚤게 쓴 모자 그만큼 기울었네."라고 하였다.」)

①≪주≫에는 '頃(경)'자 앞에 '行(행)'자가 없다.
②현재 전해지는 ≪시경·소아(小雅)·빈지초연(賓之初筵)≫에서는 '仄(측)'을 '側(측)'으로 썼다.

196(5119) 僥 (기쁠 요)

僥, 喜也. 从人, 堯聲. 自關以西, 物大小不同謂之僥.①
(「僥는 기쁘다는 뜻이다. 人은 의미부분이고, 堯(요)는 발음부분이다. 함곡관(函谷關) 서쪽에서는 물건의 크기가 다른 것을 일컬어 僥라고 한다.」)

①≪방언(方言)≫ <권6>을 보면 "陂(피)·僥(요) 등은 기울었다는 뜻이다. 진(陳)·초(楚)·형주(荊州)·양주(揚州) 지방에서는 陂라고 한다. 산(山) 서쪽에서는 무릇 물건이 가늘고 크면서 불순물이 섞인 것을 일컬어 僥라고 한다.(「陂·僥, 衺也. 陳·楚·荊·揚曰陂. 自山而西, 凡物細大不純者謂之僥.」)"라고 하였다.

197(5120) 卻 (질 갹; 게으를 극)

卻, 徼卻①, 受屈也.② 从人, 卻聲.
(「卻은 극히 피곤한 것을 가로막아, 그 힘이 다 빠진 것을 취한다는 뜻이다. 人은 의미부분이고, 卻(각)은 발음부분이다.」)

①서개는 "卻은 극히 피곤하다는 뜻이다.(「卻, 困劇也.」)"라고 하였다.(≪계전≫)
단옥재(≪주≫)와 주준성(≪통훈정성≫)은 '卻'과 '㾾(수고로울 극)'은 같은 글자라고 하였다.
②현재 전해지는 사마상여(司馬相如)의 ≪자허부(子虛賦)≫를 보면 '徼卻受詘(요각수굴)'이라고 하였는데, 이에 대해 이선(李善)은 "곽박(郭璞)은 '卻은 극히 피곤하다는 뜻이다.(「卻, 疲極也.」)'라고 하였고, 사마표(司馬彪)는 '徼卻은 그 피곤한 것을 가로막는다는 뜻이다.(「徼卻, 遮其倦者.」)'라고 하였다. 내 생각에, 受詘은 그 힘이 다 빠진 것을 취한다는 뜻이다. 詘은 屈과 같다.(「善曰: 受詘, 取其力屈也. 詘與屈同.」)"라고 주를 하였다.

198(5121) 傞 (춤출 사)

傞, 醉舞皃. 从人, 差聲. ≪詩≫曰: "屢舞傞傞."①
(「傞는 취해서 춤추는 모습을 뜻한다. 人은 의미부분이고, 差(차)는 발음부분이다. ≪시경(詩經)≫에 이르기를 "여러 번 취해서 비틀비틀 춤을 추네."라고 하였다.」)

①≪시경·소아(小雅)·빈지초연(賓之初筵)≫에 나오는 글귀.

199(5122) 僛 (취하여 춤추는 모양 기)

僛, 醉舞皃. 从人, 欺聲. ≪詩≫曰: "屢舞僛僛."①
(「僛는 취해서 춤추는 모습을 뜻한다. 人은 의미부부이고, 欺(기)는 발음부분이다. ≪시경(詩經)≫에 이르기를 "여러 번 취해서 비틀비틀 춤을 추네."라고 하였다.」)

①≪시경·소아(小雅)·빈지초연(賓之初筵)≫에 나오는 글귀.

200(5123) 侮 (업신여길 모)

侮, 傷也.① 从人, 每聲. 㒮, 古文, 从母.②
(「侮는 업신여긴다는 뜻이다. 人은 의미부분이고, 每(매)는 발음부분이다. (5123-1) 㒮는 고문(古文)으로 (每 대신) 母(모)를 썼다.」)

①≪주≫·≪통훈정성≫·≪구두≫ 등에서는 '傷(상)'을 '偒(업신여길 이)'로 썼다. 여기에서도 이에 따라 번역하였다.
왕균은 현응(玄應)의 ≪일체경음의(一切經音義)≫에 근거하여 고쳐 썼다고 하였다.(≪구두≫)
또 ≪구두≫에서는 이다음에 현응의 ≪일체경음의≫에 근거하여 "謂輕偒翫弄也.(「업신여겨 가지고 논다는 말이다.」)"라는 글귀를 보충하였다.

②
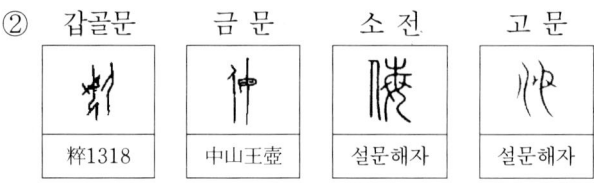

갑골문	금문	소전	고문
粹1318	中山王壺	설문해자	설문해자

'侮'자는 갑골문과 전국(戰國)시대 금문 그리고 ≪설문해자≫에 수록된 고문에서는 '㒮'로 썼고, 소전에서는 '侮'로 썼다.

201(5124) 佚 (질투할 질)

佚, 妎也. 从人, 疾聲. 一曰毒也.① 嫉, 佚或从女.②
(「佚은 질투(嫉妎)한다는 뜻이다. 人은 의미부분이고, 疾(질)은 발음부분이다. 일설에 미워한다는 뜻이라고도 한다. (5124-1) 嫉은 佚의 혹체자(或體字)로 (人 대신) 女(녀)를 썼다.」)

①≪광아(廣雅)·석고(釋詁) 삼(三)≫을 보면 "嫉은 미워한다는 뜻이다.(「嫉, 惡也.」)"라고 하였다.
②≪계전≫과 ≪구두≫에는 '女'자 다음에 '作(작)'자가 한 글자 더 있다.

202(5125) 傷 (업신여길 이)

傷, 輕也.① 从人, 易聲. 一曰交傷.
(「傷는 가볍(게 여긴)다는 뜻이다. 人은 의미부분이고, 易(역·이)는 발음부분이다. 일설에는 바꾼다는 뜻이라고도 한다.」)

①서호(徐灝)는 "'바꾸다'와 '가볍다' 그리고 '쉽다'라고 할 때는 모두 본래 易로 썼는데, 이 傷자는 뒤에 더해진 것이다.(「交易與輕易·難易皆本作易, 此傷字乃後事增加.」)"라고 하였다.(≪설문해자주전(說文解字注箋)≫)

203(5126) 俙 (비슷할 희, 희미할 희)

俙, 訟面相是.① 从人, 希聲.
(「俙는 소송할 때 서로 맞대고 옳다고 (주장)한다는 뜻이다. 人은 의미부분이고, 希(희)는 발음부분이다.」)

①서호(徐灝)는 "대질(對質)하여 옳다고 (주장)한다는 말과 같다.(「猶言面相質正耳.」)"라고 하였다.(≪설문해자주전(說文解字注箋)≫)

204(5127) 僨 (엎드러질 분)

僨, 僵也.① 从人, 賁聲.
(「僨은 僵(엎드러질 강)이다. 人은 의미부분이고, 賁(분)은 발음부분이다.」)

①≪이아(爾雅)·석언(釋言)≫에 보인다.

205(5128) 僵 (엎드러질 강)

僵, 偾也.① 从人, 畺聲.
(「僵은 偾(엎드러질 분)이다. 人은 의미부분이고, 畺(강)은 발음부분이다.」)

①'僵'과 (5127) '偾(엎드러질 분)'은 전주(轉注) 관계이다.
≪계전≫·≪주≫·≪구두≫ 등에서는 '偾'을 '偃(자빠질 언)'으로 썼다.
또 ≪구두≫에서는 이다음에 현응의 ≪일체경음의≫에 근거하여 "謂卻偃(之)也.(「갑자기 쓰러졌음을 일컫는 것이다.」)"라는 글귀를 보충하였다.

206(5129) 仆 (엎드러질 부)

仆, 頓也.① 从人, 卜聲.②
(「仆는 머리를 땅에 조아린다는 뜻이다. 人은 의미부분이고, 卜(복)은 발음부분이다.」)

①≪구두≫에서는 이다음에 현응(玄應)의 ≪일체경음의(一切經音義)≫에 근거하여 "謂前覆也.(「앞으로 넘어졌음을 일컫는다.」)"라는 글귀를 보충하였다.
②'仆'의 고음은 음성운(陰聲韻) *p'jew / p'iuo(퓌오→부); *p'ew / p'əu(퍼우→부); *p'jəw / p'iəu(펴우→부)와 입성운(入聲韻) *bək / bək(벅→복) 등 네 가지이고, '卜'의 고음은 입성운 *pewk / puk(북→복)이다. 두 글자는 상고음(上古音)의 첫소리가 [p-] 계열로 같고, 주모음(主母音)은 [ew] 또는 [əw]로 같거나 비슷하다. 그래서 '仆'자에서 '卜'이 발음부분이 될 수 있는 것이다. 고대에는 음성운과 입성운이 협운을 하기도 하였다.

207(5130) 偃 (자빠질 언)

偃, 僵也..① 从人, 匽聲.②
(「偃은 넘어졌다는 뜻이다. 人은 의미부분이고, 匽(언)은 발음부분이다.」)

①주준성은 "위를 쳐다보다가 넘어진 것을 偃이라고 한다.(「仰而倒曰偃.」)"라고 하였다.(≪통훈정성≫)

② 금 문   소 전

갑골문에는 '偃'자가 보이지 않고, 서주(西周) 금문에서는 단순히 '匽'으로 썼다.

208(5131) 傷 (상처 상)

傷, 創也.① 从人, 𥥍省聲.②
(「傷은 (칼에 베인) 상처를 뜻한다. 人은 의미부분이고, 𥥍(창)의 생략형은 발음부분이다.」)

①≪계전≫·≪주≫·≪통훈정성≫ 등에서는 '𥥍(상처 창)'을 '𥏌(창)'으로 썼다.

② 금 문   소 전

갑골문에는 '傷'자가 보이지 않고, 전국(戰國)시대 금문과 소전의 자형은 '傷'으로 같다.

209(5132) 侤 (찌를 효)

侤, 剌也.① 从人, 肴聲. 一曰痛聲.②
(「侤는 찌른다는 뜻이다. 人은 의미부분이고, 肴(효)는 발음부분이다. 일설에는 아플 때 내는 소리라고도 한다.」)

①≪계전≫·≪교록≫·≪구두≫ 등에서는 '剌(어그러질 랄)'을 '刺(자)'로 썼다.

왕균은 "소서본(小徐本, 즉 ≪계전≫)에서는 侤를 傷자 앞에 소개하고 있는데, 이는 곧 (侤는) 마땅히 '찌르다[擊刺(격자)]'라고 할 때의 刺라는 뜻으로, 찌른 다음에 상처가 있다는 것이다. 이다음에 '일설에는 아플 때 내는 소리라고도 한다'라는 구절이 있는데, '상처 때문에 아프다'는 것이다.(「小徐本侤在傷上, 則當是擊刺之刺, 刺而後傷也. 下文一曰'痛聲', 亦因傷而痛也.」)"라고 하였다.(≪구두≫)

②≪계전≫과 ≪주≫에서는 '痛聲(통성)'을 '毒之(독지, 해독을 끼친다는 뜻)'로 썼다.

210(5133) 侉 (자랑할 과)

侉, 備詞.① 从人, 夸聲.
(「侉는 지쳤음을 나타내는 허사이다. 人은 의미부분이고, 夸(과)는 발음부분이다.」)

①≪주≫·≪통훈정성≫·≪구두≫ 등에서는 '備(비)'를 '憊(고달플 비)'(즉 憊)로 썼다. 계복(≪의증≫)과 뉴수옥(≪교록≫)도 '備'는 '憊'로 써야 한다고 하였다. 여기에서도 이에 따라 번역하였다.

또 ≪주≫에서는 '詞(사)'를 '䛐'로 썼고, 그 뒤에 '也(야)'자가 한 글자 더 있다.

211(5134) 催 (재촉할 최)

催, 相儔也.① 从人, 崔聲. ≪詩≫曰: "室人交徧催我."②
(「催는 서로 재촉한다는 뜻이다. 人은 의미부분이고, 崔(최)는 발음부분이다. ≪시경(詩經)≫에 이르기를 "집안사람들은 번갈아가며 나를 어리석다 질책하네."라고 하였다.」)

①≪계전≫·≪주≫·≪의증≫·≪통훈정성≫·≪구두≫·≪교록≫ 등에서는 모두 '儔(짝 주)'를 '擣(두드릴 도)'로 썼다. 여기에서도 이에 따라 번역하였다.

②현재 전해지는 ≪시경·패풍(邶風)·북문(北門)≫에서는 '催'를 '摧(꺾을 최)'로 썼다.

212(5135) 俑 (허수아비 용)

俑, 痛也.① 从人, 甬聲.②
(「俑은 아프다는 뜻이다. 人은 의미부분이고, 甬(용)은 발음부분이다.」)

①단옥재는 "≪예기(禮記)≫와 ≪맹자(孟子)≫에서의 俑은 허수아비를 뜻한다. 俑은 偶(짝 우, 인형 우)의 가차자(假借字)이다. 예를 들어 喁(화답할 우; 숨 쉴 옹) 역시 禺(우)가 발음부분인데, 어용절(魚容切) 즉 '용'→'옹'으로 읽는 것과 같다. 가차의가 널리 쓰이면서 본래의 뜻으로는 쓰이지 않게 되었다.(「≪禮記≫·

≪孟子≫之俑, 偶人也. 俑卽偶之假借字, 如喁亦禺聲而讀魚容切也. 假借之義行而本義廢矣.」)"라고 하였다.(≪주≫)

②단옥재는 "내 생각에, ≪옥편(玉篇)≫에 이르기를 '(俑의 발음은) ≪설문해자≫에서 他紅切(타홍절, 즉 '통')이다'라고 하였는데, 이것은 아마 발음을 숨기면서, '아프다'라는 뜻의 발음은 이와 같다는 것이다. 서현은 '또 余隴切(여롱절, 즉 '용')이다'라고 하였는데, 이렇게 읽을 때는 '허수아비'를 뜻한다는 것이다.("按: ≪玉篇≫云: '≪說文≫他紅切.' 此蓋出音隱, 痛義之音如是. 大徐云: '又余隴切.' 則木偶之音也.」)"라고 하였다.

213(5136) 伏 (엎드릴 복)

伏, 司也.① 从人, 从犬.②

("伏은 (개가 사람을) 살핀다는 뜻이다. 人과 犬(견)은 (모두) 의미부분이다.」)

①≪계전≫에서는 '司(맡을 사)'를 '伺(살필 사)'로 썼다.

단옥재는 "司는 오늘날의 伺자로서, 무릇 살피기 위해서는 먼저 잘 지켜야 하므로, '엎드리다'라는 뜻이 파생되어 나왔고, 여기에서 또 '숨다'라는 뜻으로도 인신(引伸)되었다.("司今之伺字. 凡有所司者必專守之, 伏伺卽服事也. 引伸之爲俯伏, 又引伸之爲隱伏.」)"라고 하였다.(≪주≫)

②

'伏'자는 갑골문을 보면 '大(대)'와 '犬'으로 이루어져 있고, 서주(西周) 금문과 소전의 자형은 '人'과 '犬'으로 이루어져 있다. '大'는 사람을 정면으로 본 모양이고, '人'은 옆에서 본 모양이므로 뜻의 차이는 없다.

≪계전≫과 ≪구두≫에서는 "從人, 犬伺人也.("人은 의미부분이고, 개가 사람을 살핀다는 뜻이다.」)"라고 하였다.

또한 ≪주≫에는 이다음에 "犬司人也.("개가 사람을 살핀다는 뜻이다.」)"라는 글귀가 더 있다. 이에 대해 단옥재는 "개가 사람을 살펴 짖음을 일컫는 것이다.("謂犬伺人而吠之.」)"라고 설명하였다.

214(5137) 促 (핍박할 촉)

促, 迫也. 从人, 足聲.
(「促은 급박(急迫)하다는 뜻이다. 人은 의미부분이고, 足(족)은 발음부분이다.」)

215(5138) 例 (법식 례)

例, 比也.① 从人, 劉聲.②
(「例는 비슷하다는 뜻이다. 人은 의미부분이고, 劉(렬)은 발음부분이다.」)

①단옥재는 '例'는 후대에 만들어진 글자로서 한(漢)나라 사람들은 '例'자 대신 대부분 '列(렬)'자를 사용했다고 하였다.(≪주≫)

계복은 "≪옥편(玉篇)≫에서는 '例는 유례(類例, 비슷한 사례)이다.(「例, 類例也.」)'라고 하였다."라고 하였다.(≪의증≫)

②'例'의 고음은 음성운(陰聲韻) *liar / liæi(래이→례)이고, '列'의 고음은 입성운(入聲韻) *liat / liæt(럗→렬)이다. 두 글자는 첫소리가 [l-]로 같고, 상고음(上古音)의 주모음(主母音) 역시 [a]로 같으며, 운미(韻尾)는 혀 끝 가운데 소리[설첨중음(舌尖中音)]인 [-r]와 [-t]으로 발음 부위가 같다. 그래서 '例'자에서 '列'이 발음부분이 될 수 있는 것이다. 고대에는 입성운과 음성운이 협운을 하기도 하였다.

참고로 소전에서의 '劉'자는 예서에서는 일률적으로 '列'로 썼다. 예를 들어 '烈(렬)'・'裂(렬)'・'洌(렬)' 등에서의 '列' 부분은 모두 '劉'에서 온 것이다.

216(5139) 係 (맬 계)

係, 絜束也.① 从人, 从系, 系亦聲.②
(「係는 삼으로 만든 끈으로 묶는다는 뜻이다. 人과 系(계)는 (모두) 의미부분인데, 系는 발음부분이기도 하다.」)

① 갑골문   상 금문

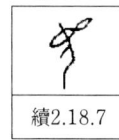

'係'자는 갑골문과 상(商)나라 금문을 보면 사람의 목을 새끼줄로 묶은 모양이다. 전국(戰國)시대의 금문과 소전의 자형은 '係'로 같다.

②우성오(于省吾)는 "허신은 이미 系를 의미부분으로 하여 '묶다'라는 뜻을 나타내고 있는데, 다시 회의자를 형성자로 잘못 분석하고 있다. 係를 '묶는다'라고 하는 풀이에 대하여 이는 인신의(引伸義)이지 결코 본뜻이 아니다. 갑골문의 係자는 새끼줄로 사람의 목을 묶은 모양을 그린 것이다.(「許氏旣以从系爲系, 又誤以會意爲形聲. 至于訓係爲繫束乃引申義, 幷非本義. 甲骨文係字, 象用繩索以縛係人的頸部.」)"라고 하였다.(≪갑골문자석림(甲骨文字釋林)≫)

217(5140) 伐 (칠 벌)

伐, 擊也. 从人持戈.① 一曰敗也.②
(「伐은 공격한다는 뜻이다. 사람[人]이 창[戈(과)]을 가지고 있는 형태(의 회의자)이다. 일설에는 지다[敗(패)]라는 뜻이라고도 한다.」)

'伐'자는 갑골문과 금문을 보면 대부분 창[戈]이 사람의 목에 닿아 있는 모양이다. 즉 '창으로 사람의 목을 치다'라는 뜻을 나타내는 회의자임을 알 수 있다. 때로는 갑골문 <후상(後上)22.6>과 춘추(春秋)시대 금문 <남강정(南疆鉦)>에서와 같이 사람과 창이 떨어져 있는 자형도 있는데, 소전은 이 자형을 따랐다.

한편 나진옥(羅振玉, ≪증정은허서계고석(增訂殷虛書契考釋)≫)과 동작빈(董作賓, ≪획백린해(獲白麟解)≫)은 '伐'자는 사람이 창을 메고 있는 모양으로 '정벌(征伐)'의 뜻을 나타내기도 하고 춤의 이름으로도 쓰인다고 하였다.

또 오기창(吳其昌)은 '伐'은 사람의 목을 베어 제사를 지내는 행위를 표현한 글자라고 하였는데(<은대인제고(殷代人祭考)>), 상승조(商承祚)는 은나라 때는 행정 체제가 이미 다 갖추어졌던 시대인데 어떻게 그토록 잔혹한 제도가 있을 수 있느냐고 의심하였다(≪은계일존(殷契佚存)≫).

이효정(李孝定)선생은 위와 같은 여러 가지 주장에 대하여 다음과 같이 결론을 내리고 있다.

"갑골문의 伐자는 창의 날로 사람의 목을 친다는 뜻으로, 사람이 창을 들고 있는 것이 아니다. … 은허(殷墟) 발굴 작업에서 드러난 왕실 대묘(大墓)의 통로에 보면 수많은 사람의 머리해골이 나란히 배열된 것을 볼 수 있다. 이것은 사람의 머리를 바쳐서 제사를 지냈다는 것 외에는 이 현상을 달리 해석할 방법이 없다. 또 후세 문헌에서도 이와 같은 기록들이 있다. 그러므로 야만적이라고 해서 그런 일이 없었다고 추리할 수는 없는 것이다.(「契文作伐, 象戈刃加人頸擊之義也, 非从人持戈. … 殷墟發掘所見王室大墓, 其墓道中嘗見有排列整齊之人頭骨, 爲數頗多. 舍殺人以祭外, 此種現象實無由解釋. 且後世文獻中, 有相同之記載. 故不能謂爲野蠻而逐臆其必無也.」)"(≪갑골문자집석(甲骨文字集釋)≫)

'伐'이 갑골문·금문의 '사람을 죽이다'라는 뜻에서 인신(引伸)되어 '공격하다'로 해석되는 것은 의미의 발전상 있을 수 있는 일이다. 그렇지만 ≪설문해자≫의 풀이처럼 '伐'이 사람[人]이 창[戈]을 가지고 있다는 의미에서 '공격하다'라는 뜻으로 단선적(單線的)으로 발전한 것은 아니다.

② '伐'이 '지다[敗]'라는 뜻으로도 해석이 되는 이유는 창으로 다른 사람을 공격할 수도 있고, 반대로 다른 사람이 창으로 자신을 공격할 수도 있기 때문이다. 고대 중국어의 낱말들은 쓰임새에 있어서 때로는 이렇게 주체(主體)와 객체(客體)의 구분이 없이 통합된 의미로 쓰이는 경우가 종종 있다.

218(5141) 俘 (사로잡을 부)

俘, 軍所獲也. 从人, 孚聲.① ≪春秋傳≫曰: "以爲俘聝"②

(「俘는 군대에서 포획한 것(즉 사로잡은 적군)을 뜻한다. 人은 의미부분이고, 孚(부)는 발음부분이다. ≪춘추전(春秋傳)≫에 이르기를 "전리품으로 포로들의

귀를 베었다."라고 하였다.」)

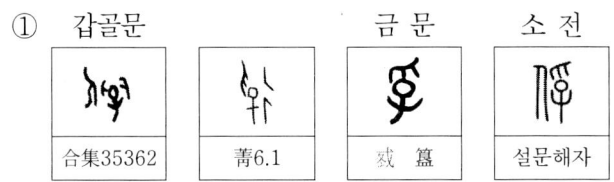

'俘'자는 갑골문을 보면 '俘'로 쓰거나 '孚'와 '彳(촉)'으로 이루어졌고, 서주(西周) 금문에서는 단순히 '孚'로 썼다.

이효정(李孝定)선생(≪갑골문자집석(甲骨文字集釋)≫)과 서중서(徐中舒, ≪갑골문자전(甲骨文字典)≫)은 모두 '孚'는 손[爫(조)]으로 사람[子(자)]을 잡고 있는 모양을 그린 것이고, '彳'은 잡은 포로를 끌고 간다는 뜻을 나타낸다고 하였다.

'俘'는 '孚'의 뒤에 나온 형성자라고 할 수 있다.

②≪춘추좌전(春秋左傳)·성공(成公) 3년≫에 나오는 글귀.

219(5142) 但 (다만 단)

但, 裼也.① 从人, 旦聲.②
(「但은 옷을 벗어 어깨가 드러난 상태를 뜻한다. 人은 의미부분이고, 旦(단)은 발음부분이다.」)

①현재 이 뜻으로는 '袒(웃통 벗을 단)'자를 쓴다.

'但'자는 현대 중국어에서는 'tǎn(탄)'과 'dàn(단)' 두 가지 발음이 있다. 'tǎn'이라고 읽을 때는 ≪설문해자≫에서 설명한 뜻과 같고, 'dàn'이라고 읽을 때는 '다만'·'그러나'·'그런데' 등과 같은 뜻으로 쓰인다.

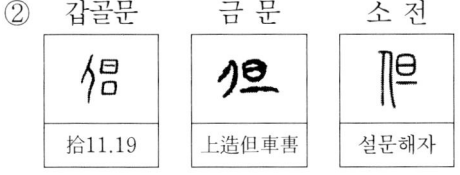

≪고문자류편(古文字類編)≫과 ≪갑금전례대자전(甲金篆隷大字典)≫에는 '但'자의 갑골문으로 위와 같은 자형을 소개하고 있는데, ≪갑골문자집석(甲骨文字集釋)≫·≪갑골문자전(甲骨文字典)≫·≪한어대자전(漢語大字典)≫·≪한어고문자자형표(漢語古文字字形表)≫ 등에는 이 글자를 수록하고 있지 않다.

전국(戰國)시대 금문과 소전의 자형은 '但'으로 같다.

≪계전≫과 ≪구두≫에는 이다음에 "一曰徒(也).(「일설에는 '다만'이라는 뜻이라고도 한다.」)"라는 글귀가 더 있다.

왕균은 ≪성류(聲類)≫에서 "徒는 '다만'이라는 뜻이다. (또) 비었다는 뜻이다. (「徒, 但也; 空也.」)"라고 하였다고 하였다.(≪구두≫)

220(5143) 傴 (구부릴 구, 곱추 구)(본음 우)

傴, 僂也. 从人, 區聲.
(「傴는 곱추를 뜻한다. 人은 의미부분이고, 區(구)는 발음부분이다.」)

221(5144) 僂 (구부릴 루, 곱사등이 루)

僂, 尫也.① 从人, 婁聲. 周公韤僂, 或言背僂.②
(「僂는 곱사등이를 뜻한다. 人은 의미부분이고, 婁(루)는 발음부분이다. 주공(周公)은 말루(韤僂, 곱사등이)였다고 하는데, (韤僂는) 배루(背僂, 등이 굽었다는 뜻)라고도 한다.」)

①≪계전≫'尫(절름발이 왕)'을 '厄(좁을 액, 재앙 액)'으로 썼고, ≪주≫에서는 '厄(액)'으로 썼다.

단옥재는 "尫은 절름발이의 명칭인데, 인신하여 곱사등이의 명칭이 되었다.(「尫曲脛之名, 引申爲曲脊之名.」)"라고 하였다.(≪주≫)

②≪계전≫·≪주≫·≪의증≫·≪통훈정성≫·≪구두≫·≪교록≫ 등에서는 모두 '韤(버선 말)'을 '韈(말)'로 썼다. 여기서의 '韤' 또는 '韈'은 모두 '末(말)'의 가차자이다. 또한 여기서의 '末'은 '脊(척)'의 뜻으로 쓰인 것이며, '末僂(말루)'는 '背僂'와 같다.

222(5145) 僇 (욕할 륙, 죽일 륙)

僇, 癡行僇僇也. 从人, 翏聲.① 讀若雡.② 一曰且也.③
(「僇은 치매가 걸린 사람의 걸음걸이가 느릿느릿하다는 것이다. 人은 의미부분이고, 翏(료)는 발음부분이다. 雡(류)처럼 읽는다. 일설에는 '잠시'라는 뜻이라고도 한다.」)

①'僇'의 고음은 음성운(陰聲韻) *liəw / liəu(려우→류)이고, '翏'의 고음 역시 음성운 *liəw / liəu; *liəwɣ / liIu(류); *leəw / liəu(례우→료) 등 세 가지이다. 두 글자는 '翏'를 어떠한 발음으로 읽던 간에 상관없이 첫소리가 [l-]로 같고, 상고음(上古音)의 주모음(主母音) 역시 [əw]로 같다. 그래서 '僇'자에서 '翏'가 발음부분이 될 수 있는 것이다.

②≪주≫에서는 '雛(큰 병아리 류)'를 '雛'로 썼다.

③단옥재는 "내 생각에, 이것이 바로 요즘 쓰이는 聊(료)자이다. 聊는 귀가 울린다[耳鳴(이명)]는 뜻이다. 僇이 정자이고, 聊는 가차자이다.(「按: 此卽今所用聊字也. 聊者, 耳鳴. 僇其正字, 聊其假借字也.」)"라고 하였다.(≪주≫)

223(5146) 仇 (짝 구, 원수 구)

仇, 讎也.① 从人, 九聲.
(「仇는 짝을 뜻한다. 人은 의미부분이고, 九(구)는 발음부분이다.」)

①≪이아(爾雅)·석고(釋詁)≫를 보면 "仇·讎(수)·敵(적)·妃(비)·知(지)·儀(의) 등은 배필(配匹)을 뜻한다.(「仇·讎·敵·妃·知·儀, 匹也.」)"라고 하였다.

단옥재는 "仇는 원수라는 뜻도 되고, 또 좋은 짝이라는 뜻도 된다. 이것은 亂(란)이 治(치)의 뜻으로도 쓰이고, 苦(고)가 快(쾌)의 뜻으로도 쓰이는 것과 같다.(「仇爲怨匹, 亦爲嘉偶. 如亂之爲治, 苦之爲快也.」)"라고 하였다.(≪주≫)

224(5147) 儡 (꼭두각시 뢰, 허술할 뢰)

儡, 相敗也.① 从人, 畾聲, 讀若雷.
(「儡는 얼굴이 손상되었다는 뜻이다. 人은 의미부분이고, 畾(뢰)는 발음부분이다. 雷(뢰)처럼 읽는다.」)

①≪구두≫에서는 ≪문선주(文選注)≫ <서정부(西征賦)>에 근거하여 이다음에 "壞敗之皃.(「손상된 모습을 뜻한다.」)"라는 글귀를 보충하였다.

여기서의 '相(상)'은 '생김새' 즉 사람의 '얼굴상'을 뜻한다.

225(5148) 咎 (허물 구)

咎, 災也.① 从人, 从各.② 各者, 相違也.③

(「咎는 재앙을 뜻한다. 人과 各(각)은 (모두) 의미부분이다. 各은 서로 어긴다는 뜻이다.」)

① 갑골문　　　　　　　　　상 금문　전국 금문　소 전

| 乙1608 | 乙1532 | 周甲25 | 毓且丁卣 | 咎茗戈 | 설문해자 |

'咎'자는 갑골문, 금문 그리고 소전 등의 자형이 대부분 '各'과 '人'으로 이루어져 있다.

갑골문 <을(乙) 1608>에서는 '夂(치)'와 '人'으로 구성되어 있다. 그런데 이 구성이 무엇을 뜻하는 지에 대해서는 아직 정설이 없다.

금문에서는 사람 이름으로 쓰였다.

≪방언≫<권13>을 보면 "咎는 비방(誹謗)한다는 뜻이다.(「咎, 謗也.」)"라고 하였다.

②≪계전≫에서는 "從人, 各聲.(「人은 의미부분이고, 各은 발음부분이다.」)"이라고 하였다.

③≪계전≫에서는 "人各者, 相違.(「人과 各으로 이루어졌다는 것은 서로 어긋났음을 뜻한다.」)"라고 하였다.

또한 ≪구두≫에서는 ≪고금운회(古今韻會)≫에 근거하여 "人各者, 相違. 卽成罪咎.(「人과 各은 서로 어긋났음을 뜻한다. 즉 잘못을 저질렀다는 뜻이다.」)"라고 하였다.

계복은 "두 사람이 마음이 같으면 그 예리함은 쇠도 자르지만, 두 사람이 서로 어긋나면 그 화는 재앙이 된다.(「二人同心, 其利斷金; 二人相違, 其禍成災.」)"라고 하였다.(≪의증≫)

226(5149) 仳 (떠날 비)

仳, 別也. 从人, 比聲. ≪詩≫曰: "有女仳離."①
(「仳는 이별한다는 뜻이다. 人은 의미부분이고, 比(비)는 발음부분이다. ≪시경(詩經)≫에 이르기를 "어떤 여인이 집을 버리고 떠났네."라고 하였다.」)

①≪시경·왕풍(王風)·중곡유퇴(中谷有蓷)≫에 나오는 글귀.

227(5150) 㑧 (훼방할 구)

㑧, 毀也.① 从人, 咎聲.

(「㑧는 훼방(毀謗)한다는 뜻이다. 人은 의미부분이고, 咎(구)는 발음부분이다.」)

①서개는 "잘못을 원망하면서 헐뜯는다는 뜻이다.(「怨咎而毀之.」)"라고 하였다.(≪계전≫)

228(5151) 倠 (얼굴 추할 휴)

倠, 仳倠, 醜面.① 从人, 隹聲.

(「倠는 仳倠(비휴)로, 못생긴 얼굴을 뜻한다. 人은 의미부분이고, 隹(추)는 발음부분이다.」)

①≪계전≫·≪통훈정성≫·≪구두≫ 등에는 '面(면)'자 다음에 '也(야)'자가 한 글자 더 있다.

229(5152) 值 (값 치, 만날 치)

值, 措也.① 从人, 直聲.②

(「值는 조치(措置)한다는 뜻이다. 人은 의미부분이고, 直(직)은 발음부분이다.」)

①≪주≫와 ≪구두≫에서는 ≪고금운회(古今韻會)≫에 근거하여 '措(둘 조)'를 '持(지)'로 고쳐 썼다.

②'值'자의 고음은 음성운(陰聲韻) *diəɣ / ɖi(디→지→치)이고, '直'자의 고음은 입성운(入聲韻) *diək / ɖiIk(딕→직)과 음성운 *diəɣ / ɖi 등 두 가지이다. '直'을 음성운으로 읽을 경우에는 '值'자와 발음이 완전히 같고, '直'을 입성운으로 읽을 경우에도 두 글자의 첫소리가 [d-]로 같고, 상고음(上古音)의 주모음(主母音) 역시 [a]로 같으며, 운미(韻尾) 또한 목구멍소리인 [-ɣ]와 혀뿌리소리인 [-k]로 발음 부위가 비슷하다. 그래서 '值'자에서 '直'이 발음부분이 될 수 있는 것이다. 고대에는 음성운과 입성운이 협운을 하기도 하였다.

또한 ≪계전≫·≪주≫·≪구두≫ 등에는 이다음에 "一曰逢遇也.(「일설에는 만난다는 뜻이라고도 한다.」)"라는 글귀가 더 있다.(≪계전≫과 ≪구두≫에는 '也'자가 없다.)

230(5153) 侂 (부탁할 탁, 부칠 탁)

侂, 寄也. 从人, 㡯聲. 㡯, 古文宅.①

(「侂은 기탁(寄託)한다는 뜻이다. 人은 의미부분이고, 㡯(탁)은 발음부분이다. 㡯은 宅(택)의 고문(古文)이다.」)

①왕균은 이 글귀는 ≪계전≫에 있는 서개의 말이라고 하였다.(≪구두≫)

231(5154) 僔 (모을 준)

僔, 聚也. 从人, 尊聲. ≪詩≫曰: "僔沓背憎."①

(「僔은 모은다는 뜻이다. 人은 의미부분이고, 尊(존)은 발음부분이다. ≪시경(詩經)≫에 이르기를 "모여서 수군수군 말을 하다가 돌아서선 미워하네."라고 하였다.」)

①현재 전해지는 ≪시경·소아(小雅)·시월지교(十月之交)≫에서는 '僔'을 '噂(수군거릴 준)'으로 썼다.

232(5155) 像 (모양 상)

像, 象也.① 从人, 从象, 象亦聲.② 讀若養.③

(「像은 모양을 뜻한다. 人과 象(상)은 (모두) 의미부분인데, 象은 발음부분이기도 하다. 養(양)처럼 읽는다.」)

①≪주≫에서는 ≪고금운회(古今韻會)≫에 근거하여 '象'을 '佀(사)'(즉 似)로 고쳐 썼다.

②≪계전≫에는 '象亦聲(상역성)' 세 글자가 없다.

또 ≪주≫와 ≪구두≫에서는 "从人, 象聲.(「人은 의미부분이고, 象은 발음부분이다.」)"이라고 하였다. 계복도 마땅히 이렇게 써야 한다고 하였다.(≪의증≫)

③≪계전≫·≪주≫·≪구두≫ 등에서는 "讀若養字之養.(「자식을 기른다는 뜻의 養자처럼 읽는다.」)"라고 하였다.

233(5156) 倦 (게으를 권)

倦, 罷也.① 从人, 卷聲.

(「倦은 피곤하다는 뜻이다. 人은 의미부분이고, 卷(권)은 발음부분이다.」)

①서개는 '罷(고달플 피; 파할 파)'는 '疲(피곤할 피)'자라고 하였다.(≪계전≫) 여기에서는 이에 따라 번역하였다.

주준성은 이 글자는 勌(게으를 권) 또는 惓(삼갈 권)으로 쓰기도 한다고 하였다.(≪통훈정성≫)

234(5157) 僧 (마칠 조)

僧, 終也.① 从人, 曹聲.②

(「僧는 마친다는 뜻이다. 人은 의미부분이고, 曹(조)는 발음부분이다.」)

①왕균은 "僧와 週(주)·遭(조)는 글자가 같고, 발음은 비슷하다. 이른바 '마친다'라고 한 것은 곧 일주일의 종결을 뜻한다.(「僧與週遭, 字同音似. 所謂終者, 卽星一週天之義.」)"라고 하였다.(≪구두≫)

②≪의증≫에서는 '曹'를 '轡'로 썼다.

235(5158) 偶 (짝 우)

偶, 桐人也. 从人, 禺聲.

(「偶는 오동나무로 만든 사람을 뜻한다. 人은 의미부분이고, 禺(우)는 발음부분이다.」)

236(5159) 弔 (문상할 조)

弔, 問終也.① 古之葬者, 厚衣之以薪. 从人持弓②, 會敺禽.③

(「弔는 문상(問喪)을 한다는 뜻이다. 옛날 장사를 지낼 때는 나무로 시신을 두텁게 덮었다. 사람이 활을 가지고 있는 것은 새를 쫓아 버리기 위함이다.」)

①≪주≫에는 이다음에 '从人弓(종인궁)' 세 글자가 더 있다. "人과 弓은 (모두) 의미부분이다"라는 것이다.

② 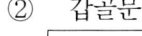 갑골문 　　　　상 금문 　　　　서주 금문

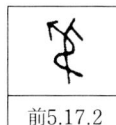　　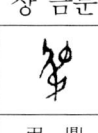　　　　　　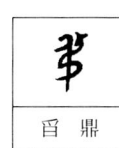

前5.17.2　京津1292　弔 鼎　弔父癸鼎　作且乙簋　昏 鼎

人부 弔佋

'弔'자는 갑골문과 금문을 보면 사람[↑또는↑]이 주살(새를 잡는 화살)을 가지고 있는 모양이다. 주법고(周法高)선생은 '弔'는 '繳(주살의 줄 격)'자의 본자(本字)라고 하였다.(≪금문고림(金文詁林)≫) 이에 따르면 '문상'이라는 의미는 가차의(假借義)가 된다.

소전에서는 주살의 줄을 그린 '8'가 '弓(궁)'으로 변형되었다.

③단옥재는 ≪오월춘추(吳越春秋)≫를 인용하여 "옛날 백성들은 (생활이) 질박하여, 배가 고프면 새와 짐승을 잡아먹고, 목이 마르면 이슬을 마셨다. (사람이) 죽으면 흰 띠풀로 감싸서 들에 버렸다. 효자는 부모가 짐승에게 먹히는 것을 볼 수 없어서, 탄알을 만들어 부모의 시신을 지켰다. … 내 생각에, 효자가 새를 쫓아내려고 하니, 그래서 사람이 활을 들고 구원하는 것이다. 이것이 弔자가 사람이 활을 가지고 있다는 뜻으로 해석되는 까닭이다.(「古者人民樸質, 飢食鳥獸, 渴飮霧露. 死則裹以白茅, 投於中野. 孝子不忍見父母爲禽獸所食, 故作彈以守之. … 按: 孝子敺禽, 故人持弓助之. 此釋弔从人弓之意也..」)"라고 하였다.(≪주≫)

237(5160) 佋 (종묘의 차례 소)

佋, 廟佋穆. 父爲佋, 南面; 子爲穆, 北面. 从人, 召聲.①

(「佋는 조상의 신주를 사당에 모시는 佋와 목(穆)의 차례를 뜻한다. 아버지는 佋로 남쪽에, 아들은 穆으로 북쪽에 모신다. 人은 의미부분이고, 召(소)는 발음부분이다.」)

①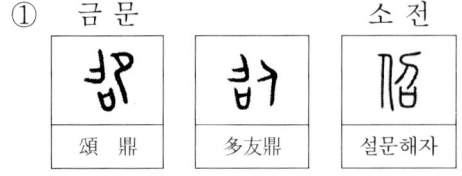

갑골문에는 '佋'자가 보이지 않는다.

서주(西周) 금문 <다우정(多友鼎)>에서의 자형과 소전은 모두 '人'과 '召'로 이루어져 있다.

주준성은 "侶자는 진(晉)나라 사마소(司馬昭)의 이름(의 昭자)을 피휘(避諱)하기 위하여 별도로 이 글자를 만든 것인데, 후세 사람이 함부로 ≪설문해자≫에 넣었다.(「侶, 晉避司馬昭諱, 別作此字. 後人妄增入≪說文≫.」)"라고 하였다.(≪통훈정성≫)

한편 <송정(頌鼎)>에서는 '卲(높을 소, 성(姓) 소)'로 썼는데, 용경(容庚)은 '侶'와 '卲'는 같은 글자라고 하였다.(≪금문편(金文編)≫)

238(5161) 㑗 (아이 밸 신)

㑗, 神也.① 从人, 身聲.
(「㑗은 인신(人神)을 뜻한다. 人은 의미부분이고, 身(은) 발음부분이다.」)

①단옥재는 '神'은 '身'자를 발음이 같아서 잘못 쓴 것이라고 하였다.(≪주≫)
≪옥편(玉篇)≫을 보면 "㑗은 임신하였다는 뜻이다.(「㑗, 妊身也.」)"라고 하였다. 참고로 '身'은 본래 임신한 몸을 그린 상형자였다.

239(5162) 僊 (춤 훨훨 출 선, 신선 선)

僊, 長生僊去.① 从人, 从䙴, 䙴亦聲.②
(「僊은 오래 살다가 (하늘로) 옮겨간다는 뜻이다. 人과 䙴(천)은 (모두) 의미부분인데, 䙴은 발음부분이기도 하다.」)

①오늘날 이 뜻으로는 '仙(선)'자를 쓴다.
≪계전≫과 ≪구두≫에서는 "長生者僊去也.(「오래 산 사람이 (하늘로) 옮겨간다는 뜻이다.」)"라고 하였다.
단옥재는 '仙'자가 널리 쓰이면서 '僊'자는 잘 쓰이지 않게 되었다고 하였다.(≪주≫)
②≪계전≫과 ≪통훈정성≫에서는 "從人, 䙴聲.(「人는 의미부분이고, 䙴은 발음부분이다.」)"이라고 하였다.

240(5163) 僰 (건위 오랑캐 이름 북)

僰, 犍爲蠻夷.① 从人, 棘聲.②
(「僰은 건위군(犍爲郡) 지역에 사는 오랑캐를 뜻한다. 人은 의미부분이고, 棘(극)

은 발음부분이다.」)

①≪주≫에서는 '犍'을 '楗(건)'으로 썼다.

뉴수옥(≪교록≫)·왕균(≪구두≫)·엄가균(≪설문교의(說文校議)≫) 등도 '犍'은 '楗'으로 써야 한다고 하였다.

'건위군'은 현 사천성(四川省) 서부 지역으로, 옛날 중국 사람들은 서쪽 변방 이민족을 '僰'이라고 불렀다.

≪계전≫·≪주≫·≪구두≫ 등에는 '蠻夷(만이)' 다음에 '也(야)'자가 한 글자 더 있다.

갑골문에는 '僰'자가 보이지 않는다.

서주(西周) 금문과 소전의 자형은 모두 '人'과 '棘'으로 이루어져 있다. 때로는 '발[止, 즉 止(지)]'이 더해지기도 하였다.

241(5164) 仚 (날듯한 현)

仚, 人在山上.① 从人, 从山.
(「仚은 사람이 산 위에 있다는 뜻이다. 人과 山(산)은 (모두) 의미부분이다.」)

①≪계전≫·≪주≫·≪통훈정성≫·≪구두≫ 등에는 '上(상)'자 다음에 '皃(모)'자가 한 글자 더 있다.

고애길(顧藹吉)은 "후세 사람이 人을 옆으로 옮겨 신선(神仙)의 仙자로 삼았다. (「後人移人於旁, 以爲神仙之仙.」)"라고 하였다.(≪예변(隸辨)≫)

242(5165) 僥 (거짓 요, 난장이 요)

僥, 南方有焦僥人①, 長三尺②, 短之極. 从人, 堯聲.
(「僥는 남방에 초요인(焦僥人)이 사는데, 키가 3척으로 매우 작다. 人은 의미부분이고, 堯(요)는 발음부분이다.」)

①≪계전≫에는 '南方(남방)' 다음의 '有(유)'자가 없다.

②≪국어(國語)·노어(魯語)≫에 보인다.
≪계전≫·≪주≫·≪구두≫ 등에는 '極(극)'자 다음에 '也(야)'자가 한 글자 더 있다.
참고로 현재의 길이 표준에 따르면 1척은 약 33cm에 해당하지만, 한(漢)나라 때의 1척은 27.65cm였다.

243(5166) 㒟 (대)①

㒟, 帀也.② 从人, 對聲.
(「㒟는 빙 둘렀다는 뜻이다. 人은 의미부분이고, 對(대)는 발음부분이다.」)

①'㒟'자는 ≪대한한사전(大漢韓辭典)≫에 보이지 않는다.
발음은 ≪광운(廣韻)≫에 따르면 '都隊切(도대절)' 즉 '대'이다.
②≪주≫·≪통훈정성≫·≪구두≫ 등에서는 '帀(잡)'을 '市(시)'로 썼다.
단옥재는 "이 글자는 對를 쓰고 있는데, 對에는 '두른다'라는 뜻이 없다. 아마도 오늘날의 '교환하다[兌換(태환)]'라는 글자가 아닌가 한다.(「其字从對則無囗匝意. 蓋卽今之兌換字也..」)"라고 하였다.(≪주≫)
'對'는 '대등(對等)'의 뜻이 있으므로, 재물 등을 대등한 조건으로 바꾼다는 의미이다.

244(5167) 伒 (허둥지둥할 광)

伒, 遠行也. 从人, 狂聲.
(「伒은 멀리 여행한다는 뜻이다. 人은 의미부분이고, 狂(광)은 발음부분이다.」)

245(5168) 件① (사건 건)

件, 分也. 从人, 从牛. 牛大物, 故可分.
(「件은 나눈다는 뜻이다. 人과 牛(우)는 (모두) 의미부분이다. 소는 큰 짐승이므로 가히 나눌 수 있다.」)

①이 글자는 서현이 정문(正文)으로 새로 첨가한 19글자 가운데 하나이다. 그래서 ≪주≫·≪통훈정성≫·≪구두≫ 등에는 이 글자가 없다.

文二百四十五, 重十四.
(「정문(正文) 245자, 중문(重文) 14자.」)

新1(5169) 侶 (짝 려)

侶, 徒侶也. 从人, 呂聲.
(「侶는 함께 가는 사람을 뜻한다. 人은 의미부분이고, 呂(려)는 발음부분이다.」)

新2(5170) 伬 (동자 진)

伬, 僮子也. 从人, 辰聲.
(「伬은 어린 아이를 뜻한다. 人은 의미부분이고, 辰(진)은 발음부분이다.」)

新3(5171) 倅 (버금 쉬; 백 사람 졸)

倅, 副也. 从人, 卒聲.①
(「倅는 버금간다는 뜻이다. 人은 의미부분이고, 卒(졸)은 발음부분이다.」)

①'倅'의 고음은 음성운(陰聲韻) *ts'wər / ts'uəi(취이→쉬)이고, '卒'의 고음은 입성운(入聲韻) *tswət / tsuət(줱→졸); *ts'wət / ts'uət(췰→졸); *tsjiwət / tsiuIt(쥘→졸) 등 세 가지이다. 두 글자는 '卒'이 어떤 경우의 발음이건 상관없이 첫소리가 [ts-] 계열로 비슷하고 상고음(上古音)의 주모음(主母音)은 [ə]로 같고, 운미(韻尾)는 혀 끝 가운데 소리[설첨중음(舌尖中音)]인 [-r]와 [-t]로 발음 부위가 같다. 그래서 '倅'자에서 '卒'이 발음부분이 될 수 있는 것이다. 고대에는 음성운과 입성운이 협운을 하기도 하였다.

新4(5172) 傔 (시중들 겸)

傔 從也. 从人, 兼聲.
(「傔은 따른다는 뜻이다. 人은 의미부분이고, 兼(겸)은 발음부분이다.」)

新5(5173) 倜 (고상할 척)

倜, 倜儻, 不羈也. 从人, 从周. 未詳.
(「倜은 倜儻(척당)으로, 어디에 구속되지 않는다는 뜻이다. 人과 周(주)는 (모두) 의미부분이다. 이 이상은 자세히 알 수 없다.」)

新6(5174) 儻 (고상할 당)

儻, 倜儻也. 从人, 黨聲.
(「儻은 어디에 구속되지 않는다는 뜻이다. 人은 의미부분이고, 黨(당)은 발음부분이다.」)

新7(5175) 佾 (춤 일)

佾, 舞行列也. 从人, 肙聲.
(「佾은 춤을 추는 행렬을 뜻한다. 人은 의미부분이고, 肙(일)은 발음부분이다.」)

新8(5176) 倒 (넘어질 도)

倒, 仆也. 从人, 到聲.
(「倒는 넘어진다는 뜻이다. 人은 의미부분이고, 到(도)는 발음부분이다.」)

新9(5177) 儈 (거간꾼 괴)

儈, 合市也. 从人·會, 會亦聲.
(「儈는 시장에 모인다는 뜻이다. 人과 會(회)는 (모두) 의미부분인데, 會는 발음부분이기도 하다.」)

新10(5178) 低 (낮을 저)

低, 下也. 从人·氐, 氐亦聲.
(「低는 아래라는 뜻이다. 人과 氐(저)는 (모두) 의미부분인데, 氐는 발음부분이기도 하다.」)

新11(5179) 債 (빚질 채)

債, 債負也. 从人·責, 責亦聲.
(「債는 부채(負債)를 뜻한다. 人과 責(책)은 (모두) 의미부분인데, 責은 발음부분이기도 하다.」)

新12(5180) 價 (값 가)

價, 物直也. 从人·賈, 賈亦聲.
(「價는 물건의 값을 뜻한다. 人과 賈(가)는 (모두) 의미부분인데, 賈는 발음부분이기도 하다.」)

新13(5181) 停 (머무를 정)

停, 止也. 从人, 亭聲.①
(「停은 멈춘다는 뜻이다. 人은 의미부분이고, 亭(정)은 발음부분이다.」)

① '亭'은 본래 옛날 행인들을 위하여 도로 옆에 마련한 숙식(宿食) 제공 장소로서, 오늘날의 여관과 같은 곳이다. 따라서 '멈춘다'라는 뜻은 '亭'자에서 비롯되었다고 할 수 있으므로 '亭'은 의미부분과 발음부분을 겸하고 있다고 보아야 할 것이다.
　형성자는 일반적으로 한 쪽은 뜻을 담당하고, 한 쪽은 소리를 담당한다고 알려져 있다. 그런데 어떤 글자들은 '停'자의 경우처럼 의미부분은 전체 뜻의 범위를 정할 뿐이고, 구체적인 뜻은 발음부분에 있을 때도 있다.

新14(5182) 僦 (세낼 추)

僦, 賃也. 从人·就, 就亦聲.
(「僦는 세를 낸다는 뜻이다. 人과 就(취)는 (모두) 의미부분인데, 就(취)는 발음부분이기도 하다.」)

新15(5183) 伺 (엿볼 사)

伺, 候望也. 从人, 司聲.①
(「伺는 기다리면서 바라본다는 뜻이다. 人은 의미부분이고, 司(사)는 발음부분이다.」)

갑골문에는 '伺'자가 보이지 않고, 전국(戰國)시대 금문과 소전의 자형은 '伺'로 같다.

新16(5184) 僧 (중 승)

僧, 浮屠道人也.① 从人, 曾聲.
(「僧은 스님을 뜻한다. 人은 의미부분이고, 曾(증)은 발음부분이다.」)

①'浮屠(부도)'란 'Buddha(붓다)'에 대한 옛날 중국어 발음 표기이고, '僧'은 산스크리트어 'samgha(僧伽, 승가)'의 생략형이다.

新17(5185) 佇 (오래 설 저)

佇, 久立也. 从人, 从宁.
(「佇는 오랫동안 서있다는 뜻이다. 人과 宁(저)는 (모두) 의미부분이다.」)

新18(5186) 偵 (정탐할 정)

偵, 問也. 从人, 貞聲.
(「偵(정)은 묻는다는 뜻이다. 人은 의미부분이고, 貞(정)은 발음부분이다.」)

文十八. 新附
(「정문(正文) 18자. 신부자(新附字)」)

제288부【匕】부

1(5187) 匕 (변화할 화)

匕, 變也.① 从到人.② 凡匕之屬皆从匕.
(「匕는 변한다는 뜻이다. 人(인)자를 거꾸로 한 것이다. 무릇 匕부에 속하는 글자들은 모두 匕를 의미부분으로 삼는다.」)

①'匕'자는 '化(화)'자의 오른쪽 부분이다. 현재의 해서체로는 '化'자의 오른쪽 부분인 '匕'와 '匕(비)'자가 구별이 안 되지만, 소전에서는 '匕(화)'는 '匕'로 쓰고, '匕(비)'는 '匕'로 썼다.

단옥재는 "무릇 변화(變化)의 化는 匕로 쓰고, 교화(敎化)의 化는 化로 써야한다. (이것이) 허신(許愼)이 (말하고자 하는) 글자의 뜻이다. 지금은 변화의 匕를 모두 化로 쓴다. 化자가 널리 쓰이면서 匕자는 더 이상 쓰이지 않게 되었다.(「凡變匕當作匕, 敎化當作化. 許氏之字指也. 今變匕字盡作化. 化行而匕廢矣.」)"라고 하였다.(≪주≫)

②여기서의 '到(도)'는 '倒(넘어질 도, 거꾸로 도)'자의 의미로 쓰인 것이다.

2(5188) 㠯 (아직 정해지지 않은 모양 의)

㠯, 未定也.① 从匕, 矢聲.② 矢, 古文矢字.
(「㠯는 아직 정해지지 않았다는 뜻이다. 匕는 의미부분이고, 矢(시)는 발음부분이다. 矢는 고문(古文)의 矢(시)자이다.」)

①단옥재는 "내 생각에, 未(미)자는 쓸데없이 덧붙여진 글자이다. … 내 생각에 위의 (≪시경(詩經)·대아(大雅)≫, ≪의례(儀禮)≫, ≪이아(爾雅)·석언(釋言)≫ 등에서 쓰인) 疑(의)자는 바로 ≪설문해자≫에서의 㠯자이고, ≪설문해자≫에서 惑(혹)이라고 훈을 한 疑자가 아니다. 疑와 㠯자는 (자형이) 비슷하고, 학자들은 疑자는 아는데 㠯자는 모르기 때문에, 그래서 경전(經典)에 㠯자가 없는 것이고, ≪설문해자≫에서도 '定也(정야)'의 앞에 未자를 더한 것이다. 㠯자는 矢(시)가 발음부분이고, 고음(古音)은 제15부에 속한다. … 정현(鄭玄)은 ≪예≫를 주하면서 이 글자를 仡(흘)로 발음한다고 하였다. 疑자의 고음은 제1부에 속하고, 그 글자는 子(자)·止(지)·㠯의 생략형 등이 (모두) 의미부분인 회의자이며, 矢는 발음부분이 아니다.(「按: 未, 衍字也. … 按: 已上疑字卽≪說文≫之㠯字, 非≪說文≫訓惑之疑也.

疑・夨字相似, 學者識疑不識夨, 於是經典無夨, 於許書'定也'之上增之未字矣. 夨从矢聲, 其字在古音十五部. … 鄭注≪禮≫讀如仡. 若疑字古音在一部, 其字从子・从止・从夨省, 會意, 非矢聲也.」"라고 하였다.(≪주≫)

계복도 '未定也'는 마땅히 '定也'로 써야 하며, '未'자는 후세 사람이 더한 것이라고 하였다.(≪의증≫)

'夨'자는 갑골문을 보면 사람이 지팡이를 짚고 고개를 두리번거리는 모양을 그렸다. <전(前) 7.19.1>에서는 네거리를 그린 '行(행)'자의 왼쪽 부분인 '彳(척)'이 더해져서 '간다'라는 뜻을 보충해주고 있다.

이에 대해 나진옥(羅振玉)은 "사람이 고개를 들고 옆을 돌아보는 모양을 그린 것으로, 의심하는 모습을 뜻한다.(「象人仰首旁顧形, 疑之象也.」)"라고 하였고(≪증정은허서계고석(增訂殷虛書契考釋)≫), 엽옥삼(葉玉森)은 "사람이 지팡이를 짚고 길을 가는데 가다가 자꾸 돌아보니, '의심한다'는 모습이 더욱 분명하게 드러난다.(「一人扶杖行, 行却顧, 疑象愈顯.」)"라고 하였다(≪은허서계전편집석(殷虛書契前編集釋)≫).

서중서(徐中舒)는 '夨'와 '疑(의)'자는 본래 한 글자가 아닌가 하였다.(≪갑골문자전(甲骨文字典)≫) 그래서 고문자 관련 여러 서적에서는 <전 7.19.1>와 금문의 자형을 '疑'자로 소개하기도 한다.

서주(西周) 금문의 자형은 사람이 지팡이를 짚고 고개를 두리번거리는 모양은 갑골문과 비슷한데, '辵(착)'이 더해지기도 하였다.

3(5189) 眞 (참 진)

眞, 僊人變形而登天也.① 从匕, 从目, 从乚.② 八, 所乘載也.③ 眞, 古文眞.
(「眞은 사람이 모습을 바꾸어 하늘로 오른다는 뜻이다. 匕・目(목)・乚(은) 은 (모두) 의미부분이다. 八은 (승천할 때) 타는 도구이다. (5190-1) 眞은 眞의 고문(古文)이다.」)

① 갑골문

'眞'자는 갑골문과 서주(西周) 금문이 모두 'ヒ'와 '鼎(정)'으로 이루어져 있다.

이에 대해 방준익(方濬益)은 '眞'은 'ヒ' 즉 '化(화)'와 '貝(패)'로 이루어진 '貨(화)'자의 고문(古文)이라고 하였고(≪철유재이기관지고석(綴遺齋彝器款識考釋)≫), 서동백(徐同柏, ≪종고당관지학(從古堂款識學)≫)과 마서륜(馬敍倫, ≪독금기각사(讀金器刻詞)≫)은 '眞'은 '卜(복)'과 '貝'로 이루어진 점을 친다는 뜻의 '貞(정)'자라고 하였다.(고문자에서 '貝'와 '鼎'은 글자 모양이 비슷한 관계로 종종 혼용되었다.)

한편 당란(唐蘭)은 '眞'은 '貝'가 의미부분이고, 'ヒ'가 발음부분인 형성자로서, 여기에서의 'ヒ'는 '변화(變化)'의 'ヒ(화)'자가 아니라 '珍(다할 진)'자의 고문인 'ㄚ'을 거꾸로 쓴 것이라고 하였다.(≪회연수록(懷鉛隨錄)·석진(釋眞)≫) 주방포(朱芳圃, ≪은주문자석총(殷周文字釋叢)≫)와 장일승(張日昇, ≪금문고림(金文詁林)≫)은 이 견해에 찬동하고 있다. 주방포는 더 나아가 '眞'은 '珍(진)'자의 초문(初文)이라고 하였다.

② ≪계전≫에는 이다음에 "乚, 隱字也.(「乚은 隱(은)자이다.」)"라는 글귀가 더 있다.

③ ≪계전≫·≪주≫·≪구두≫ 등에는 '所(소)'자 다음에 '以(이)'자가 한 글자 더 있다. "…을 가지고 …을 하는 바" 즉 '도구'라는 의미이다.

4(5190) 化 (될 화)

ㅤ, 敎行也. 从ヒ, 从人, ヒ亦聲. ①

(「化는 교화(敎化)를 실행한다는 뜻이다. ヒ와 人(인)은 (모두) 의미부분인데, ヒ는 발음부분이기도 하다.」)

①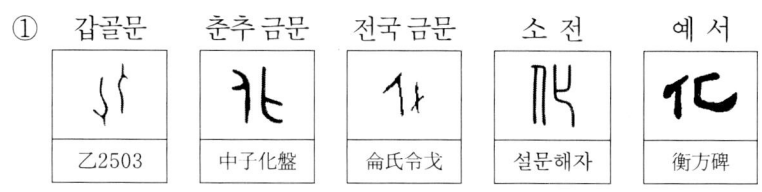

'化'자는 갑골문·금문·소전 모두 똑바로 선 사람과 그 반대로 서 있는 사람으로 이루어져 있다. 그러나 그것이 무엇을 의미하는지는 불분명하다. 옛날에는 '匕'자 하나만을 써서 '변화(變化)'의 '化'를 표현하였다.

단옥재는 "化자를 <인부(人部)>에 넣지 않고 <화부(匕部)>에 넣은 것은, 사람에게서 교화를 받았다는 것을 주요하게 말하려는 것이 아니라, 사람을 교화시킨다는 것을 주요하게 말하려고 한 것이다. 지금은 化자를 가지고 변화의 匕자로 쓴다.(「化篆不入<人部>而入<匕部>者, 不主謂匕於人者, 主謂匕人者也. 今以化爲變匕字矣.」)"라고 하였다.(≪주≫)

文四, 重一.
(「정문(正文) 4자, 중문(重文) 1자.」)

제289부【匕】부

1(5191) 匕 (비수 비, 숟가락 비)

冂, 相與比敍也.① 从反人. 匕, 亦所以用比取飯②, 一名柶.③ 凡匕之屬皆从匕.
(「匕는 서로 함께 비교하여 순서 있게 배열한다는 뜻이다. 人(인)자을 뒤집어 놓은 형태이다. 또 匕는 이것을 가지고 밥을 먹는데 사용하는데, 일명 柶(숟가락 사)라고도 한다. 무릇 匕부에 속하는 글자들은 모두 匕를 의미부분으로 삼는다.」)

①왕균은 "比敍(비서)는 비교해서 순서대로 펼친다는 뜻이다.(「比敍者, 比較而次敍之也.」)"라고 하였다.(≪구두≫)

단옥재는 "이것이 글자를 만들 때의 본뜻이다. 오늘날 '밥을 먹는 기구'라는 뜻이 널리 쓰이면서 본뜻으로는 쓰이지 않게 되었다고 하였다.(「此製字之本義. 今則取飯器之義行而本義廢矣.」)"라고 하였다.(≪주≫)

②왕균은 현응(玄應)의 ≪일체경음의(一切經音義)≫에서 ≪설문해자≫를 인용한 바에 따르면 '所以(소이)' 다음의 '用比(용비)' 두 글자가 없다고 하였다.(≪구두≫)

단옥재는 "㠯(=以)는 (…을 가지고) 쓴다는 뜻이다. (그러므로) 用자는 쓸데없이 덧붙여진 것이고, 比는 마땅히 匕로 써야 한다.(「㠯者, 用也. 用字衍, 比當作匕.」)"라고 하였다.

③
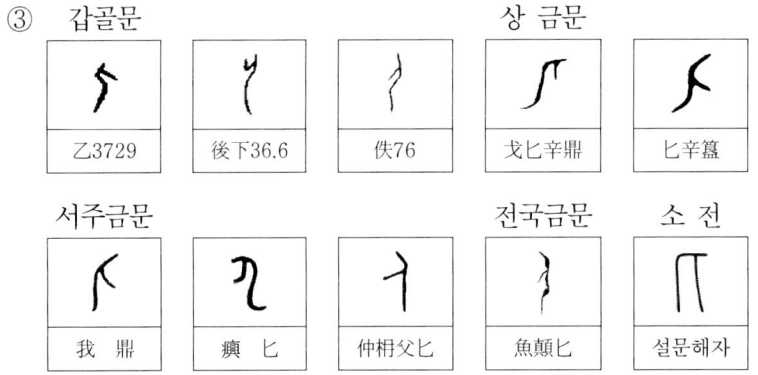

'匕'자가 무엇을 본뜬 것인가에 대해서는 두 가지 의견이 있다.

먼저 서중서(徐中舒)는 사람이 허리를 굽히거나 엎드려 있는 모양이라고 하였고 (≪갑골문자전(甲骨文字典)≫), 이효정(李孝定)선생(≪갑골문자집석(甲骨文字集釋)≫)과 곽말약(郭沫若, ≪금문여석지여(金文餘釋之餘)·석궐씨(釋𠂉氏)≫)은 숟가락[匙(시)]을 그린 상형자라고 하였다.

단옥재는 '匕'는 오늘날의 '숟가락[飯匙(반시)]'이라고 하였고(≪주≫), 서호(徐灝)는 '匕'와 '比(비)'는 고금자(古今字)라고 하였다(≪설문해자주전(說文解字注箋)≫).

2(5192) 匙 (숟가락 시)

匙, 匕也. 从匕, 是聲.
(「匙는 숟가락을 뜻한다. 匕는 의미부분이고, 是(시)는 발음부분이다.」)

3(5193) 卜 (벌일 보)

卜, 相次也. 从匕, 从十. 䏁, 从此.①
(「卜는 서로 순서 있게 배열한다는 뜻이다. 匕와 十(십)은 (모두) 의미부분이다. 䏁(너새 보)자에서 (卜 부분은) 이것을 쓴 것이다.」)

①≪계전≫에는 '䏁'자 다음에 '字(자)'자가 한 글자 더 있다.
또 ≪계전≫・≪주≫・≪구두≫ 등에는 이다음에 "一曰十.(「일설에는 10을 뜻한다고도 한다.」)"이라는 글귀가 더 있다.

4(5194) 䫢 (기울 기)

䫢, 頃也.① 从匕, 支聲. 匕, 頭頃也.② ≪詩≫曰: "䫢彼織女."③
(「䫢는 기울었다는 뜻이다. 匕는 의미부분이고, 支(지)는 발음부분이다. 匕는 머리가 기울었다는 뜻이다. ≪시경(詩經)≫에 이르기를 "기우뚱하네, 저 직녀성."이라고 하였다.」)

①≪계전≫에서는 '頃(경)'을 '傾(경)'으로 썼다.
②≪계전≫에는 이 글귀가 없다.
③현재 전해지는 ≪시경・소아(小雅)・대동(大東)≫에서는 '䫢'를 '跂(기)'로 썼다.

5(5195) 頃 (백이랑 경, 머리 비뚤 경)

頃, 頭不正也. 从匕, 从頁.
(「頃은 머리가 올바르지 않다는 뜻이다. 匕와 頁(혈)은 (모두) 의미부분이다.」)

6(5196) 匘 (두뇌 뇌)(고음 노)

匘, 頭髓也.① 从匕. 匕, 相匕著也. 巛, 象髮. 囟, 象匘形.②
(「匘는 머리의 골수(骨髓)(즉 腦)를 뜻한다. 匕는 의미부분이다. 匕는 (머리 위에 머리털이) 붙어 있다는 뜻이다. 巛(천)은 머리털을 그린 것이고, 囟(신)은 정수리의 모양을 그린 것이다.」)

①《계전》과 《통훈정성》에서는 '髓(골수 수)'를 '䯝'로 썼다.
《대한한사전(大漢韓辭典)》에서는 '䯝'를 '髓'의 본자(本字)라고 하였다.
《옥편(玉篇)·비부(匕部)》를 보면 "匘는 (이체자로) 腦로 쓰기도 한다.(「匘, 或作腦.」)"라고 하였다.
②단옥재는 "囟은 두개골이 합해지는 곳이며, 뇌의 뚜껑이다. 뇌는 囟 안에 있으므로 그래서 囟을 뇌의 뚜껑이라고 하는 것이다. 囟은 위가 열려 있는데, 어린아이의 정수리 부분이 합해져 있지 않은 것을 그린 것이다. 그래서 '상형'이라고 한 것이다.(「囟者, 頭之會, 腦之葢也. 頭髓在囟中, 故囟曰腦葢. 囟字上開, 象小兒囟不合, 故曰象形.」)"라고 하였다.(《주》)

7(5197) 卬 (나 앙, 높을 앙, 우러를 앙)

卬, 望①, 欲有所庶及也.② 从匕, 从卪. ≪詩≫曰: "高山卬止."③
(「卬은 앙망(仰望)한다는 뜻으로, 원하는 바가 거의 다다랐다는 뜻이다. 匕와 卪(절)은 (모두) 의미부분이다. 《시경(詩經)》에 이르기를 "높은 산을 우러러보네."라고 하였다.」)

①《계전》과 《주》에는 '望'자 다음에 '也(야)'자가 한 글자 더 있다. 즉 여기에서 일단 구가 끝난다는 의미이다.
단옥재는 "卬은 '우러러 본다[望]'는 뜻인데, 오늘날 仰(앙)자가 널리 쓰이면서, 卬자는 (이 뜻으로) 쓰이지 않게 되었다.(「卬訓望, 今則仰行而卬廢.」)"라고 하였다.(《주》)
②《계전》에는 '所(소)' 자 다음의 '庶(서)'자가 없다.
③《시경·소아(小雅)·거할(車舝)》에 나오는 글귀.
《구두》에서는 '卬'을 '卭'으로 썼다.

8(5198) 卓 (높을 탁)

常, 高也.① 早匕爲卓②, 匕卪爲卬③, 皆同義.④ 兌, 古文卓.⑤

(「卓은 높다는 뜻이다. 早(조)와 匕가 합해져서 卓이 되고, 匕와 卪(절)이 합해져서 卬(앙)이 된다. 모두 (匕를 의미부분으로 쓴) 같은 뜻이다. (5198-1) 兌은 卓의 고문(古文)이다.」)

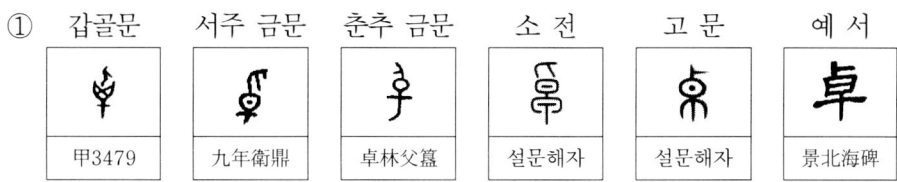

'卓'자는 갑골문을 보면 '𦥑'과 'ᅧ'으로 이루어져 있다.

서중서(徐中舒)는 '𦥑'은 '華' 즉 '畢(필)'로서 새를 잡는 사냥 도구를 그린 상형자이고, 'ᅧ'는 새의 생략형이라고 하면서, 그러므로 '卓'은 '罩(물고기 잡는 그물 조)'자의 본자(本字)라고 하였다.(≪갑골문자전(甲骨文字典)≫)

그런데 ≪갑골문자집석(甲骨文字集釋)≫과 ≪고문자류편(古文字類編)≫(1980) 등에는 '卓'자의 갑골문이 없는 것으로 되어 있다.

춘추(春秋)시대 금문의 자형은 ≪설문해자≫에 수록된 고문과 비슷하다. 소전에서는 '匕'와 '早'의 결합인 '常' 즉 '卓'으로 썼다.

②≪주≫와 ≪통훈정성≫에서는 '卓'을 '卓'으로 썼다.

③≪구두≫에서는 '卬'을 '卪'으로 썼다.

④≪주≫에서는 '義(의)'를 '意(의)'로 썼다.

이에 대해 단옥재는 "意자는 이전에는 義로 썼는데, 이제 바로 잡는다. 이것은 무릇 어떤 것과 어떤 것이 같다고 하는 경우에 '意同'이라고 하는 것이다.(「意舊作義, 今正. 此與凡云某與某同, 意同也.」)"라고 하였다.(≪주≫)

⑤왕균은 "兌의 형태는 굽은 부분을 펴면 바로 오늘날의 卓자이다. 그러므로 오늘날의 卓자는 소전에서 변화한 것이 아니라 고문에서 변화한 것이다.(「兌之形, 直其曲者, 卽是今卓字. 是今字不由小篆變之, 而由古文變之也.」)"라고 하였다.(≪설문석례(說文釋例)≫)

9(5199) 艮 (그칠 간)

艮, 很也.① 从匕‧目. 匕目猶目相匕②, 不相下也. ≪易≫曰: "艮其限."③ 匕目爲

䀰, 匕目爲眞也.④
(「䀰은 말을 듣지 않는다는 뜻이다. 匕와 目(목)은 (모두) 의미부분이다. 匕目은 눈으로 서로 노려보고 있다는 것으로, 서로 물러서지 않는다는 뜻이다. ≪주역(周易)≫에 이르기를 "시선이 허리춤에서 멈추었다."라고 하였다. 匕와 目이 (합해져서) 䀰이 되고, 匕(화)와 目이 (합해져서) 眞(진)이 된다.」)

①단옥재는 "말을 듣지 않는다는 뜻이다.(「不聽從也..」)"라고 하였다.(≪주≫)
②단옥재는 "'目相匕'는 즉 '눈을 서로 나란히 한다'는 뜻으로, 화난 듯한 눈매로 서로 노려보는 것을 말한다.(「目相匕, 卽目相比, 謂若怒目相視也..」)"라고 하였다.
③현재 전해지는 ≪주역·간괘(艮卦)≫에서는 '䀰'을 '艮'으로 썼다.
고형(高亨)은 "'艮其限(간기한)'이란 사람이 단지 그 허리[腰(요)]만을 주시(注視)함을 말한다.(「艮其限, 謂人僅注視其要也..」)"라고 하였다.(≪주역고금주(周易古今注)≫)
④여기에서의 '匕'는 '化(화)'자의 오른쪽 부분이다. 현재의 해서체로는 '化'자의 오른쪽 부분인 '匕'와 '匕'가 구별이 안 되지만, 소전에서 '匕'는 '匕'로 쓰고, '匕'는 '匕'로 썼다. 참고로 '眞'자는 소전으로는 '眞'으로 쓴다.
≪통훈정성≫에서는 '匕'를 '巳(사)'로 썼다.
왕균은 "匕는 이도(李燾)본(즉 ≪설문해자오음운보(說文解字五音韻譜)≫)에서는 已(이)로 썼는데, (이미) 변화하였음을 말하는 것이다. 선인(仙人)이나 진인(眞人)은 일반 사람들이 볼 수 없는 대상이므로, 그래서 '已目'이라고 한 것이다.(「匕, 李燾作已, 謂變化也. 仙眞人所不得見, 故曰已目..」)"라고 하였다.(≪구두≫)
'已'와 '巳'는 고문에서는 종종 혼용되었다.

文九, 重一.
(「정문(正文) 9자, 중문(重文) 1자.」)

제290부 【从】부

1(5200) 从 (따를 종)

𝕴𝕴, 相聽也.① 从二人.② 凡从之屬从从.
(「从은 서로 듣는다는 뜻이다. 두 개의 人(인)자로 이루어졌다. 무릇 从부에 속하는 글자들은 모두 从을 의미부분으로 삼는다.」)

①≪계전≫과 ≪구두≫에는 '聽(청)'자 다음에 '許(허)'자가 한 글자 더 있다. 즉 "듣고 허락한다"는 의미이다.

단옥재는 "从자는 오늘날의 從(종)자인데, 從자가 널리 쓰이면서 从자는 쓰이지 않게 되었다.(「从者今之從字, 從行而从廢矣.」)"라고 하였다.(≪주≫)

②

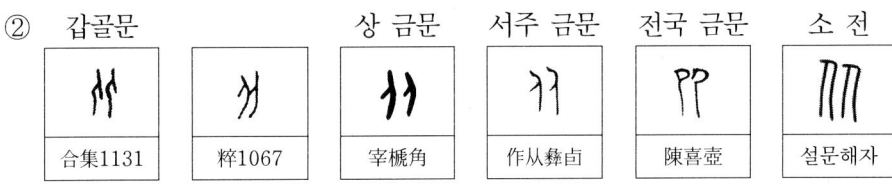

'从'자는 갑골문, 금문 그리고 소전 등의 자형이 모두 '人' 둘로 이루어져 있다. 사람이 사람의 뒤를 따라가는 모양이다.

2(5201) 從 (따를 종)

𧗟, 隨行也.① 从辵, 从从, 从亦聲.
(「從은 따라간다는 뜻이다. 辵(착)과 从은 (모두) 의미부분인데, 从은 발음부분이기도 하다.」)

①

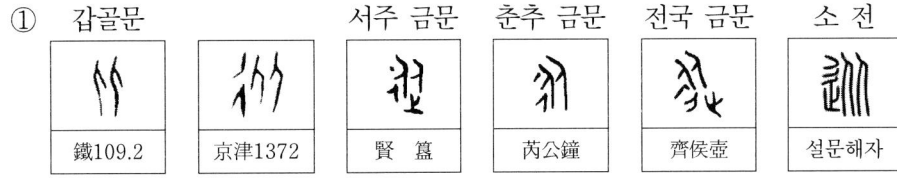

'從'자는 갑골문과 금문을 보면 두 사람[从]이 서로 옆으로 나란히 서 있는 자형을 기본으로 하여, 그 옆에 이동(移動)을 뜻하는 '彳(척)' 또는 '辵(착)' 등이 더해져 있는 구조이다. 즉 "사람이 사람의 뒤를 따라간다"는 뜻을 나타낸다.

从부 從幷

'从'과 '從'은 고금자(古今字)로서 옛날에는 서로 통용하였는데, 지금은 '從'자만 쓰인다.

3(5202) 幷 (합할 병)

𢆙, 相從也.① 从从, 幵聲.② 一曰从持二爲幷.③
(「幷은 서로 따라간다는 뜻이다. 从은 의미부분이고, 幵(견)은 발음부분이다. 일설에서는 从과 二(이)가 합해서 幷자가 된 것이라고도 한다.」)

①≪주≫에서는 '從(종)'을 '从'으로 썼다.

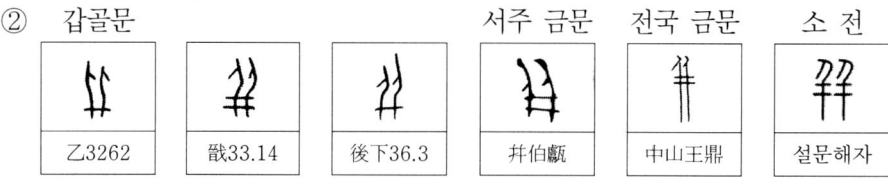

② 갑골문 / 서주 금문 / 전국 금문 / 소 전
乙3262 / 戩33.14 / 後下36.3 / 幷伯甗 / 中山王鼎 / 설문해자

'幷'자는 갑골문을 보면 두 사람의 발에 '一' 또는 '二'가 가로질러져 있는 모양이다.

이에 대해 이효정(李孝定)선생(≪갑골문자집석(甲骨文字集釋)≫)과 서중서(徐中舒, ≪갑골문자전(甲骨文字典)≫)는 모두 "두 사람이 서로 어우러져 있는 형태를 그린 것(「象兩人相幷之形」)"이라고 하였다.

갑골문에서 '幷'은 나라이름으로 쓰였다.

③≪주≫에서는 ≪고금운회(古今韻會)≫에 근거하여 '二'와 '爲(위)'자 사이에 '干(간)'자 한 글자를 보충하였다. 즉 "一曰: 从持二干爲羿.(「일설에는 두 사람[从]이 두 개의 방패[干]를 쥐고 있는 것을 羿이라고 한다고도 한다.」)"라는 의미이다.

文三.
(「정문(正文) 3자.」)

제291부 【比】부

1(5203) 比 (견줄 비)

𠓜, 密也.① 二人爲从, 反从爲比.② 凡比之屬从比. 竝, 古文比.③
(「比는 친밀(親密)하다는 뜻이다. 두 사람이 나란히 있는 것은 从(종)이고, 从을 거꾸로 한 것이 比이다. 무릇 比부에 속하는 글자들은 모두 比를 의미부분으로 삼는다. (5203-1) 竝는 比의 고문(古文)이다.」)

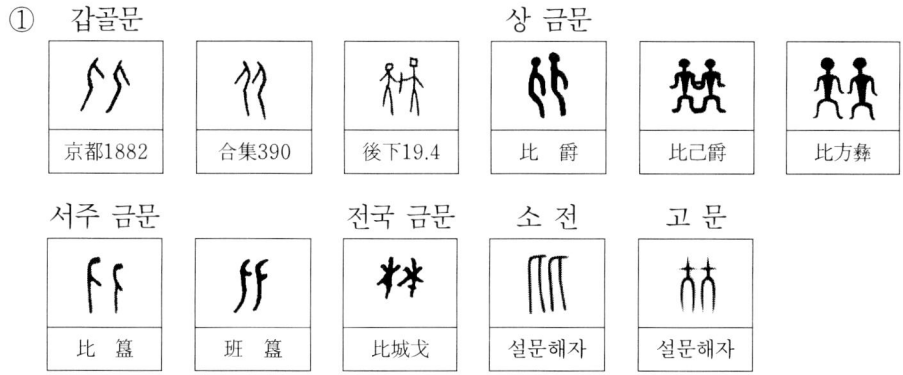

'比'자는 갑골문과 금문 그리고 소전 등의 자형이 모두 두 사람이 나란히 있는 모양이다. '가깝다', '비교(比較)하다' 등과 같은 뜻은 여기에서 파생되어 나온 것이다.

②이것은 소전체에 의한 구별이다. 참고로 소전에서 '从'은 '𠓜'으로 썼다.

갑골문이나 금문 등 고문자에서는 글자 형태의 정반(正反) 구별이 없었다. 그래서 '比'와 '从(=從)'은 그 모양이 비슷한 관계로 자주 혼용되었다.

손해파(孫海波)는 "복사(卜辭)에서 比와 从은 같은 글자이다.(「卜辭比·从同字.」)"라고 하였다.(≪갑골문편(甲骨文編)≫)

③단옥재는 "(竝는) 대체로 두 개의 大(대)로 이루어졌다. 二大는 二人(이인)이다.(「(竝)蓋从二大也. 二大者, 二人也.」)"라고 하였다.(≪주≫)

2(5204) 毖 (삼갈 비)

𣲏, 愼也. 从比, 必聲.① <周書>曰: "無毖于卹."②
(「毖는 조심한다는 뜻이다. 比는 의미부분이고, 必(필)은 발음부분이다. <주서(周書)>에 이르기를 "걱정하지 마십시오."라고 하였다.」)

①'毖'의 고음은 *pjier / piIi(비)이고 '必'의 고음은 *pjiet / piIt(빋→필)이다. 두 글자의 첫소리는 [p-]로 같고, 상고음(上古音)의 주모음(主母音)은 [e]로 같으며, 운미(韻尾)는 혀 끝 가운데 소리[설첨중음(舌尖中音)]인 [-r]와 [-t]로 발음 부위가 같다. 그래서 '毖'자에서 '必'이 발음부분이 될 수 있는 것이다. 고대에서는 음성운과 입성운이 협운을 하기도 하였다.

②현재 전해지는 ≪서경(書經)·주서·대고(大誥)≫에서는 '卹(가엾이 여길 휼)'을 '恤(구휼할 휼, 근심할 휼)'로 썼다.

文二, 重一.
(「정문(正文) 2자, 중문(重文) 1자.」)

제292부 【北】 부

1(5205) 北 (북녘 북)

从, 乖也. 从二人相背.① 凡北之屬皆从北.
(「北은 어긋났다는 뜻이다. 두 사람이 서로 등지고 있는 형태이다. 무릇 北부에 속하는 글자들은 모두 北을 의미부분으로 삼는다.」)

① 갑골문 / 상 금문 / 서주 금문 / 춘추 금문 / 전국 금문 / 소전 / 예서

'北'자는 갑골문, 금문 그리고 소전 등의 자형이 모두 두 사람이 서로 등지고 있는 모양이다.

당란(唐蘭)은 "北은 사람이 서로 등지고 있는 모양으로, 여기에서 두 가지 뜻이 파생되어 나왔다. 그 하나는 사람의 '등[背(배)]'이고, 다른 하나는 '북쪽'이라는 뜻이다. 대개 고대 건축물은 남쪽을 향하도록 지었으므로, 남쪽을 앞이라 하고 북쪽을 뒤라고 하였다. 사람이 남쪽을 향하고 있으면 북쪽은 등지게 된다. (北이) 북쪽을 가리키는 말이 된 것은 여기에서 비롯된 것이다.(「北由二人相背, 引申而有二義: 一爲人體之背, 一爲北方. 蓋古代建屋多南向, 則南方爲前, 北方爲後. 人恒向南而背北, 北方之名以是起矣.」)"라고 하여(≪고고(考古)≫ 4기 <석사방지명(釋四方之名)>), '北'을 '등지다'라는 뜻에서 '북쪽'이라는 뜻으로 인신(引申)되었다고 풀이하였다.

한편 고홍진(高鴻縉)은 "내 생각에, 이 글자는 '어긋나다'라는 뜻의 '背'자로서, 동사이다. 㓜은 (사람이 서로 같은 방향을 향하고 있으므로) 순종(順從)이라는 뜻이고, 㔾은 서로 마주하고 있다는 뜻이며, 从은 위배(違背)하다라는 뜻으로, 모두 사람의 모습에서 뜻을 취했다. 후세에 北이 남북(南北)의 北이라는 뜻으로 가차(假借)되어 쓰이면서부터, 신체의 등을 뜻하는 背자가 '위배하다'라는 뜻으로 통가(通假)되어 쓰였다.(「按: 此乃違背之背, 動詞. 㓜爲順從, 㔾爲相嚮, 从爲違背, 皆取象於

人. 自後世借୵爲南北之北, 通叚肩背之背以爲違背.」)"라고 하였다.(≪중국자례(中國字例)≫)

두 사람은 '北'이 사람이 서로 등지고 있는 모양이라는 것에 대해서는 같은 의견이지만, '北'이 '북쪽'을 가리키는 것에 대해서는 당란은 뜻의 인신이라고 보았고, 고홍진은 발음상의 가차라고 여긴 점이 다르다.

이에 대해 이효정(李孝定)선생은 당란의 견해에 대해 토론의 여지가 없는 것은 아니지만, 동서남북을 가리키는 방위(方位)의 명칭은 모두 가차로서 본래의 뜻과는 무관하다고 하였다.(≪갑골문자집석(甲骨文字集釋)≫)

2(5206) 冀 (바랄 기)

冀, 北方州也.① 从北, 異聲.②
(「冀는 북방의 주(州)(이름)이다. 北은 의미부분이고, 異(이)는 발음부분이다.」)

①≪계전≫에는 '北方(북방)'자 다음의 '州(주)'자가 없다.

장순휘(張舜徽)는 "그 지역(즉 기주)은 지금의 하북성(河北省)・산서성(山西省) 두 성과 하남성(河南省) 황하 이북 지역을 경계로 하여 중국의 북방에 위치한다. 그래서 허신이 북방의 주라고 한 것이다.(「其地爲今河北・山西二省及河南黃河以北境, 居中國北方. 故許云北方州也.」)"라고 하였다.(≪설문해자약주(說文解字約注)≫)

② 금 문 　　　　　　　　소 전

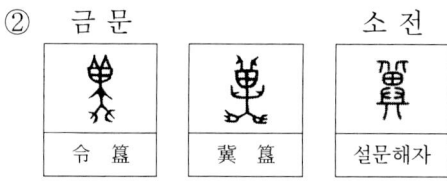

| 令 篡 | 冀 篡 | 설문해자 |

갑골문에는 '冀'자가 보이지 않는다.

서주(西周) 금문과 소전의 자형은 모두 '北'과 '異'로 이루어져 있다.

文二.
(「정문(正文) 2자.」)

제293부【丘】부

1(5207) 丘 (언덕 구)

丠, 土之高也①, 非人所爲也.② 从北, 从一. 一, 地也. 人居在丘南③, 故从北.④ 中邦之居, 在崑崙東南. 一曰: 四方高中央下爲丘. 象形.⑤ 凡北之屬皆从北. 坴, 古文从土.

(「丠는 흙이 높이 쌓인 곳으로, 사람이 만든 바가 아닌 것이다. 北(북)과 一(일)은 (모두) 의미부분이다. 一은 땅을 가리킨다. 사람은 언덕의 남쪽에 기거(寄居)하므로, 그래서 北이 의미부분이 되는 것이다. 나라의 중앙에 거주한다는 것은 곤륜산(崑崙山)의 동남쪽을 뜻한다. 일설에는 사방이 높고 가운데가 낮은 곳을 丘라고 한다고도 한다. 상형이다. 무릇 丘부에 속하는 글자들은 모두 丘를 의미부분으로 삼는다. (5207-1) 坴는 고문(古文)으로 土(토)를 더하였다.」)

①≪계전≫과 ≪구두≫에는 '高(고)'자 다음의 '也(야)'자가 없다.

②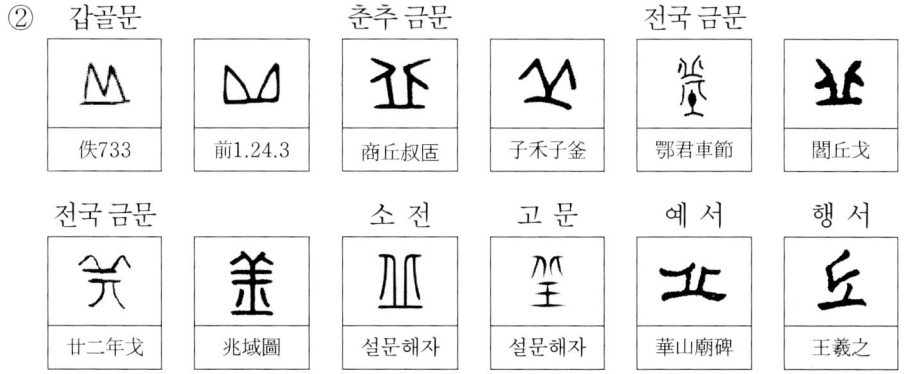

'丘'는 갑골문을 보면 봉우리가 두 개인 산(山)의 모양이다. 그러므로 산 보다는 약간 작은 규모인 언덕 또는 구릉(丘陵)을 그린 상형자임을 알 수 있다.

그런데 금문에서부터 자형의 변화가 일어나기 시작하여, 소전에 이르러서는 원래의 형태와는 차이가 많이 나게 되었다. 현재의 '丘'자는 소전 '丠'를 예서로 쓰면서 다시 변형된 글자체이다.

③≪주≫에서는 '居(거)'를 '凥(거)'로 썼다.(제8편 상 제305부 <시부(尸部)> (5376) '居'자 참조)

④≪계전≫에는 '从(종)'자 앞의 '故(고)'자가 없다.

⑤갑골문의 자형으로 볼 때 '丘'는 '一'과 '北'으로 이루어진 회의자가 아니라 언덕이나 구릉을 그린 상형자이다. 다만 일설에 '丘'를 "사방이 높고 가운데가 들어간 지형을 그린 상형자라고 한다"고 소개하였는데, 갑골문을 보면 봉우리가 두 개이므로 "가운데가 들어가 있는 모양"이라는 설도 전혀 근거가 없는 것은 아니라고 생각된다.

2(5208) 虛 (빌 허)

虛, 大丘也.① 崐崘丘謂之崐崘虛. 古者九夫爲井, 四井爲邑, 四邑爲丘. 丘謂之虛. 从丘, 虍聲.
(「虛는 큰 언덕을 뜻한다. 곤륜구(崐崘丘)를 곤륜허(崐崘虛)라고 한다. 옛날 전제(田制)에 따르면 9명의 성인 남자가 1정(井)을 이루고, 4정(井)이 1읍(邑)을 이루며, 4읍(邑)이 1구(丘)를 이룬다.② 丘는 虛라고도 한다. 丘는 의미부분이고, 虍(호)는 발음부분이다.」)

①오늘날 이 뜻으로는 '墟(큰 둔덕 허, 옛터 허)'자를 쓴다.
단옥재는 "虛는 본래 큰 언덕을 뜻하였다. 크면 비고 휑하다. 그래서 공허(空虛)하다라는 뜻으로 인신(引伸)되었다.(「虛本謂大丘. 大則空曠, 故引伸之爲空虛.」)"라고 하였다.(《주》)
②왕균은 "《주관(周官)·소사도(小司徒)》의 구절을 인용하여 丘의 다른 뜻을 설명한 것이다.(「引《周官·小司徒》文, 說丘之別義.」)"라고 하였다.(《구두》)

3(5209) 㘩 (웅덩이 니)

㘩, 反頂受水丘. 从丘, 泥省聲.①
(「㘩는 산꼭대기가 뒤집어져서 물을 받을 수 있게 된 (가운데가 낮고 양 쪽 옆이 높은) 丘를 뜻한다. 丘는 의미부분이고, 泥(니)의 생략형은 발음부분이다.」)

①《계전》과 《주》에서는 "從丘, 從泥省, 泥亦聲.(「丘와 泥의 생략형은 (모두) 의미부분인데, 泥는 발음부분이기도 하다.」)"이라고 하였다.

文三, 重一.
(「정문(正文) 3자, 중문(重文) 1자.」)

제294부 【㐺】 부

1(5210) 㐺 (음)①

𠈌, 眾立也. 从三人.② 凡㐺之屬皆从㐺.③ 讀若欽崟.
(「㐺은 여러 사람이 서 있다는 뜻이다. 세 개의 人(인)자로 이루어져 있다. 무릇 㐺부에 속하는 글자들은 모두 㐺을 의미부분으로 삼는다. 발음은 높은 산이라는 뜻의 崟(음)자처럼 읽는다.」)

①대서본 ≪설문해자≫·≪주≫·≪의증≫·≪구두≫·≪교록≫ 등에서는 이 글자의 발음을 모두 '魚音切(어음절)' 즉 '음'이라고 하였다.
한편 ≪대한한사전(大漢韓辭典)≫에서는 '㐺'자를 '眾(중)'자의 본자(本字)라고 하였다.

② 갑골문　　금 문　　소 전

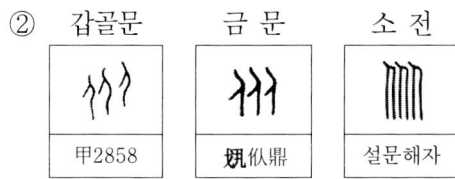

'㐺'자는 갑골문, 서주(西周) 금문 그리고 소전 등의 자형이 모두 '人'자 셋으로 이루어져 있다.
③≪계전≫과 ≪구두≫에서는 '㐺'을 '禾'으로 썼다.(이하 같음)

2(5211) 眾 (무리 중)

𠱥, 多也.① 从㐺·目, 眾意.②
(「眾은 많다는 뜻이다. 㐺과 目(목)은 (모두) 의미부분이다. 많다는 뜻을 나타낸다.」)

① 갑골문　　　　서주 금문　　　　전국 금문　　소 전

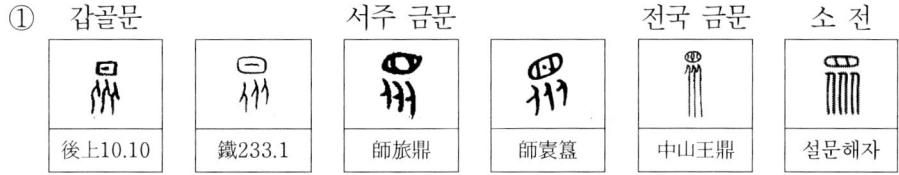

'眾'자는 갑골문을 보면 해 [日(일)] 아래에 세 사람[㐺]이 있는 모양이다. 이에 대해 서중서(徐中舒)는 해가 뜨자 사람들이 모여 함께 일을 한다는 뜻이라고 하였다.(≪갑골문자전(甲骨文字典)≫)

금문에서는 '日'자가 '目'자로 바뀌기도 하였는데(<사려정(師旅鼎)>·<사원궤(師袁簋)>), 이는 잘못이다. 소전은 이 자형을 따랐다.
②≪계전≫과 ≪구두≫에는 '衆意(중의)' 앞에 '目'자가 한 글자 더 있다. 즉 "目은 많다는 뜻을 나타낸다"라는 의미이다.
≪계전≫·≪주≫·≪의증≫·≪통훈정성≫·≪구두≫ 등에서는 '衆'을 '眾'으로 썼다.

3(5212) 聚 (모을 취)

𣪠, 會也. 从㐺, 取聲. 邑落云聚.①
(「聚는 모은다는 뜻이다. 㐺은 의미부분이고, 取(취)는 발음부분이다. 읍(邑) 가운데 촌락(村落)을 일컬어 聚라고 한다.」)

①≪의증≫·≪통훈정성≫·≪교록≫ 등에서는 '云(운)'을 '曰(왈)'로 썼다.
한편 ≪계전≫·≪주≫·≪구두≫ 등에서는 "一曰邑落曰聚.(「일설에는 읍 가운데 촌락을 聚라고 한다고도 한다.」)"라고 하였다.

4(5213) 㠱 (및 기)

𣪠, 衆詞; 與也.① 从㐺, 自聲.② <虞書>曰: "㠱咎繇." 𣪠, 古文㠱.③
(「㠱는 '(여럿이) 함께'라는 뜻을 나타내는 허사이다; (또) '및'이라는 뜻을 나타내는 허사이다. 㐺은 의미부분이고, 自(자)는 발음부분이다. <우서(虞書)>에 이르기를 "직(稷)과 계(契)) 및 고요(皐陶)(에게 양보하였다."라고 하였다. (5213-1) 𣪠는 㠱의 고문(古文)이다.」)

①≪계전≫·≪주≫·≪의증≫·≪통훈정성≫·≪구두≫ 등에서는 '衆'을 '眾'으로 썼다.
≪계전≫에서는 '詞(사)'를 '辭(사)'로 썼다.
또 ≪주≫와 ≪구두≫에서는 '眾與詞(중여사)'로 썼다.
만약 '衆(중)'과 '與(여)' 사이를 끊지 않고 이어서 번역한다면, "'(여럿이) 함께'라는 뜻을 나타내는 허사이다"로 될 것이다.
②'㠱'의 고음은 *gier / giei(계이→기)이고, '自'의 고음은 *dzjiər / dziIi(지→자)이다. 두 글자는 상고음의 주모음(主母音)과 운미(韻尾)가 각각 [er]과 [ər]로 비슷하다. 그래서 '㠱'자에서 '自'가 발음부분이 될 수 있는 것이다.

③현재 전해지는 ≪서경(書經)・우서・순전(舜典)≫에서는 '暨皋陶(기고요)'로 썼다.

文四, 重一.
(「정문(正文) 4자, 중문(重文)1자.」)

제295부 【壬】 부

1(5214) 壬① (줄기 정)

罕, 善也. 从人·士.② 士, 事也. 一曰象物出地挺生也.③ 凡壬之屬皆从壬.
(「壬은 좋다는 뜻이다. 人(인)과 士(사)는 (모두) 의미부분이다. 士는 일을 한다는 뜻이다. 일설에는 어떤 물체가 땅에서 꼿꼿하게 솟아 나온 것을 그린 것이라고도 한다. 무릇 壬부에 속하는 글자들은 모두 壬을 의미부분으로 삼는다.」)

①소전에서 '壬(정)'자는 '罕'으로 쓰고, 10천간(天干)의 '壬(임)'자는 '王'으로 써서 자형이 달랐으나, 예서에 이르러 그 구분이 없어졌다. '廷(정)'·'呈(정)'·'望(망)'·'淫(음)'·'徵(징)' 등과 같은 글자의 '壬' 부분은 모두 '罕'이다.

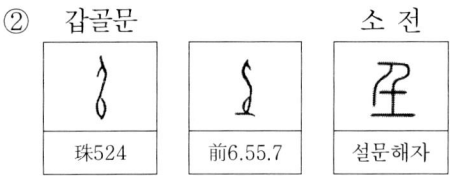

② 갑골문 / 소전
珠524 / 前6.55.7 / 설문해자

'壬'자는 갑골문을 보면 흙더미[Ω 즉 土(토)] 위에 사람이 서 있는 모양이다.
이효정(李孝定)선생(≪갑골문자집석(甲骨文字集釋)≫)과 서중서(徐中舒, ≪갑골문자전(甲骨文字典)≫)는 모두 '壬'은 '挺(뺄 정, 뛰어날 정, 꼿꼿할 정)'자의 고자(古字)로서, '꼿꼿하다'라는 뜻은 여기에서 나온 것이고, '좋다'라는 뜻 역시 여기에서 발전되어 나온 것이라고 하였다.
소전에서는 '士'가 '士(사)'로 변했는데, 이는 자형이 비슷해서 생긴 잘못이다.
③≪계전≫과 ≪구두≫에는 '挺'자 다음에 '而(이)'자가 한 글자 더 있다.

2(5215) 徵 (부를 징)

徵, 召也. 从微省.① 壬爲徵.② 行於微而文達者, 卽徵之.③ 𢾷, 古文徵.④
(「徵은 소집(召集)한다는 뜻이다. 微(미)의 생략형은 의미부분이다. 壬(정)은 徵이다. 행위가 잘 드러나지 않고 있지만[微] 성망(聲望)이 자자한 사람은 즉시 부른다는 의미이다. (5215-1) 𢾷은 徵의 고문(古文)이다.」)

①≪계전≫·≪주≫·≪구두≫ 등에는 '从微省(종미생)' 앞에 '從壬' 두 글자가 더

있다. 이렇게 되면 번역은 "壬과 微의 생략형은 (모두) 의미부분이다"로 된다.

②전점(錢坫)은 "壬은 徵의 고자이다.(「壬, 古徵字.」)"라고 하였다.(≪설문해자각전(說文解字斠詮)≫)

③≪주≫·≪통훈정성≫·≪구두≫ 등에서는 '文(문)'을 '聞(문)'으로 썼다. 여기에서는 이에 따라 번역하였다.

④
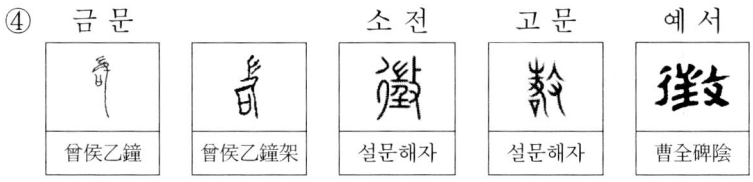

갑골문과 서주(西周) 금문에는 '徵'자가 보이지 않는다.

전국(戰國)시대 금문은 ≪설문해자≫에 실린 고문과 비슷한데 '攴(복)' 부분이 없는 형태이다.

3(5216) 朢 (보름 망)

朢, 月滿①, 與日相朢②, 以朝君也.③ 从月, 从臣, 从壬.④ 壬, 朝廷也. 𦣠, 古文朢省.

(「朢은 달이 가득 차면, 해와 서로 바라보는데, 마치 신하가 임금을 알현(謁見)하는 것과 같다는 뜻이다. 月(월)·臣(신)·壬은 (모두) 의미부분이다. 壬은 조정(朝廷)을 뜻한다. (5216-1) 𦣠은 朢의 고문(古文)으로 생략형이다.」)

①≪계전≫과 ≪주≫에는 '滿(만)'자 다음에 '也(야)'자가 한 글자 더 있다.

②≪계전≫·≪주≫·≪통훈정성≫·≪구두≫ 등에서는 '朢'을 '望(망)'으로 썼다. 여기에서도 이에 따라 번역하였다.

③≪구두≫에서는 현응(玄應)의 ≪일체경음의(一切經音義)≫에서 대동(戴侗)의 ≪육서고(六書故)≫를 인용한 것에 근거하여 '以(이)'를 '臣'으로 고쳐 썼다.

④
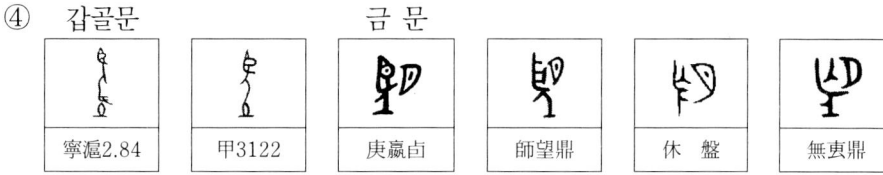

壬부 朢坴

소전 설문해자 / 고문 설문해자

'朢'자는 갑골문을 보면 사람이 흙더미[⏷, 즉 土(토)] 위에서 눈[☉→臣]을 들어 멀리 보는 모양이다. 고문은 이 자형과 같다.

서주(西周) 금문에서는 갑골문에 '月'을 더하여 '朢'으로 썼다. <휴반(休盤)>에서는 눈 부분이 '臣'에서 '亡(망)'으로 변화되어 오늘날의 '望'자 형태로 썼다.

'朢'자와 '望'자는 본래 같은 글자였다. 그런데 '望'자가 널리 쓰이자 '朢'자는 잘 쓰이지 않게 되었다.

참고로 12편 하 제457부 <망부(亡部)> (8370) '望'자 해설을 보면 "望, 出亡在外, 望其還也. 从亡, 朢省聲.(「望은 (사람이) 밖에 나가 있으면 그 사람이 돌아오기를 바란다는 뜻이다. 亡은 의미부분이고, 朢의 생략형은 발음부분이다.」)"이라고 하였다.

4(5217) 坴 (가까이 할 음)

坴, 近求也.① 从爪, 从壬. 壬, 徼幸也.②
(「坴은 가까이 가서 구한다는 뜻이다. 爪(조)와 壬은 (모두) 의미부분이다. 壬은 행운을 바란다는 뜻이다.」)

①≪계전≫에는 '求(구)'자 앞의 '近(근)'자가 없다.
②≪주≫에는 '壬'자 앞에 '爪(조)'자가 한 글자 더 있다.
이에 대해 단옥재는 "爪壬은 그 손톱을 꼿꼿하게 세웠는데, 얻은 바가 없어 행운을 바란다는 말이다.(「爪壬, 言挺其爪, 妄有所取, 徼幸之意.」)"라고 하였다.(≪주≫)

文四, 重二.
(「정문(正文) 4자, 중문(重文) 2자.」)

제296부 【重】부

1(5218) 重 (무거울 중)

重, 厚也. 从壬, 東聲.① 凡重之屬皆从重.
(「重은 두텁다는 뜻이다. 壬(정)은 의미부분이고, 東(동)은 발음부분이다. 무릇 重부에 속하는 글자들은 모두 重을 의미부분으로 삼는다.」)

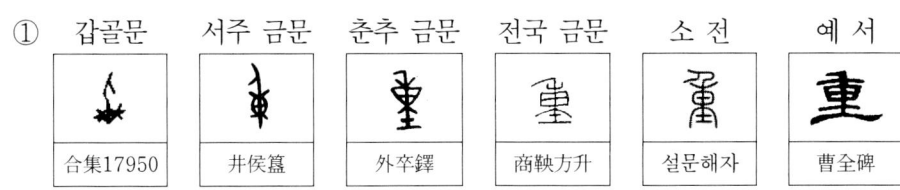

'重'자는 갑골문과 서주(西周) 금문은 '人(인)'과 '東'으로 이루어졌고, 춘추전국(春秋戰國)시대 금문과 소전은 '壬'과 '東'으로 이루어졌다. 여기서의 '東'은 모두 발음부분이다.

임의광(林義光)은 '壬'은 사람이 땅에 우뚝 서 있는 모양이므로, '重'은 '중후(重厚)하다'라는 뜻을 나타낸다고 하였고(≪문원(文源)≫), 하록(夏淥)은 '重'은 '種(종)'자의 초문(初文)으로 '씨'는 농경 생활에 중요한 물품이므로, 여기에서 '중요(重要)하다'·'무겁다' 등과 같은 뜻이 파생되어 나왔다고 하였다(장설명(張雪明) ≪형음의자전(形音義字典)≫에서 재인용).

2(5219) 量 (헤아릴 량)

量, 稍輕重也. 从重省, 曏省聲.① 量, 古文量.
(「量은 무게를 단다는 뜻이다. 重의 생략형은 의미부분이고, 曏(향)의 생략형은 발음부분이다. (5219-1) 量은 量의 고문(古文)이다.」)

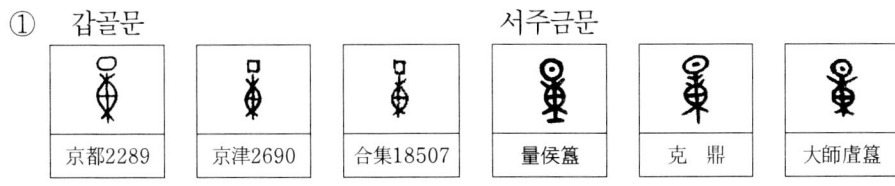

重부 量

전국금문	소 전	고 문
大梁鼎	설문해자	설문해자

'量'자는 갑골문을 보면 '口'와 '東(동)'으로 이루어져 있다.

이에 대해 마미경(馬薇頎)은 갑골문 '𣅀'(<경도(京都) 2289>)·'𣅀'(<경진(京津) 2690>)의 형태를 볼 때 '口'는 도량형(度量衡) 도구인 '斗(두)'를 그린 것이고 그 아래 부분인 '東'은 본래 자루를 그린 상형자였으므로, '量'은 곡식의 양을 재는 도구를 뜻한다고 하였다.(≪중국문자(中國文字)≫ 제36책 <𣅀 및 𣅀을 풀이함(釋𣅀 及𣅀)>)

금문의 자형은 '𣅀' 즉 '日(일)'과 '東'으로 이루어졌거나(<극정(克鼎)>·<대사차궤(大師虘簋)>), 여기에 '土(토)'가 더해진 것(<양후궤(量侯簋)>·<대량정(大梁鼎)> 등 두 가지 형태이다. 이에 대해 학자들은 '量'은 '日'과 '東'의 결합이므로 '밝다'·'분명하다'라는 의미를 나타내는 회의자라고 하였다.(다카다(高田忠周), ≪고주편(古籒篇)≫; 곽말약(郭沫若), ≪설문월간(說文月刊)≫ 13권(卷) 10기(期) <섬서신출토기명고석(陝西新出土器銘考釋)>)

한편 우성오(于省吾)는 '𣅀'과 같은 글자는 '日(일)'과 '重'으로 이루어진 회의자(會意字)로서, '日'을 의미부분으로 삼은 것은 노천(露天)에서 양을 잰다는 뜻을 나타낸다고 하였다.(≪갑골문자석림(甲骨文字釋林)≫)

文二, 重一.
(「정문(正文) 2자, 중문(重文) 1자.」)

제297부 【臥】부

1(5220) 臥 (누울 와, 쉴 와)

臥, 休也.① 从人·臣②, 取其伏也. 凡臥之屬皆从臥.
(「臥는 쉰다는 뜻이다. 人(인)과 臣(신)은 (모두) 의미부분이다. 臣이 의미부분이 되는 것은 臣자의 엎드려 있다는 뜻을 취한 것이다. 무릇 臥부에 속하는 글자들은 모두 臥를 의미부분으로 삼는다.」)

　①≪주≫에서는 '休(휴)'를 '伏(복)'으로 썼다.
　단옥재는 "臥와 寢(침)은 다르다. (자는 것은) 침상에서 잔다. … (엎드리는 것은) 안석에 기대어서 엎드린다. 그래서 伏이라고 하는 것이다. 尸자 해설에서 말하기를: '엎드려 있는 모양을 그린 것이다'라고 한 것이 바로 이것이다. 이것은 나누어서 말한 것일 따름이고, 통합해서 말하면 구별하지 않는다.(「臥與寢異. 寢於牀. … 臥於几, 故曰伏. 尸篆下曰: '象臥之形'是也. 此析言之耳, 統言之則不別.」)"라고 하였다.(≪주≫)
　②양수달(楊樹達)은 "옛날 문자에서 臣과 目(목)은 같은 형태이므로, 臥는 당연히 人과 目으로 이루어진 것이다. 깨어 있을 때는 눈이 떠 있고, 쉴 때는 눈이 합해진다.(「古文臣與目同形, 臥當从人, 从目. 覺時目張, 臥時則目合也.」)"라고 하였다. (≪적미거소학술림(積微居小學述林)≫)

2(5221) 監 (볼 감)

監, 臨下也.① 从臥, 衉省聲.② 𥃲, 古文監, 从言.
(「監은 내려다본다는 뜻이다. 臥는 의미부분이고, 衉(감)의 생략형은 발음부분이다. (5221-1) 𥃲은 監의 고문(古文)으로 (血 대신) 言(언)을 썼다.」)

① 갑골문　　　　상 금문　　서주 금문

'監'자는 갑골문과 금문을 보면 물이 담겨 있는 그릇을 사람이 들여다보고 있는 모양이다. 즉 '監'은 "자신의 얼굴을 들여다 보다"라는 뜻으로 '보다'→'내려다 보다' →감시(監視)하다→'보는 것'→'거울[鑑(감)]'→'본보기'·'귀감(龜鑑)' 등으로 의미가 발전되어 갔다.

그런데 금문의 자형을 보면 갑골문에서 눈[目(목)]을 강조한 사람 부분이 '𦣻'(= 目)과 '𠆢'(=人, 인)으로 나누어졌다. 이것은 '눈'을 강조한 것으로 '보다'라는 뜻을 좀 더 잘 나타내기 위함일 것이다. 소전에서는 '𦣻'이 '臣(신)'자처럼 되었다.

≪계전≫에는 '下(하)'자 다음의 '也(야)'자가 없다.

②'𦣻'을 '臣'자로 본 것은 소전을 보고 판단한 때문이고, 물이 담긴 그릇 부분을 '血(혈)'로 보고 또 이것을 '𧶠'의 생략형이라고 한 것은 잘못이다. 아마도 허신은 '監'자에서 '血'자의 역할이 분명하지 않자, 이것을 '𧶠'의 생략형이라고 하여 발음 부분으로 오인한 것으로 생각된다.

3(5222) 臨 (임할 림)

𦣻, 監臨也.① 从臥, 品聲.②

(「臨은 임해서 내려다본다는 뜻이다. 臥는 의미부분이고, 品(품)은 발음부분이다.」)

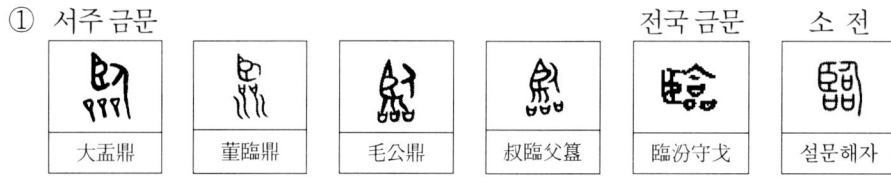

갑골문에는 '臨'자가 보이지 않는다.

금문의 자형은 사람[𠆢, 즉 人(인)]이 여러 가지 물체[ㅂㅂㅂ]를 내려다보고[𦣻, 즉 目(목)] 있는 모습이다.

소전에서는 'ㅂㅂㅂ' 등이 '品'으로 바뀌었고, 눈[目] 부분은 '臣(신)'으로 바뀌었다.

한편 다카다(高田忠周)는 '𦣻' 아래에 있는 '巛'을 '川(천)'자로 보아, '臨'을 '灆 (골짜기 림, 비 내릴 림)'자라고 하였고(≪고주편(古籒篇)≫), 장설명(張雪明)은 사람이 울어서 눈에서 눈물이 흐르는 모양을 그린 상형자라고 하였다(≪형음의자전 (形音義字典)≫).

②금문의 자형으로 볼 때 '臨'은 '人·臣(즉 目)·品'이 (모두) 의미부분인 회의 자라고 해야 할 것이다.

4(5223) 餥 (구운 떡 녁, 어린아이 게으를 녁)

, 楚謂小兒嬾餥.① 从臥・食.
(「餥, 초(楚) 지방에서는 어린아이가 게으른 것을 일컬어 餥이라고 한다. 臥와 食(식)은 (모두) 의미부분이다.」)

①서개는 "(어린아이가) 먹는 것에 즐거워하지 않는다는 것을 일컫는 것이다.(「謂不樂於食.」)"라고 하였다.(≪계전≫)

文四, 重一.
(「정문(正文) 4자, 중문(重文) 1자.」)

제298부 【身】부

1(5224) 身 (몸 신)

🦴, 躳也.① 象人之身.② 从人, 厂聲.③ 凡身之屬皆从身.
(「身은 몸을 뜻한다. 사람의 몸을 그린 것이다. 人(인)은 의미부분이고, 厂(예)는 발음부분이다. 무릇 身부에 속하는 글자들은 모두 身을 의미부분으로 삼는다.」)

①≪계전≫에서는 '躬(몸 궁)'을 '躳'으로 썼다.
≪대한한사전(大漢韓辭典)≫에서는 '躳'을 '躬'의 본자(本字)라고 하였다.

'身'자는 갑골문과 금문을 보면 사람의 옆모습을 그렸는데, 배가 불룩 나온 모양이다. 그리고 불룩 나온 배 안에 점을 찍은 자형도 있는데, 이것은 그 안에 아이가 있음을 표현한 것으로 보인다.

이효정(李孝定)선생은 "갑골문은 사람을 의미부분으로 썼는데 그 배를 불룩하게 하였으니, 사람이 임신(姙娠)을 한 모양을 그린 것이다.(「契文从人而隆其腹, 象人有身之形.」)"라고 하였다.(≪갑골문자집석(甲骨文字集釋)≫) 이 설은 학계에서 널리 인정받고 있다.

금문에서는 아래 부분에 가로 획[一] 하나를 그었는데, 이는 아무런 뜻이 없는 장식성 획이다. 소전의 자형은 금문을 따른 것이다.

≪주≫에는 이 글귀가 없다.

③갑골문과 금문의 자형으로 볼 때 '身'자에서 '厂' 부분이 발음부분이라고 한 것은 잘못이다.

≪주≫와 ≪구두≫에서는 ≪고금운회(古今韻會)≫에 근거하여 "从人, 申省聲.(「人은 의미부분이고, 申(신)의 생략형은 발음부분이다.」)"이라고 하였다.

2(5225) 軀 (몸 구)

軀, 體也.① 从身, 區聲.
(「軀는 신체를 뜻한다. 身은 의미부분이고, 區(구)는 발음부분이다.」)

①서개는 "통칭할 때는 身이라고 하고, 사체(四體)를 말할 때는 軀라고 한다. 軀는 구역(區域)과 같은 뜻이다.(「泛言曰身, 擧四體曰軀. 軀猶區域也.」)"라고 하였고 (≪계전≫), 단옥재는 "體라고 하는 것은 신체 12부분의 총칭이다. 가히 구별(區別)해서 나눌 수 있으므로, 그래서 軀라고 하는 것이다.(「體者, 十二屬之總名也. 可區而別之, 故曰軀.」)"라고 하였다(≪주≫).

참고로 '四體'란 사지(四肢, 팔과 다리)를 가리키고, '신체의 12부분'이란 머리의 세 부분 즉 머리·얼굴·턱, 몸통의 세 부분 즉 어깨·등·엉덩이, 팔의 세 부분 즉 위 팔뚝[肱(굉)]·아래 팔뚝[臂(비)]·손, 그리고 다리의 세 부분 즉 넓적다리·정강이·발 등 모두 12부분을 말한다.

文二.
(「정문(正文) 2자.」)

제299부 【𠂤】 부

1(5226) 𠂤 (의)①

𠂤, 歸也.② 从反身. 凡𠂤之屬皆从𠂤.
(「𠂤는 귀의(歸依)하였다는 뜻이다. 身(신)자를 거꾸로 한 형태이다. 무릇 𠂤부에 속하는 글자들은 모두 𠂤를 의미부분으로 삼는다.」)

①'𠂤'자는 ≪대한한사전(大漢韓辭典)≫에 보이지 않는다.
대서본 ≪설문해자≫·≪주≫·≪의증≫·≪구두≫·≪교록≫ 등에서는 모두 '於機切(어기절)' 즉 '의'라고 하였다.
②왕균은 '𠂤'를 '依(의)'자의 고자(古字)라고 하였다.(≪구두≫)

2(5227) 殷 (성할 은)

殷, 作樂之盛稱殷. 从𠂤, 从殳.① ≪易≫曰: "殷薦之上帝."②
(「殷, 음악이 성한 것을 일컬어 殷이라고 한다. 𠂤와 殳(수)는 (모두) 의미부분이다. ≪주역(周易)≫에 이르기를 "성대한 음악을 하느님께 바치다."라고 하였다.」)

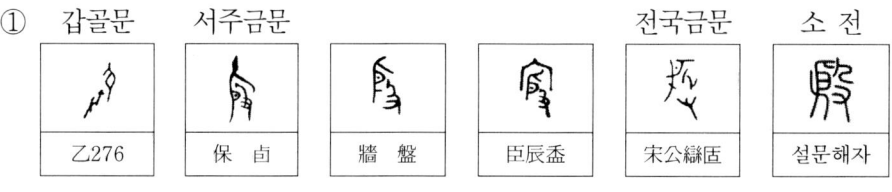

①	갑골문	서주금문			전국금문	소 전
	乙276	保卣	牆盤	臣辰盉	宋公縊匜	설문해자

'殷'는 갑골문과 금문 그리고 소전의 자형이 모두 '𠂤'와 '殳'로 이루어져 있다. 금문 <신진화(臣辰盉)>에서는 여기에 '宀(면)'이 더해지기도 하였다.

'𠂤'는 임신한 사람을 그린 '身'자를 뒤집어 놓은 글자로서 '身'자와 같고, '殳'는 손에 연장을 들고 있는 모양으로 일한다는 뜻을 나타낸다. 혹시 임신부를 진찰한다는 뜻이 아닌가 한다. 하록(夏渌)은 '殷'을 '醫(의)'사의 고자(古字)라고 하였다.(≪형음의자전(形音義字典)≫에서 재인용)

한편 마서륜(馬敍倫)은 '殷'자는 '殳'가 의미부분이고, '𠂤'는 발음부분으로 '醫'자와 발음이 같은 전주자(轉注字)라고 하였다.(≪독금기각사(讀金器刻詞)≫)

②≪주역·예괘(豫卦)≫에 나오는 글귀.

文二.
(「정문(正文) 2자.」)

제300부 【衣】부

1(5228) 衣 (옷 의)

衣, 依也.① 上曰衣②, 下曰裳.③ 象覆二人之形.④ 凡衣之屬皆从衣.
(「衣, 옷을 '의'라고 부르는 까닭은 사람은 옷에 의지[依(의)]하기 때문이다. 웃옷은 衣라고 하고, 아래옷은 裳(상)이라고 한다. 두 사람을 뒤집은 모양을 그린 것이다. 무릇 衣부에 속하는 글자들은 모두 衣를 의미부분으로 삼는다.」)

①이것은 한(漢)나라 때 유행하던 음훈법(音訓法)에 의한 해석이다.

②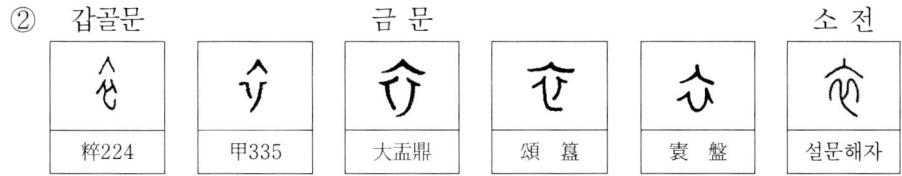

'衣'자는 갑골문과 서주(西周) 금문을 보면 웃옷[上衣(상의)]를 그린 상형자임을 알 수 있다.

나진옥(羅振玉)은 두 소매와 좌우 옷섶을 여민 모양이라고 하였다.(≪증정은허서계고석(增訂殷虛書契考釋)≫)

③왕균은 "나누어 말하면 衣와 裳으로 구분하고, 합해서 말하면 衣라고 한다.(「析言之, 則分衣裳; 渾言之, 則曰衣.」)"라고 하였다.(≪구두≫)

④갑골문과 금문을 볼 때 '衣'가 두 사람을 뒤집은 모양을 그린 것이라고 한 설명은 믿기가 어렵다.

단옥재는 "손성연(孫星衍)은 '마땅히 二. (이굉)으로 써야 한다'라고 하였다. .은 肱(굉)의 고문(古文)이다. 본인은 다음과 같이 주장한다. <인부(人部)>에서 이 부(즉 <衣부>) 그리고 다음의 <로부(老部)>·<시부(尸部)>에 수록된 글자들은 모두 人(인)을 썼는데, 衣자는 人을 쓰지 않았으니 여기에 배열될 까닭이 없다. 그래서 서개는 (≪계전≫) <의의편(疑義篇)>에서 衣자에 대하여 '≪설문해자≫ 글자체와 소전(小篆)이 다름이 있다'라고 말한 것이다. 요즘 사람들은 소전을 衣로 쓰는데, 이는 글자체를 변형·가공한 것이다. 다음에 나오는 表(표)·襲(습)·袤(무)·裔(예) 등 네 글자의 고문에서는 모두 衣로 썼으니, 곧 고문에서는 人자 둘을 썼음을 알 수 있다. 요즘 사람들은 卒(졸)자 역시 人자 둘을 쓴다.(「孫氏星衍曰:

'當作二⼃.' ⼃, 古文肱也. 玉裁謂: 自<人部>至此部及下文<老部>・<尸部>字皆从人. 衣篆非从人, 則無由次此. 故楚金疑義篇作㐿, 云: '≪說文≫字體與小篆有異.' 今人小篆作㐿, 乃是變體求工耳. 下文表襲裵裔四古文皆从㐿, 則知古文从二人也. 今人作卒字亦从二人..」"라고 하였다.(≪주≫)

≪계전≫과 ≪구두≫에는 '形(형)'자 다음에 '也(야)'자가 한 글자 더 있다.

2(5229) 裁 (마름질할 재)

裁, 制衣也. 从衣, 𢦐聲.①
(「裁는 옷을 마름질한다는 뜻이다. 衣는 의미부분이고, 𢦐(재)는 발음부분이다.」)

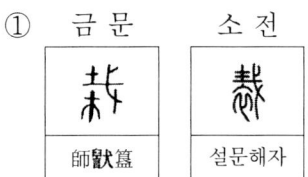

① 금문   소전
   師𤞷簋 설문해자

갑골문에는 '裁'자가 보이지 않고, 서주(西周) 금문에서는 '衣' 대신 '市(슬갑 불)'을 썼다.

3(5230) 袞 (곤룡포 곤)

袞①, 天子享先王②. 卷龍繡於下幅③, 一龍蟠阿上鄉.④ 从衣, 公聲.⑤
(「袞은 천자(天子)가 선왕(先王)의 제사를 올릴 때 입는 옷을 뜻한다. 굽은 모양의 용이 아래쪽 한 폭에 수놓아져 있는데, 한 마리의 용이 꿈틀거리며 머리를 쳐들고 올라가는 모습을 하고 있다. 衣는 의미부분이고, 公(공)은 발음부분이다.」)

①≪주≫에서는 '袞'을 '裧' 즉 '裧'으로 썼다.
②≪주≫와 ≪의증≫에서는 '享(향)'을 '𩝝'으로 썼다.

≪주≫에는 이 구절 뒤에 '句(구)'라는 마침표 표시가 있다. 즉 여기에서 문장이 일단 끊어진다는 의미이다. 여기에서도 이에 따라 해석하였다.

단옥재는 "≪주례(周禮)・종백(宗伯)≫ 사복(司服)조에 이르기를: '왕의 예복(禮服): 선왕의 제사를 올릴 때 입는 복장은 袞과 冕(면)이다'라고 하였는데, 이에 대해 鄭仲師云: '袞, 卷龍衣也.'(「≪周禮・司服≫曰: '王之吉服: 享先王則袞冕.' 鄭仲師云: '袞, 卷龍衣也.'」)"라고 하였다.

③≪계전≫·≪주≫·≪구두≫ 등에는 '下(하)'자 다음에 '裳(상)'자가 한 글자 더 있다.

또 ≪주≫에서는 '裳'을 '常(상)'으로 썼다.

④정복보(丁福保)는 "蟠阿(반아)는 용의 몸이 굽었다는 뜻이다. 上嚮(상향)(즉 上鄕)은 용의 머리가 위로 올라가고 있다는 뜻이다.(「蟠阿者, 龍身曲也. 上嚮者, 龍首上升也..」)"라고 하였다.(≪설문해자고림(說文解字詁林)≫)

⑤ 금 문   소 전

갑골문에는 '袞'자가 보이지 않는다.

서주(西周) 금문의 자형은 '衣'와 '仌(연)'으로 이루어져 있다.

≪주≫에서도 '公'을 '仌'으로 썼다.

4(5231) 襢 (붉은 저사옷 전)

襢, 丹縠衣.① 从衣, 亶聲.

(「襢은 붉은 색의 가는 비단으로 만든 옷을 뜻한다. 衣는 의미부분이고, 亶(전)은 발음부분이다.」)

①≪주≫와 ≪통훈정성≫에는 '衣'자 다음에 '也(야)'자가 한 글자 더 있다.

5(5232) 褕 (아름다운 옷 유, 황후의 옷 유)

褕, 翟, 羽飾衣.① 从衣, 俞聲. 一曰直裾謂之襜褕.

(「褕는 유적(褕翟)으로, 꿩의 깃털을 써서 무늬를 장식한 옷을 뜻한다. 衣는 의미부분이고, 俞(유)는 발음부분이다. 일설에는 홑옷을 일컬어 첨유(襜褕)라고 한다고도 한다.」)

①≪주≫와 ≪통훈정성≫에는 '翟'자 앞에 '褕'자가 한 글자 더 있다.

단옥재는 ≪모시(毛詩)≫에 근거하여 보충하였다고 하였다.(≪주≫)

계복은 ≪삼례육복도(三禮六服圖)≫를 인용하여 "褕狄(유적)(즉 褕翟)은 왕후가 왕을 따라 선조의 제사를 지낼 때 입는 옷이다. 후(侯)와 백(伯)의 부인들은 군

(君)을 따라 종묘에 제례를 올릴 때 입는다.(「褕狄, 王后從王祭先公之服也. 侯伯之夫人服以從君祭宗廟.」)"라고 하였다.(≪의증≫)

6(5233) 袗 (고운 옷 진, 홑옷 진)

袗, 玄服.① 从衣, 㐱聲. 𧚡, 袗或从辰.②
(「袗은 검은 색의 옷을 뜻한다. 衣는 의미부분이고, 㐱(진)은 발음부분이다. (5233-1) 𧚡은 袗의 혹체자(或體字)로 (㐱 대신) 辰(진·신)을 썼다.」)

①≪계전≫에서는 '玄(현)'을 '袨(고운 옷 현)'으로 썼다.
또 ≪통훈정성≫과 ≪구두≫에는 '服(복)'자 다음에 '也(야)'자가 한 글자 더 있다.
한편 ≪주≫에서는 (5232) '褕(유)'자 다음에 '袀(균)'자를 수록하고 있고, 그 다음에 '袗'자를 소개하고 있다. 해설 또한 다른 판본과 다른데, 그 내용을 소개하면 아래와 같다.
"袀, 玄服也. 从衣, 勻聲. 讀若均.(「袀은 검은 옷을 뜻한다. 衣는 의미부분이고, 勻(균)은 발음부분이다. 均(균)처럼 읽는다.」)"
"袗, 襌衣也. 一曰盛服. 从衣, 㐱聲. 𧚡, 袗或从辰.(「袗은 홑옷을 뜻한다. 일설에는 고운 옷을 뜻한다고도 한다. 衣는 의미부분이고, 㐱은 발음부분이다. 𧚡은 袗의 혹체자로 (㐱 대신) 辰을 썼다.」)"
오늘날 쓰이는 용례로 보면 ≪주≫의 해설이 맞다고 할 수 있다.

② | 갑골문 | 소 전 | 혹 체 |
|---|---|---|
| 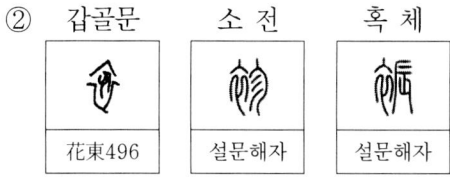 | | |
| 花東496 | 설문해자 | 설문해자 |

'袗'자는 갑골문을 보면 '衣'와 '辰'으로 이루어져 있다. 이 자형은 ≪설문해자≫에 수록된 혹체자와 같은 구성이다.

7(5234) 表 (겉 표)

表, 上衣也.① 从衣, 从毛.② 古者衣裘, 以毛爲表.③ 襮, 古文表, 从麃.
(「表는 웃옷을 뜻한다. 衣와 毛(모)는 (모두) 의미부분이다. 옛날 가죽옷을 입을 때는, 털이 있는 쪽을 바깥으로 입었다. (5234-1) 襮는 表의 고문(古文)으로, (毛 대신) 麃(포)를 썼다.」)

①≪계전≫에는 '衣'자 다음의 '也(야)'자가 없다.

②소전에서는 '表'자를 '裘'로 썼다. '表'는 '裘'의 예서체이다.

③≪계전≫·≪주≫·≪구두≫ 등에는 '以(이)'자 앞에 '故(고)'자가 한 글자 더 있다.

또 ≪구두≫에는 '表'자 다음에 '也'자가 한 글자 더 있다.

서개는 "옛날에는 가죽으로 옷을 만들었는데, 털이 모두 바깥쪽에 있었다. 그래서 옷의 털이 바깥이라는 뜻이 된 것이다. 회의(會意)이다.(「古以皮爲裘, 毛皆在外, 故衣毛爲表. 會意.」)"라고 하였고(≪계전≫), 단옥재는 "옛날에는 裘(가죽옷 구)를 입었다는 것은 아직 면직물이 없어서 털 달린 가죽옷을 입었음을 일컫는 것이다. 가죽옷을 입을 때는 털이 바깥쪽에 있었기 때문에, 그래서 裘를 만들 때 털을 바깥쪽으로 가도록 하였다. 衣와 毛를 가지고 (바깥쪽이라는 뜻의) 表자를 만든 것은 옛날 일을 잊지 않고 있음을 보여준다.(「古者衣裘, 謂未有麻絲, 衣羽皮也. 衣皮時毛在外, 故裘之制毛在外. 以衣毛製爲表字, 示不忘古.」)"라고 하였다(≪주≫).

8(5235) 裏 (속 리)

裏, 衣內也.① 从衣, 里聲.②

(「裏는 옷의 안쪽을 뜻한다. 衣는 의미부분이고, 里(리)는 발음부분이다.」)

①≪계전≫에는 '內(내)'자 다음의 '也(야)'자가 없다.

②

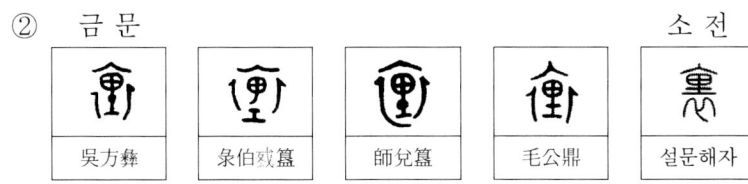

갑골문에는 '裏'자가 보이지 않는다.

서주(西周) 금문과 소전의 자형은 모두 '衣'와 '里'로 이루어져 있다.

9(5236) 襁 (포대기 강)

襁, 負兒衣.① 从衣, 強聲.

(「襁은 어린아이를 업을 때 쓰는 옷(즉 포대기)을 뜻한다. 衣는 의미부분이고, 強(강)은 발음부분이다.」)

①단옥재는 "내 생각에, 옛날에 (포대기를 뜻하는 '강보'는) '繈緥'로 써서, 糸(사·멱)변을 썼지 衣변을 쓰지 않았다. 잘 모르는 사람이 그 뜻을 알지 못하여 褓자를 여기에 더한 것이다.(「按: 古繈緥字, 从糸不从衣. 淺人不得其解, 而增褓篆於此.」)"라고 하였다.(≪주≫)

≪통훈정성≫에는 '衣'자 다음에 '也(야)'자가 한 글자 더 있다.

10(5237) 襋 (옷깃 극)

襋, 衣領也.① 从衣, 棘聲. ≪詩≫曰: "要之襋之."②
(「襋은 옷깃을 뜻한다. 衣는 의미부분이고, 棘(극)은 발음부분이다. ≪시경(詩經)≫에 이르기를 "치마허리와 옷깃을 잘 꿰맸네."라고 하였다.」)

①≪계전≫에는 '領(령)'자 다음의 '也(야)'자가 없다.
②≪시경·위풍(魏風)·갈구(葛屨)≫에 나오는 글귀.

11(5238) 襮 (수놓은 옷깃 박)

襮, 黼領也.① 从衣, 暴聲.② ≪詩≫曰: "素衣朱襮."③
(「襮은 흰색과 검은 색을 번갈아 수(繡)를 놓은 옷깃을 뜻한다. 衣는 의미부분이고, 暴(포·폭)은 발음부분이다. ≪시경(詩經)≫에 이르기를 "흰 옷에 붉은 색과 검은 색을 번갈아 수를 놓은 깃을 달았네."라고 하였다.」)

①≪계전≫에는 '領(령)'자 다음의 '也(야)'자가 없다.

② 금 문   소 전

쟀方鼎 　 설문해자

갑골문에는 '襮'자가 보이지 않고, 서주(西周) 금문의 자형은 '衣'와 '虣'로 이루어진 ''로 썼다. '虣'는 오늘날의 虣(사나울 포)'자이다.

참고로 '虣'자는 창을 가지고 호랑이와 싸우는 모양을 그린 것으로, '사납다'라는 뜻을 나타낼 때의 '暴'자의 본자(本字)이다.

≪통훈정성≫에서는 '暴'을 '暴'으로 썼다.

③≪시경·당풍(唐風)·양지수(揚之水)≫에 나오는 글귀.

서호(徐灝)는 '朱襮(주폭)'은 붉은 실[朱絲(주사)]과 검은 실[黑絲(흑사)]을 가지고 만들었다는 뜻이라고 하였다.(≪설문해자주전(說文解字注箋)≫)

12(5239) 衽 (옷깃 임)

衽, 衣裣也. 从衣, 壬聲.
(「衽은 옷깃을 뜻한다.① 衣는 의미부분이고, 壬(임)은 발음부분이다.」)

①≪계전≫에는 '裣(옷깃 금)'을 '衿(금)'으로 썼고, 그 다음의 '也(야)'자가 없다. 오늘날 '裣'자는 '襟(금)'으로 많이 쓴다.
이에 대해 뉴수옥은 ≪설문해자≫에는 '衿'자가 없으므로 이는 틀린 것이라고 하였다.(≪교록≫)

13(5240) 褛 (옷 해질 루)

褛, 衽也. 从衣, 婁聲.
(「褛는 옷깃을 뜻한다. 衣는 의미부분이고, 婁(루)는 발음부분이다.」)

14(5241) 褽 (깔 외, 옷깃 외)

褽, 衽也.① 从衣, 尉聲.
(「褽는 옷깃을 뜻한다. 衣는 의미부분이고, 尉(위)는 발음부분이다.」)

①≪계전≫에는 '衽(옷깃 임)'자 다음의 '也(야)'자가 없다.
단옥재는 "여기서의 衽은 마땅히 衽席(임석)이라고 풀이해야 한다.(「此衽當訓衽席.」)"라고 하였다.(≪주≫)
계복 역시 ≪광운(廣韻)≫에서 ≪문자음의(文字音義)≫를 인용하여, "衽은 (누울 때 쓰는) 깔개를 뜻한다.(「衽, 臥席也.」)"라고 하였다고 하였다.(≪의증≫)

15(5242) 褋 (옷깃 단 칩; 옷 해질 삽)

褋, 裣緣也.① 从衣, 聿聲.
(「褋은 옷깃의 단을 뜻한다. 衣는 의미부분이고, 聿(섭)은 발음부분이다.」)

①≪계전≫에는 '緣(옷단 단; 인연 연)'자 다음의 '也(야)'자가 없다.

16(5243) 衿 (옷깃 금)①

衿, 交衽也.② 从衣, 金聲.③
(「衿은 옷깃을 뜻한다. 衣는 의미부분이고, 金(금)은 발음부분이다.」)

①오늘날 이 뜻으로는 '衿(금)' 또는 '襟(금)'자를 많이 쓴다.
'衿'은 '衿'의 정자(正字)이고, '襟'은 이 글자들이 나온 다음에 생긴 형성자이다.
②≪계전≫에는 '衽(옷깃 임)'자 다음의 '也(야)'자가 없다.
서호(徐灝)는 "옷 앞의 깃은 안과 밖이 서로 교차한다. 그래서 이를 交衽(교임)이라고 하는 것이다.(「衣前衿內外相交, 故謂之交衽.」)"라고 하였다.(≪설문해자주전(說文解字注箋)≫)

③ 금 문   소 전

갑골문에는 '衿'자가 보이지 않는다.
서주(西周) 금문과 소전의 자형은 모두 '衣'와 '金'으로 이루어져 있다.

17(5244) 禕 (휘장 위; 왕후의 옷 휘)

禕, 蔽厀也.① 从衣, 韋聲.② ≪周禮≫曰: "王后之服禕衣"③, 謂畫袍.
(「禕는 무릎 가리개를 뜻한다. 衣는 의미부분이고, 韋(위)는 발음부분이다. ≪주례(周禮)≫에 이르기를 "왕후의 제사복(祭祀服) 禕衣"라고 하였는데, 이는 꿩을 그린 외투를 일컫는 것이다.」)

①≪계전≫에는 '厀(슬)'자 다음의 '也(야)'자가 없다.
참고로 오늘날 '무릎 슬'자는 '膝'로 쓴다. ≪대한한사전(大漢韓辭典)≫에서는 '厀'을 '膝'의 본자(本字)라고 하였다.

② 갑골문   소 전

'禪'자는 갑골문을 보면 '衣'와 '衛(위)'로 이루어져 있다.
③≪주례·천관(天官)≫ 내사복(內司服)조에 나오는 글귀.

18(5245) 袾 (옷 앞섶 부)

袾, 襲袾也.① 从衣, 夫聲.
(「袾는 옷 앞섶을 뜻한다. 衣는 의미부분이고, 夫(부)는 발음부분이다.」)

①≪계전≫에는 '袾'자 다음의 '也(야)'자가 없다.
한편 ≪구두≫에서는 ≪육서고(六書故)≫에 근거하여 이다음에 "一曰前袷.(「일설에는 전금(前袷, 옷 앞섶을 뜻함)이라고도 한다.」)"라는 글귀를 보충하였다.

19(5246) 襲 (옷 덧입을 습, 기습할 습)

襲, 左衽袍.① 从衣, 龖省聲.② 襲, 籀文襲不省.③
(「襲은 왼 쪽으로 옷깃을 여민 옷을 뜻한다. 衣는 의미부분이고, 龖(답·삽)의 생략형은 발음부분이다. (5245-1) 襲은 주문(籀文)으로 생략되지 않은 형태이다.」)

①'왼 쪽으로 옷깃을 여민 옷'이라는 것은 죽은 사람에게 입히는 옷을 의미한다.
≪구두≫에서는 "重衣也.(「옷을 덧입는다는 뜻이다.」)"라고 하였다.
≪옥편(玉篇)·의부(衣部)≫를 보면 "襲은 방비(防備)하지 않을 때 공격한다는 뜻이다.(「襲, 掩其不備也.」)"라고 하였다.
≪주≫에서는 '左(좌)'를 'ナ'로 썼다.
≪통훈정성≫에는 '袍(포)'자 다음에 '也(야)'자가 한 글자 더 있다.
②≪구두≫에는 이다음에 "一曰因也. 一曰左衽袍也.(「일설에는 이어받는다는 뜻이라고도 한다. 일설에는 왼 쪽으로 옷깃을 여민 옷을 뜻한다고도 한다.」)"라는 글귀가 더 있다.

③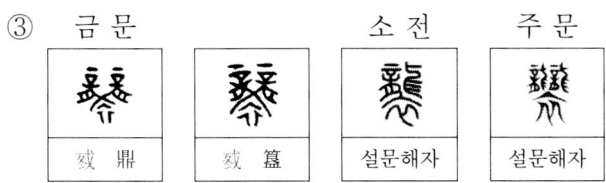

갑골문에는 '襲'자가 보이지 않는다.
서주(西周) 금문의 자형은 ≪설문해자≫에 수록된 주문과 비슷한 형태이다.

20(5247) 袍 (도포 포)

袍, 襺也.① 从衣, 包聲. ≪論語≫曰: "衣弊縕袍."②
(「袍는 솜옷을 뜻한다. 衣는 의미부분이고, 包(포)는 발음부분이다. ≪논어(論語)≫에 이르기를 "해진 솜옷 도포를 입었다."라고 하였다.」)

　①≪계전≫에는 '襺(솜옷 견)'자 다음의 '也(야)'자가 없다.
　②현재 전해지는 ≪논어·자한(子罕)≫에서는 '弊(폐)'를 '敝(폐)'로 썼다. ≪계전≫·≪주≫·≪통훈정성≫·≪구두≫ 등에서도 '弊'를 '敝'로 썼다.

21(5248) 襺 (솜옷 견)

襺, 袍衣也.① 从衣, 繭聲. 以絮曰襺, 以縕曰袍. ≪春秋傳≫曰: "盛夏重襺."②
(「襺은 솜옷 도포를 뜻한다. 衣는 의미부분이고, 繭(견)은 발음부분이다. 새 솜으로 만든 것을 襺이라고 하고, 헌 솜으로 만든 것을 袍(포)라고 한다. ≪춘추전(春秋傳)≫에 이르기를 "한 여름에 겹 솜옷 도포."라고 하였다.」)

　①≪계전≫에는 '衣'자 다음의 '也(야)'자가 없다.
　②≪춘추좌전(春秋左傳)·양공(襄公) 21년≫에 나오는 내용을 요약한 글귀. 현재 전해지는 판본에서는 '襺'을 '繭(고치 견)'으로 썼다.

22(5249) 襟 (홑옷 접)

襟①, 南楚謂禪衣曰襟.② 从衣, 葉聲.③
(「襟, 초(楚) 지방 남부에서는 홑옷을 일컬어 襟이라고 한다. 衣는 의미부분이고, 葉(엽)은 발음부분이다.」)

　①≪주≫와 ≪통훈정성≫에서는 '襟'을 '褋' 즉 '褋'으로 썼다.
　②≪방언(方言)≫ <권4>를 보면 "홑옷을 장강(長江)·회수(淮水)·초 지방 남부에서는 褋(접)이라고 한다.(「禪衣, 江·淮·南楚之間謂之褋.」)"라고 하였다.
　③≪주≫와 ≪통훈정성≫에서는 '葉'을 '枼(엽)'으로 썼다.

23(5250) 袤 (길이 무)

袤, 衣帶以上. 从衣, 矛聲.① 一曰: 南北曰袤, 東西曰廣. 𧝓, 籒文袤, 从楙.

(「褏는 옷의 허리띠 이상을 뜻한다. 衣는 의미부분이고, 矛(모)는 발음부분이다. 일설에 남북의 길이는 褏라고 하고, 동서의 길이는 廣(광)이라고 한다고도 한다. (5250-1) 襎는 褏의 주문(籒文)으로 (矛 대신) 楙(무)를 썼다.」)

① 금문 소전 주문
師酉鼎 설문해자 설문해자

갑골문에는 '褏'자가 보이지 않고, 서주(西周) 금문과 소전의 자형은 '褏'로 같다.

24(5251) 襘 (옷고름 괴, 띠 맬 괴)

襘, 帶所結也.① 从衣, 會聲. ≪春秋傳≫曰: "衣有襘."②
(「襘는 허리띠를 매는 자리를 뜻한다. 衣는 의미부분이고, 會(회)는 발음부분이다. ≪춘추전(春秋傳)≫에 이르기를 "옷에는 옷고름이 있다."라고 하였다.」)

①≪계전≫에는 '結(결)'자 다음의 '也(야)'자가 없다.
한편 ≪통훈정성≫에서는 "領會也.(「옷깃이 만나는 곳(즉 옷고름)을 뜻한다.」)"라고 하였다.

②≪춘추좌전(春秋左傳)·소공(昭公) 11년≫에 나오는 글귀.
장순휘(張舜徽)는 "사물에는 고유명사[專名(전명)]가 있고, 공통명사[共名(공명)]가 있다. 두예(杜預)가 말하는 領會(영회)는 襘이고, 허리띠를 매는 것[帶結(대결)]은 結이라고 하는 것은 고유명사로서, 이른바 나누어서 말하면[析言(석언)] 구별이 있다. 옛사람들은 襘를 옷고름(을 맨다는 뜻)과 허리띠를 맨다는 뜻의 공통명사로도 썼는데, 이른바 합해서 말하면[渾言(혼언)] 구별이 없다. 두예는 나누어서 말한 것이고, 허신은 혼합해서 말한 것일 따름이다.(「物有專名, 有共名. 杜氏所云領會爲襘, 帶結爲結, 乃專名也, 所謂析言有別也. 古人亦以襘爲領會帶結之共名, 所謂渾言無別也. 杜析言之, 許則渾言之耳.」)"라고 하였다.(≪설문해자약주(說文解字約注)≫)

25(5252) 褧 (홑옷 경)

褧, 檾也.① ≪詩≫曰: "衣錦褧衣"②, 示反古.③ 从衣, 耿聲.

(「襞은 베로 만든 홑옷을 뜻한다. ≪시경(詩經)≫에 이르기를 "비단옷 밖으로 베옷을 입었네"라고 하였는데, 이는 옛것으로 돌아감을 나타내는 것이다. 衣는 의미부분이고, 耿(경)은 발음부분이다.」)

①≪주≫에는 '褧(어저귀 경)'자 뒤에 '衣'자가 한 글자 더 있다.
②≪시경≫ <위풍(衛風)·석인(碩人)>과 <정풍(鄭風)·봉(丰)>에 나오는 글귀.
③단옥재는 "옛것이란 베로 만든 것을 뜻한다. 대체로 먼저 베[麻(마)]가 있은 다음에 면[絲(사)]이 있었다.(「古者麻絲之作. 蓋先麻而後絲.」)"라고 하였다. (≪주≫)

26(5253) 袛 (속적삼 저)

袛, 袛裯①, 短衣.② 从衣, 氐聲.
(「袛는 袛裯(저주)로, 짧은 웃옷을 뜻한다. 衣는 의미부분이고, 氐(저)는 발음부분이다.」)

①≪방언(方言)≫ <권4>를 보면 "속적삼을 장강(長江)·회수(淮水)·초(楚) 남부 지역 사이에서는 襘(괴)라고 하고, 함곡관(函谷關) 서쪽 지역에서는 袛裯라고 하기도 한다. 함곡관 동쪽 지역에서는 甲襦(갑유)라고 하며, 진(陳)·위(魏)·송(宋)·초(楚) 지방 사이에서는 襜襦(첨유)라고 하거나 또는 襌襦(단유)라고 한다.(「汗襦, 江·淮·南楚之間謂之襘, 自關而西或謂之袛裯. 自關而東謂之甲襦, 陳·魏·宋·楚之間謂之襜襦, 或謂之襌襦.」)"라고 하였다.
②≪주≫와 ≪통훈정성≫에는 '衣'자 다음에 '也(야)'자가 한 글자 더 있다.

27(5254) 裯 (홑옷 주; 소매 도)

裯, 衣袂, 袛裯.① 从衣, 周聲.
(「裯는 옷소매를 뜻하는데, 袛裯(저주, 즉 짧은 웃옷)이다. 衣는 의미부분이고, 周(주)는 발음부분이다.」)

①단옥재는 "전체 책의 예에 의거하면, 여기는 마땅히 '裯는 袛裯이다.(「裯, 袛裯也.」)'라고 해야 한다. '衣袂(의몌)' 두 글자는 아마 잘못 덧붙여진 것일 것이다.(「依全書之例, 此當云'袛裯'也. 衣袂二字蓋誤衍.」)"라고 하였다.(≪주≫)
한편 ≪구두≫에서는 ≪육서고(六書故)≫에 근거하여 '衣袂'를 '衣被(의피, 옷을 뜻함)'로 고쳐 썼다.

참고로 ≪방언(方言)≫ <권4>를 보면 "裯를 일컬어 襤이라고 한다.(「裯謂之襤.」)"라고 하였는데, 이에 대해 곽박(郭璞)은 "祇裯(저주)는 헤진 옷을 뜻한다. 襤褸(람루)라고도 일컫는다.(「祇裯, 敝衣. 亦謂襤褸.」)"라고 주를 하였다.

28(5255) 襤 (옷 해질 람)

襤, 裯謂之襤褸.① 襤, 無緣也.② 从衣, 監聲.
(「襤, 짧은 웃옷을 일컬어 람루(襤褸)라고 한다. 襤은 (옷에) 단이 없다는 뜻이다. 衣는 의미부분이고, 監(감)은 발음부분이다.」)

①≪방언(方言)≫ <권4>를 보면 "저고리를 장강(長江)·회수(淮水)·초(楚) 지방 남부에서는 襌襦(동용)이라고 하고, 함곡관(函谷關) 서쪽 지역에서는 襜襦(첨유)라고 하고, 짧은 것을 短襦(단유)라고 한다. 베로 만들어져 단이 없고, 헤져서 기운 것을 일컬어 襤褸라고 한다.(「襜襦, 江·淮·南楚謂之襌襦, 自關而西謂之襜襦, 其短者謂之短襦. 以布而無緣, 敝而紩之, 謂之襤褸.」)"라고 하였고, 또 "초(楚) 지방에서는 단이 없는 옷을 襤이라고 하고, 기운 옷을 褸라고 하며, 진(秦) 지방에서는 緻(치)라고 한다. 함곡관 서쪽 지역과 진(秦)과 진(晉) 지방 사이에서는 단이 없는 옷을 일컬어 祆裾(충굴)이라고 한다.(「楚謂無緣之衣曰襤, 紩衣謂之褸, 秦謂之緻. 自關而西秦晉之間無緣衣謂之祆裾.」)"라고 하였다.

단옥재는 "내 생각에, ≪설문해자≫에서의 褸자는 쓸데없이 덧붙여진 듯하다. 祇裯(저조)는 襤이라고도 한다. 곽박(郭璞)의 주장보다 못하다.(「按: ≪說文≫褸字疑衍. 祇裯亦名襤耳. 不如郭說也.」)"라고 하였다.(≪주≫)(바로 앞에 나온 (5254) '裯'자 주해 ①번 곽박의 주 참조)

②≪주≫와 ≪구두≫에서는 ≪고금운회(古今韻會)≫에 근거하여 '緣(옷단 단; 인연 연)'자 다음에 '衣'자 한 글자를 보충하였다.

29(5256) 褡 (소매 없는 옷 타)

褡, 無袂衣謂之褡.① 从衣, 惰省聲.
(「褡, 소매 없는 옷을 일컬어 褡라고 한다. 衣는 의미부분이고, 惰(타)의 생략형은 발음부분이다.」)

①≪방언(方言)≫ <권4>에 보인다.

30(5257) 褦 (독)①

褦, 衣躬縫.② 从衣, 毒聲. 讀若督.

(「褦은 옷의 등판을 꿰맨 부분(즉 등솔기)을 뜻한다. 衣는 의미부분이고, 毒(독)은 발음부분이다. 督(독)처럼 읽는다.」)

①'褦'자는 ≪대한한사전(大漢韓辭典)≫에 보이지 않는다.

발음은 ≪광운(廣韻)≫에 따르면 '都導切(도도절)' 즉 '도'와 '冬毒切(동독절)' 즉 '독' 등 두 가지이다.

한편 대서본 ≪설문해자≫·≪주≫·≪의증≫·≪구두≫·≪교록≫ 등에서는 모두 '冬毒切' 즉 '독'이라고 하였다. 여기에서는 공통된 발음인 '독'으로 부르겠다.

②≪통훈정성≫에는 '縫(봉)'자 다음에 '也(야)'자가 한 글자 더 있다.

경전에서는 이 뜻으로 '裻(등솔기 독)'자를 쓴다.(뒤에 나오는 (5282) '裻'자 참조)

소영(邵瑛)은 '躬(궁)'은 '背(배)'로 써야 하며, '등솔기'라는 뜻으로는 '褦'자가 정자(正字)라고 하였다.(≪군경정자(群經正字)≫)

31(5258) 袪 (소매 거)

袪, 衣袂也.① 从衣, 去聲. 一曰: 袪, 褱也. 褱者, 袌也. 袪, 尺二寸. ≪春秋傳≫曰: "披斬其袪."②

(「袪는 옷소매를 뜻한다. 衣는 의미부분이고, 去(거)는 발음부분이다. 일설에 袪는 褱(품을 회)라고도 한다. 褱는 주머니를 뜻한다. 袪는 1척(尺) 2촌(寸)이다. ≪춘추전(春秋傳)≫에 이르기를 "(환관) 披(피)가 그 소매를 잘라냈다."라고 하였다.」)

①≪계전≫에는 '袂(소매 몌)'자 다음의 '也(야)'자가 없다.

②≪춘추좌전(春秋左傳)·희공(僖公) 5년≫에 나오는 글귀.

32(5259) 褎 (소매 수)

褎, 袂也.① 从衣, 采聲. 袖, 俗褎, 从由.

(「褎는 소매를 뜻한다. 衣는 의미부분이고, 采(수)는 발음부분이다. (5259-1) 袖는 褎의 속자(俗字)로 (采 대신) 由(유)를 썼다.」)

①≪계전≫에는 '袂(몌)'자 다음의 '也(야)'자가 없다.

33(5260) 袂 (소매 메)

袂, 袖也.① 从衣, 夬聲.

(「袂는 소매를 뜻한다. 衣는 의미부분이고, 夬(쾌)는 발음부분이다.」)

　①'袂'와 (5259) '褎(수)'는 전주(轉注) 관계이다.

　≪계전≫에는 '袖(수)'자 다음의 '也(야)'자가 없다.

　한편 ≪주≫에서는 '袖'를 '褎'로 썼다.

　참고로 바로 앞에 나온 '褎'자를 보면 '袖'는 '褎'의 속자(俗字)로 소개되고 있으므로, 단옥재는 정자(正字)를 쓴 것이다.

34(5261) 褢 (품을 회)

褢, 袖也.① 一曰: 藏也. 从衣, 鬼聲.

(「褢는 소매를 뜻한다. 일설에는 저장(貯藏)한다는 뜻이라고도 한다. 衣는 의미부분이고, 鬼(귀)는 발음부분이다.」)

　①≪주≫에서는 '袖(수)'를 '褎(수)'로 썼다.

35(5262) 褱 (품을 회)

褱, 俠也.① 从衣, 眔聲.② 一曰: 橐.③

(「褱는 품는다는 뜻이다. 衣는 의미부분이고, 眔(답)은 발음부분이다. 일설에는 주머니를 뜻한다고도 한다.」)

　①≪통훈정성≫에서는 '俠(협)'을 '夾(협)'으로 썼다.

　또 주준성은 "(이 글자는) 褢(회)와 거의 같다. 옷에 품는 것은 褱라고 하고, 손에 쥐는 것은 握(악)이라고 하고, 그릇에 두는 것은 匿(닉)이라고 한다.(「與褢略同. 在衣曰褱, 在乎(手)曰握, 在器曰匿.」)"라고 하였다.(≪통훈정성≫)

　계복(≪의증≫)과 왕균(≪구두≫)은 모진(毛晉)의 급고각본(汲古閣本) 초인본(初印本)에는 '夾'으로 되어 있다고 하였다.

　한편 단옥재는 '俠'은 '夾(물건 훔칠 섬·석)'을 잘못 옮겨 쓴 것이라고 하였다. (≪주≫)

　참고로 제10편 하 제390부 <역부(亦部)> (6581) '夾'자 해설을 보면, "夾, 盜竊褱物也. 从亦有所持. 俗謂蔽人俾夾, 是也.(「夾은 물건을 훔쳐 가슴에 품는다는 뜻

이다. 겨드랑이에 무엇인가를 끼고 있는 형태이다. 속칭 '사람을 보이지 않게 낀다'라고 하는데, 바로 이것이다.」)"라고 하였다.

② 서주 금문   춘추 금문   소 전

| 沈子它簋 | 牆盤 | 毛公鼎 | 褱鼎 | 설문해자 |

갑골문에는 '褱'자가 보이지 않는다.

금문과 소전의 자형은 모두 '衣'와 '眔'으로 이루어져 있다.

서현 등은 "眔은 발음부분이 아니다. 자세한 것은 모르겠다.(「眔非聲, 未詳.」)"라고 하였고(대서본 ≪설문해자≫), 단옥재는 '眔'은 '隶(이·대)'의 생략형이라고 하였다.

우성오(于省吾)는 "≪설문해자≫에서 褱는 衣가 의미부분이고 眔이 발음부분이라고 하였고, 褢는 衣가 의미부분이고 鬼가 발음부분이라고 하였는데, 이 두 글자는 성모(聲母)와 운모(韻母)가 모두 같다. 褱는 懷(회)의 초문(初文)이다.(「≪說文≫以褱爲從衣, 眔聲. 褢爲從衣, 鬼聲. 二字聲韻竝同. 褱卽懷之初文.」)"라고 하였고(≪쌍검치고문잡석(雙劍誃古文雜釋)·석신회(釋神褱)≫), 고홍진(高鴻縉)은 "褱는 품는다[褱抱(회포)]는 뜻으로, 衣가 의미부분이고 眔이 발음부분이다. 懷는 생각한다[懷想(회상)]는 뜻으로, 心(심)이 의미부분이고 褱가 발음부분이다. 두 글자는 서로 다른 글자이다. 후세에 懷자가 쓰이면서 褱자는 쓰이지 않게 되었다.(「褱爲褱抱, 從衣, 眔聲. 懷爲懷想, 從心, 褱聲. 兩字有別. 後世用懷而褱字廢.」)"라고 하였다(≪모공정집석(毛公鼎集釋)≫).

③≪구두≫에서는 ≪유편(類篇)≫에 근거하여 '橐(전대 탁)'자 앞에는 '囊(주머니 낭)'자를 그리고 '橐'자 뒤에는 '也(야)'자를 한 글자씩 보충하였다.

36(5263) 褒 (주머니 포)

褒, 褱也.① 从衣, 包聲.
(「褒는 품는다는 뜻이다. 衣는 의미부분이고, 包(포)는 발음부분이다.」)

①서현 등은 현재 속자(俗字)로 '抱(포)'를 쓰는데, 이는 틀린 것이라고 하였다. (대서본 ≪설문해자≫)

한편 ≪집운(集韻)·호운(皓韻)≫을 보면 "褒는 (이체자(異體字)로) 抱로 쓰기도 한다.(「褒, 或作抱.」)"라고 하였다.

단옥재는 오늘날 '抱'자가 널리 쓰이면서 '褱'자는 잘 쓰이지 않게 되었다고 하였다.(≪주≫)

37(5264) 襜 (수레 휘장 첨, 행주치마 첨)

襜, 衣蔽前.① 从衣, 詹聲.
(「襜은 옷의 앞을 가리는 것을 뜻한다. 衣는 의미부분이고, 詹(첨)은 발음부분이다.」)

① ≪주≫에서는 '前(전)'을 '𣂒'으로 썼다. '前'은 '𣂒'의 예서체이다.
또 ≪통훈정성≫에는 '前'자 다음에 '也(야)'자가 한 글자 더 있다.

38(5265) 袥 (옷자락 탁)

袥, 衣衸. 从衣, 石聲.
(「袥은 옷의 가운데 트인 부분을 뜻한다. 衣는 의미부분이고, 石(석)은 발음부분이다.」)

39(5266) 衸 (각반 개, 옷폭 개)

衸, 袥也.① 从衣, 介聲.
(「衸는 옷의 가운데 트인 부분을 뜻한다. 衣는 의미부분이고, 介(개)는 발음부분이다.」)

① ≪계전≫에는 '袥(탁)'자 다음의 '也(야)'자가 없다.

40(5267) 襗 (속바지 탁)

襗, 絝也.① 从衣, 睪聲.
(「襗는 바지를 뜻한다. 衣는 의미부분이고, 睪(역)은 발음부분이다.」)

① ≪계전≫에는 '絝(바지 고)'자 다음의 '也(야)'자가 없다.

41(5268) 袉 (옷자락 타)

袉, 裾也. 从衣, 它聲. ≪論語≫曰: "朝服, 袉紳."①

(「袘는 웃옷의 주머니를 뜻한다. 衣는 의미부분이고, 它(타)는 발음부분이다. ≪논어(論語)≫에 이르기를 "조복(朝服)을 걸치고 허리띠를 매었다."라고 하였다.」)

①현재 전해지는 ≪논어·향당(鄕黨)≫에서는 '袘'를 '拖(끌 타)'로 썼다.

42(5269) 裾 (옷자락 거)

裾, 衣袍也.① 从衣, 居聲. 讀與居同.
(「裾는 웃옷의 주머니를 뜻한다. 衣는 의미부분이고, 居(거)는 발음부분이다. 발음은 居자와 같다.」)

①≪계전≫에는 '袍(도포 포)'자 다음의 '也(야)'자가 없다.

한편 ≪주≫와 ≪구두≫에서는 ≪고금운회(古今韻會)≫에 근거하여 '袍'를 '褱(주머니 포)'로 고쳐 썼다.

≪통훈정성≫에서도 '褱'로 썼다.

단옥재는 "윗글(5263)에서 이르기를 '褱는 품는다는 뜻이다'라고 하였다. 물건을 품는 것을 褱라고 한다. 따라서 웃옷 앞의 깃을 褱라고 하는 것이다.(「上文云: '褱, 裹也.' 裹物謂之褱. 因之衣前袘謂之褱.」)"라고 하였다.(≪주≫)

43(5270) 袆 (소매 큰 옷 우)

袆, 諸袆也.① 从衣, 于聲.
(「袆는 (부녀자들이 입는) 소매가 큰 옷을 뜻한다. 衣는 의미부분이고, 于(우)는 발음부분이다.」)

①≪계전≫에는 '袆'자 다음의 '也(야)'자가 없다.

왕균은 "諸袆(제우)는 그 이름이고, ≪옥편(玉篇)≫에서 '袆는 옷자락을 뜻한다.(「袆, 衣袍也.」)'라고 한 것은 그 뜻으로, 그 옷소매가 크다는 것을 말하는 것이다.(「諸袆, 其名也. ≪玉篇≫: '袆, 衣袍也.' 則其義也. 謂其衣褎大也.」)"라고 하였고(≪구두≫), 주준성은 "(諸袆는) 소매가 큰 옷으로, 부인들이 입는 긴 도포(道袍)와 같다.(「大掖衣, 與婦人袿衣也.」)"라고 하였다(≪통훈정성≫).

44(5271) 褰 (바지 건)

褰, 絝也.① 从衣, 寒省聲. ≪春秋傳≫曰: "徵褰與襦."②

(「褰은 바지를 뜻한다. 衣는 의미부분이고, 寒(한)의 생략형은 발음부분이다. ≪춘추전(春秋傳)≫에 이르기를 "바지와 저고리를 요구하였다."라고 하였다.」)

①≪계전≫에는 '絝(바지 고)'자 다음의 '也(야)'자가 없다.
≪방언(方言)≫ <권4>를 보면 "바지를 제(齊)와 노(魯) 지방 사이에서는 襪(건)이라고 하기도 하고 또는 襱(롱)이라고 하기도 한다. 함곡관(函谷關) 서쪽 지방에서는 袴(고)라고 한다.(「袴, 齊·魯之間謂之襪, 或謂之襱. 關西謂之袴.」)"라고 하였다.
②≪춘추좌전(春秋左傳)·소공(昭公) 25년≫에 나오는 글귀.

45(5272) 襱 (바짓가랑이 롱)

襱, 絝踦也.① 从衣, 龍聲. 襩②, 襱或从賣.③
(「襱은 바짓가랑이를 뜻한다. 衣는 의미부분이고, 龍(롱)은 발음부분이다. (5272-1) 襩(촉)은 襱의 혹체자(或體字)로 (龍 대신) 賣(매)를 썼다.」)

①≪계전≫에는 '踦(절름발이 기)'자 다음의 '也(야)'자가 없다.
②본래 혹체자는 본자(本字)와 발음과 뜻이 같고 형태만 다른 글자여야 하는데, ≪설문해자≫에는 드물지만 가끔씩 발음이 다른 혹체자가 등장하기도 한다. 그렇지만 '襩'은 '긴 두루마기'라는 뜻으로 훈(訓)도 다르다.
이에 대해 계복은 '襩'은 '襱'의 혹체자가 아니라 뒤에 나오는 (5290) '襡(통치마 촉)'자의 혹체자라고 하였고(≪의증≫), ≪옥편(玉篇)≫에서는 '襡(긴 두루마기 촉)'자의 이체자(異體字)라고 하였다.
③≪계전≫·≪주≫·≪의증≫·≪통훈정성≫·≪구두≫·≪교록≫ 등에서는 모두 '賣'를 '賣(팔 육)'으로 썼다. 소전의 자형으로 보면 이것이 맞다.
참고로 '賣'과 '賣'는 해서체로는 자형이 비슷해서 혼동되어 쓰이지만, 두 글자의 소전을 비교해보면 모양도 다를 뿐만 아니라 구성요소도 다르다.
'賣'의 소전체는 '賣'으로, '㚇(륙)'·'囧(경)'·'貝(패)'로 이루어져 있고, '賣'의 소전은 '賣' 즉 '賣'로서, '出(출)'·'网(망)'·'貝'로 이루어졌다.

46(5273) 袑 (바지 소)

袑, 絝上也.① 从衣, 召聲.

(「袑는 바지의 윗부분을 뜻한다. 衣는 의미부분이고, 召(소)는 발음부분이다.」)

①≪계전≫에는 '上(상)'자 다음의 '也(야)'자가 없다.

47(5274) 襑 (옷 클 심·탐)

襑, 衣博大.① 从衣, 尋聲.
(「襑은 옷이 넉넉하고 크다는 뜻이다. 衣는 의미부분이고, 尋(심)은 발음부분이다.」)

①≪주≫와 ≪통훈정성≫에는 '大(대)'자 다음에 '也(야)'자가 한 글자 더 있다.

48(5275) 褒① (옷 뒤 길 포)

褒, 衣博裾.② 从衣, 係省聲.③ 係, 古文保.④
(「褒는 윗옷의 넓은 주머니를 뜻한다. 衣는 의미부분이고, 係(보)의 생략형은 발음부분이다. 係는 保(보)의 고문(古文)이다.」)

①소영(邵瑛)은 "褒는 정자(正字)로는 마땅히 襃로 써야 한다. 오늘날 褒로 쓰는 것은 예서(隸書)에서의 변형된 생략형이다. ≪옥편(玉篇)≫·≪광운(廣韻)≫·≪오경문자(五經文字)≫ 등에서는 襃로 썼다.(「褒, 正字當作襃, 今作褒, 隸之省變. ≪玉篇≫·≪廣韻≫·≪五經文字≫並作襃.」)"라고 하였다.(≪설문군경정자(說文群經正字)≫)

②≪계전≫에는 '博(박)'자 앞의 '衣'자가 없다.
단옥재는 "博裾(박거)는 그 주머니가 크다는 것을 일컫는 것이다.(「博裾謂大其褒囊也.」)"라고 하였다.(≪주≫)

③≪계전≫과 ≪구두≫에서는 "孚聲.(「孚(부)는 발음부분이다.」)"이라고 하였다. 왕균은 '孚'는 '孚(부)'의 고문이라고 하였다.(≪구두≫)

④≪계전≫에는 이 글귀가 없다.
≪의증≫에서는 '係'을 '保'로 썼다.

49(5276) 褆 (포대기 체)

褆, 緥也. 从衣, 啻聲. ≪詩≫曰: "載衣之褆."①
(「褆는 포대기를 뜻한다. 衣는 의미부분이고, 啻(시)는 발음부분이다. ≪시경(詩經)≫에 이르기를 "포대기로 덮어주었네."라고 하였다.」)

①현재 전해지는 ≪시경・소아(小雅)・사간(斯干)≫에서는 '禠'를 '裼(체)'로 썼다.

50(5277) 褍 (옷 바른 폭 단)

褍, 衣正幅.① 从衣, 耑聲.
(「褍는 옷의 올바른 폭을 뜻한다. 衣는 의미부분이고, 耑(단)은 발음부분이다.」)

①≪통훈정성≫에는 '幅(폭)'자 다음에 '也(야)'자가 한 글자 더 있다.
단옥재는 "무릇 웃옷과 치마가 비스듬하고 줄이지 않은 폭을 褍이라고 한다.(「凡衣及裳不衺殺之幅曰褍.」)"라고 하였다.(≪주≫)

51(5278) 褘 (옷을 포갤 위)

褘, 重衣皃. 从衣, 圍聲. ≪爾雅≫曰: "褘褘積積."①
(「褘는 옷을 포갠 모습을 뜻한다. 衣는 의미부분이고, 圍(위)는 발음부분이다. ≪이아(爾雅)≫에 이르기를 "褘褘積積(위위괴괴)"라고 하였다.」)

①현재 전해지는 ≪이아≫에는 이러한 글귀가 없다.
또 ≪설문해자≫에는 '積(끈 괴)'자가 없다.
승배원(承培元)은 "褘褘는 옷을 포갠 모습을 뜻하는데, 덮어 씌워져서 모른다는 뜻이다. 그래서 어둡다는 뜻으로 인신되었다. 積積는 아마 모른다는 의미일 것이다.(「褘褘爲緟衣皃, 冡而無知, 故引申爲昏. 積積, 蓋無知意也.」)"라고 하였다.(≪설문인경증례(說文引經證例)≫)

52(5279) 複 (겹옷 복; 거듭 부)

複, 重衣皃.① 从衣, 复聲. 一曰複衣.
(「複은 겹옷을 뜻한다. 衣는 의미부분이고, 复(복)은 발음부분이다. 일설에는 솜옷을 뜻한다고도 한다.」)

①≪계전≫에는 '衣'자 다음의 '皃(모양 모)'자가 없다.
또한 ≪주≫・≪의증≫・≪통훈정성≫・≪구두≫・≪교록≫ 등에서는 모두 '皃'를 '也(야)'로 썼다. 여기에서도 이에 따라 번역하였다.

53(5280) 禔 (옷 두툼할 제)

禔, 衣厚禔禔.① 从衣, 是聲.
(「禔는 옷이 두툼하다는 뜻이다. 衣는 의미부분이고, 是(시)는 발음부분이다.」)

①단옥재는 "禔禔는 媞媞(제제)와 뜻이 대략 같다. ≪이아(爾雅)≫에서는 '媞媞는 편안하다는 뜻이다'라고 하였다. 또 ≪옥편(玉篇)≫과 ≪광운(廣韻)≫에 이르기를 '의복이 단정(端正)한 모습을 뜻한다'라고 하였다.(「禔禔與媞媞義略同. ≪爾雅≫曰: '媞媞, 安也.' ≪篇≫·≪韵≫又曰: '衣服端正皃.'」)"라고 하였다.(≪주≫)

54(5281) 襛 (옷 두툼할 농)

襛, 衣厚皃. 从衣, 農聲. ≪詩≫曰: "何彼襛矣."①
(「襛은 옷이 두툼한 모습을 뜻한다. 衣는 의미부분이고, 農(농)은 발음부분이다. ≪시경(詩經)≫에 이르기를 "어쩌면 저렇게 무성할까!"라고 하였다.」)

①현재 전해지는 ≪시경·소남(召南)·하피농의(何彼襛矣)≫에서는 '襛'을 '穠(무성할 농)'으로 썼다.

55(5282) 裻 (등솔기 독)

裻, 新衣聲. 一曰背縫. 从衣, 叔聲.
(「裻은 새 옷을 입는 소리이다. 일설에는 등솔기(옷의 등 가운데를 맞붙여 꿰맨 솔기)를 뜻한다고도 한다. 衣는 의미부분이고, 叔(숙)은 발음부분이다.」)

56(5283) 袳 (옷 펄 치, 땅이름 치)

袳, 衣張也. 从衣, 多聲.① ≪春秋傳≫曰: "公會齊侯于袳."②
(「袳는 옷을 편다는 뜻이다. 衣는 의미부분이고, 多(다)는 발음부분이다. ≪춘추전(春秋傳)≫에 이르기를 "환공(桓公)은 제후(齊侯)를 袳에서 만났다."라고 하였다.」)

①'袳'의 고음은 음성운(陰聲韻) *t'jia / tś'iI(치)이고, '多'의 고음은 *ta / tɑ(다)이다. 두 글자는 첫소리가 [t-] 계열로 비슷하고, 상고음의 주모음(主母音)은 [a]로 같다. 그래서 '袳'자에서 '多'가 발음부분이 될 수 있는 것이다.

②현재 전해지는 ≪춘추좌전(春秋左傳)·환공(桓公) 15년≫ 경문(經文)에는 "公會宋公·衛侯·陳侯于袳.(「환공은 송공(宋公)·위후(衛侯)·진후(陳侯) 등을 袳에서 만났다.」)"라고 되어 있다.

참고로 '袳'는 춘추(春秋)시대 송(宋)나라의 지명으로, 지금의 안휘성(安徽省) 숙현(宿縣) 서부에 있었다.

57(5284) 裔 (옷 뒷자락 예, 후손 예)

裔, 衣裾也.① 从衣, 冏聲.② 㐁, 古文裔.
(「裔는 옷의 가장자리를 뜻한다. 衣는 의미부분이고, 冏(눌)은 발음부분이다. (5284-1) 㐁는 裔의 고문(古文)이다.」)

①≪계전≫에는 '裾(거)'자 다음의 '也(야)'자가 없다.
서개는 "裾는 옷의 가장자리를 뜻한다.(「裾, 衣邊也.」)"라고 하였다.(≪계전≫)
≪주≫에서는 현응(玄應)의 ≪일체경음의(一切經音義)≫에 근거하여 '裾'를 '裙(치마 군)'으로 고쳐 썼다.

② 금문　소전　고문

陳逆簋　설문해자　설문해자

갑골문에는 '裔'자가 보이지 않는다.
전국(戰國)시대 금문과 소전의 자형은 모두 '衣'와 '冏'로 이루어져 있다.
서현 등은 "冏은 발음부분이 아니다. 옷의 가장자리 형태를 그린 것이 아닌가 한다.(「臣鉉等曰: 冏非聲. 疑象衣裾之形.」)"라고 하였다.(대서본 ≪설문해자≫)

58(5285) 衯 (옷 치렁치렁할 분)

衯, 長衣皃. 从衣, 分聲.
(「衯은 옷이 긴 모습을 뜻한다. 衣는 의미부분이고, 分(분)은 발음부분이다.」)

59(5286) 袁 (옷 치렁치렁할 원)

袁, 長衣皃. 从衣, 叀省聲.①

(「袁은 옷이 긴 모습을 뜻한다. 衣는 의미부분이고, 叀(전)의 생략형은 발음부분이다.」)

①단옥재는 "아마 叀자 고문의 생략형을 썼을 것이다.(「葢从古文叀而省.」)"라고 하였다.(≪주≫)

참고로 제4편 하 제125부 (2492) '叀'의 소전은 '𠧪'으로 썼고, 고문은 '𠧪' 즉 '𢆉'으로 썼다.

또한 ≪고문자류편(古文字類編)≫(2010)에서는 '袁'자의 갑골문으로 '𠂂'(<합집(合集) 22274>)와 같은 글자를 수록하고 있다.

60(5287) 裯 (짧은 옷 조)

裯, 短衣也.① 从衣, 鳥聲. ≪春秋傳≫曰: "有空裯."②
(「裯는 짧은 옷을 뜻한다. 衣는 의미부분이고, 鳥(조)는 발음부분이다. ≪춘추전(春秋傳)≫에 이르기를 "빈 짧은 옷이 있었다."라고 하였다.」)

①≪계전≫에는 '衣'자 다음의 '也(야)'자가 없다.
②현재 전하는 ≪춘추전≫에는 이러한 글귀가 없다.
단옥재는 ≪춘추좌전(春秋左傳)·소공(昭公) 25년≫에 나오는 '季公鳥(계공조)'를 잘못 쓴 것이 아닌가 한다고 하였다.(≪주≫)

61(5288) 褺 (겹옷 첩, 고을 이름 첩)

褺, 重衣也.① 从衣, 執聲. 巴郡有褺虹縣.②
(「褺은 겹옷을 뜻한다. 衣는 의미부분이고, 執(집)은 발음부분이다. 파군(巴郡)에 첩홍현(褺虹縣)이 있다.」)

①≪계전≫에는 '衣'자 다음의 '也(야)'자가 없다.
②≪계전≫·≪주≫·≪의증≫·≪통훈정성≫·≪구두≫·≪교록≫ 등에서는 모두 '虹(홍)'을 '江(강)'으로 썼다.
참고로 ≪한서(漢書)·지리지(地理志)≫에는 '墊江縣(점강현)'으로 되어 있다. 점강현은 지금의 사천성(四川省) 파현(巴縣)을 가리킨다.

62(5289) 裵 (옷 치렁치렁할 배, 성 배)

裵, 長衣皃. 从衣, 非聲.
(「裵는 옷이 긴 모습을 뜻한다. 衣는 의미부분이고, 非(비)는 발음부분이다.」)

63(5290) 襡 (통치마 촉)

襡, 短衣也.① 从衣, 蜀聲. 讀若蜀.
(「襡은 짧은 옷을 뜻한다. 衣는 의미부분이고, 蜀(촉)은 발음부분이다. 蜀이라고 읽는다.」)

①≪계전≫에는 '衣'자 다음의 '也(야)'자가 없다.

64(5291) 襡 (탁)①

襡, 衣至地也.② 从衣, 斲聲.
(「襡은 옷이 땅에 끌린다는 뜻이다. 衣는 의미부분이고, 斲(착)은 발음부분이다.」)

①'襡'자는 ≪대한한사전(大漢韓辭典)≫에 보이지 않는다.
발음은 ≪광운(廣韻)≫에 따르면 '丁木切(정목절)' 즉 '족'→'탁'이다.
한편 ≪계전≫에서는 '輟角反(철각반)' 즉 '착'→'탁'이라고 하였고, ≪주≫·≪의증≫·≪통훈정성≫·≪구두≫·≪교록≫ 등에서는 '竹角切(죽각절)' 즉 '작'→'탁'이라고 하였다.
②≪계전≫에는 '地(지)'자 다음의 '也(야)'자가 없다.

65(5292) 襦 (저고리 유)

襦, 短衣也.① 从衣, 需聲. 一曰㬉衣.
(「襦는 짧은 옷을 뜻한다. 衣는 의미부분이고, 需(수)는 발음부분이다. 일설에는 따뜻한 옷을 뜻한다고도 한다.」)

①≪계전≫에는 '衣'자 다음의 '也(야)'자가 없다.
주준성은 "그 길이는 무릎까지 오는데, 오늘날의 짧은 襖(오, 옷 안쪽을 솜으로 누빈 도톰한 저고리, 역주자)와 같다(「其長及膝, 若今之短襖.」)"라고 하였다.(≪통훈정성≫)

66(5293) 褊 (옷이 너풀거릴 변; 옷이 몸에 낄 편)

褊, 衣小也.① 从衣, 扁聲.
(「褊은 옷이 작다는 뜻이다. 衣는 의미부분이고, 扁(편)은 발음부분이다.」)

①≪계전≫에는 '小(소)'자 다음의 '也(야)'자가 없다.

67(5294) 袷 (둥근 깃 겁; 겹옷 겹)

袷, 衣無絮.① 从衣, 合聲.
(「袷은 옷에 솜이 들어가 있지 않다는 뜻이다. 衣는 의미부분이고, 合(합)은 발음부분이다.」)

①≪구두≫에는 '絮(솜 서)'자 다음에 '也(야)'자가 한 글자 더 있다.

68(5295) 襌 (홑옷 단)

襌, 衣不重. 从衣, 單聲.
(「襌은 옷이 겹치지 않았다는 뜻이다. 衣는 의미부분이고, 單(단)은 발음부분이다.」)

①≪통훈정성≫과 ≪구두≫에는 '重(중)'자 다음에 '也(야)'자가 한 글자 더 있다.

69(5296) 襄 (도울 양)

襄, 漢令: 解衣耕謂之襄.① 从衣, 㒰聲.② 𧞶, 古文襄.③
(「襄은 한(漢)나라 율령(律令)에 옷을 벗고 밭을 가는 것을 일컬어 襄이라고 하였다. 衣는 의미부분이고, 㒰(양)은 발음부분이다. (5296-1) 𧞶은 襄의 고문(古文)이다.」)

①≪주≫에는 '衣'와 '耕(경)'자 사이에 '而(이)'자가 한 글자 더 있다.

② 서주금문 춘추금문   전국금문   소 전   소 전

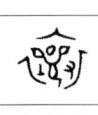

散盤   薛侯盤   穌甫人盤   鄂君舟節   설문해자   설문해자

갑골문에는 '襄'자가 보이지 않는다.

금문의 자형을 보면 사람이 두 손을 들고 옷을 벗으려고 하는 모양을 그렸다. 'ㅗ' 즉 '土(토)'는 땅을 경작한다는 뜻일 것이다. 이렇게 보면 ≪설문해자≫에서 한나라 율령을 인용하여 뜻풀이를 한 것과 같다.

③≪주≫·≪구두≫·≪교록≫ 등에서는 두 개의 '襄'자를 모두 '𧞣'으로 썼다. '襄'은 '𧞣'의 예서체이다.

70(5297) 被 (이불 피, 덮힐 피)

𬤊, 寢衣.① 長一身有半. 从衣, 皮聲.②
(「被는 이불을 뜻한다. 길이는 사람 몸 길이에 반이 더 있는 길이이다. 衣는 의미부분이고, 皮(피)는 발음부분이다.」)

①≪의증≫·≪통훈정성≫·≪구두≫·≪교록≫ 등에는 '衣'자 다음에 '也(야)'자가 한 글자 더 있다.

'被'는 본래 '이불'이라는 명사였다. 피복(被服)이 옷을 뜻하는 까닭도 여기에 있다. 그 후 '(이불을) 덮다' 또는 '(이불에게) 덮히다'라는 동사로도 쓰이게 되었다. 현재 피동(被動)이라는 대표적인 의미는 여기에서 나온 것이다.

옛날 동사의 쓰임에는 사동(使動)과 피동의 구별이 없었다. '被'가 현재와 같은 피동의 뜻을 나타내는 개사(介詞)로 쓰이기 시작한 것은 대략 남북조(南北朝)시대 (4~6세기)부터이다.

②

갑골문에는 '被'자가 보이지 않고, 전국(戰國)시대 호부(虎符)에서의 자형과 소전은 '被'로 같다.

71(5298) 衾 (이불 금)

衾, 大被.① 从衣, 今聲.
(「衾은 큰 이불을 뜻한다. 衣는 의미부분이고, 今(금)은 발음부분이다.」)

①≪통훈정성≫에는 '被(피)'자 다음에 '也(야)'자가 한 글자 더 있다.

72(5299) 褬 (아이 머리꾸미개 상)

褬, 飾也.① 从衣, 象聲.
(「褬은 장식(裝飾)을 뜻한다. 衣는 의미부분이고, 象(상)은 발음부분이다.」)

①≪주≫와 ≪구두≫에는 '飾'자 앞에 '褬'자가 한 글자 더 있다.
≪계전≫에는 '飾'자 다음의 '也(야)'자가 없다.

73(5300) 袇 (속곳 일)

袇, 日日所常衣.① 从衣, 从日, 日亦聲.
(「袇은 날마다 일상적으로 입는 옷을 뜻한다. 衣와 日(일)은 (모두) 의미부분인데, 日은 발음부분이기도 하다.」)

①≪구두≫에서는 "日日所衣, 常也.(「매일 매일 입는 옷으로, 늘 입는다는 뜻이다.」)"라고 하였고, ≪통훈정성≫에서는 "近身衣也.(「몸에 가까이 입는 옷(즉 속옷)을 뜻한다.」)"라고 하였다.
≪옥편(玉篇)≫을 보면 "近身衣也. 日日所著衣.(「몸에 가까이 입는 옷을 뜻한다. 매일 매일 입는 것이다.」)"라고 하였다.

74(5301) 褻 (평복 설, 속옷 설, 더러울 설)

褻, 私服.① 从衣, 埶聲.② ≪詩≫曰: "是褻袢也."③
(「褻은 평상복(平常服)을 뜻한다. 衣는 의미부분이고, 埶(예)는 발음부분이다. ≪시경(詩經)≫에 이르기를 "그 속옷 색깔이 없네."라고 하였다.」)

①≪통훈정성≫에는 '服'자 다음에 '也(야)'자가 한 글자 더 있다.

②

갑골문에는 '褻'자가 보이지 않는다.

서주(西周) 금문과 소전의 자형은 모두 '衣'와 '埶'로 이루어져 있다.
참고로 '褻'의 고음은 입성운(入聲韻) *sjiat / siæt(섄→설)이고, '埶'의 고음은 *ngjiar / ngiæi(예이→예)와 *st'jiar / śiæi(섀이→세) 등 두 가지이다. 두 글자는 '埶'를 어떤 발음으로 읽던 상관없이 상고음(上古音)의 주모음(主母音)이 [a]로 같으며, 운미(韻尾)는 혀 끝 가운데 소리[설첨중음(舌尖中音)]인 [-t]와 [-r]로 발음 부위가 같다. 그래서 '褻'자에서 '埶'가 발음부분이 될 수 있는 것이다. 고대에는 음성운과 입성운이 협운을 하기도 하였다.
③현재 전해지는 ≪시경·용풍(鄘風)·군자해로(君子偕老)≫에서는 '褻'을 '紲(고삐 설)'로 썼다.

75(5302) 衷 (속마음 충, 속곳 충)

衷, 裏褻衣.① 从衣, 中聲. ≪春秋傳≫曰: "皆衷其衵服."②
(「衷은 속에 입는 평상복을 뜻한다. 衣는 의미부분이고, 中(중)은 발음부분이다. ≪춘추전(春秋傳)≫에 이르기를 "모두 그 속옷을 입었다."라고 하였다.」)

①≪통훈정성≫에는 '衣'자 다음에 '也(야)'자가 한 글자 더 있다.
②≪춘추좌전(春秋左傳)·선공(宣公) 9년≫에 나오는 글귀.

76(5303) 袾 (짧은 옷 주, 속옷 주)

袾, 好佳也.① 从衣, 朱聲. ≪詩≫曰: "靜女其袾."②
(「袾는 예쁘고 좋다는 뜻이다. 衣는 의미부분이고, 朱(주)는 발음부분이다. ≪시경(詩經)≫에 이르기를 "정숙한 아가씨 예쁘기도 하지."라고 하였다.」)

①≪계전≫에는 '佳(가)'자 다음의 '也(야)'자가 없다.
단옥재는 "好佳也(호규야)는 好 다음에 也자가 빠졌다. 好는 예쁘다는 뜻이다. 佳는 좋다는 뜻이다.(「好佳也, 好下奪也字. 好者, 美也. 佳者, 善也.」)"라고 하였다. (≪주≫)
한편 ≪통훈정성≫에서는 "衣身也.(「속옷을 뜻한다.」)"라고 하였다.
②현재 전해지는 ≪시경·패풍(邶風)·정녀(靜女)≫에서는 '袾'를 '姝(예쁠 주)'로 썼다.

77(5304) 袓 (저) ①

袓, 事好也.② 从衣, 且聲.
(「袓는 예쁜 것을 잘 배운다는 뜻이다. 衣는 의미부분이고, 且(차)는 발음부분이다.」)

① '袓'자는 ≪대한한사전(大漢韓辭典)≫에 보이지 않는다.

발음은 ≪광운(廣韻)≫에 따르면 '子邪切(자사절)' 즉 '자'→'차'와 '慈呂切(자려절)' 즉 '저' 등 두 가지이다.

한편 대서본 ≪설문해자≫·≪주≫·≪의증≫·≪구두≫·≪교록≫ 등에서는 모두 '才與切(재여절)' 즉 '저'라고 하였다. 여기에서는 공통된 발음인 '저'로 부르겠다.

② ≪계전≫에는 '好(호)'자 다음의 '也(야)'자가 없다.

단옥재는 "예쁜 것을 잘 배운다고 하는 것과 같다.(「猶言學好也.」)"라고 하였다. (≪주≫) 여기에서는 이에 따라 번역하였다.

78(5305) 裨 (도울 비, 더할 비)

裨, 接益也.① 从衣, 卑聲.②
(「裨는 이어서 더한다는 뜻이다. 衣는 의미부분이고, 卑(비)는 발음부분이다.」)

① ≪계전≫에는 '益(익)'자 다음의 '也(야)'자가 없다.

≪주≫에서는 ≪옥편(玉篇)≫에 근거하여 '接(접)'자 다음에 '也(야)'자 한 글자를 보충하였다. 즉 '接'과 '益'을 따로 구분하여 뜻풀이를 하고 있다. 즉 "잇는다는 뜻이다; 더한다는 뜻이다"라는 의미이다.

한편 ≪통훈정성≫에서는 "衣別也.(「옷이 다르다는 뜻이다.」)"라고 하였다.

왕균은 "(잇는다는 뜻의) 接자를 가지고 (돕는다는 뜻의) 裨자를 설명하는데, 그 글자가 衣를 의미부분으로 하고 있는 것은 옷을 만들 때 옷감이 모자라는 경우, 다른 천을 가지고 이어서 만들기 때문임을 일컫는 것이다. 다시 益자를 가지고 보충 설명한 것은 이미 이어 붙였으니 처음보다 늘어난 부분이 있다는 뜻이다.(「以接說裨者, 字從衣, 謂作衣者遇短材, 別以布帛之接也. 再以益申之者, 旣接之則有益于初也.」)"라고 하였다.(≪구두≫)

② 금문 소전

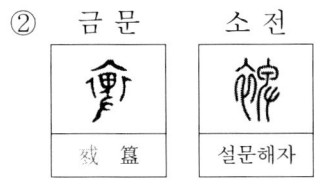

갑골문에는 '裨'자가 보이지 않는다.

서주(西周) 금문과 소전의 자형은 모두 '衣'와 '卑'로 이루어져 있다.

79(5306) 袢 (속옷 번)

袢, (옷이) 無色也.① 从衣, 半聲. 一曰②: ≪詩≫曰: "是紲袢也."③ 讀若普.④
(「袢은 색깔이 없다는 뜻이다. 衣는 의미부분이고, 半(반)은 발음부분이다. 일설에는 ≪시경(詩經)≫에서 "그 속옷 색깔이 없네."라고 하였다고도 한다. 普(보)처럼 읽는다.」)

①≪주≫와 ≪구두≫에서는 각각 ≪옥편(玉篇)≫과 ≪고금운회(古今韻會)≫에 근거하여 '無(무)'자 앞에 '衣'자 한 글자를 보충하였다.

≪계전≫에는 '色(색)'자 다음의 '也(야)'자가 없다.

②단옥재는 '一曰(일왈)' 두 글자는 쓸데없이 덧붙여진 것이라고 하였다.(≪주≫)

③≪시경·용풍(鄘風)·군자해로(君子偕老)≫에 나오는 글귀.

④허신은 '袢'과 '普'가 첫소리가 같은 [p-] 계열인 쌍성(雙聲) 관계이고, 또 뜻도 거의 비슷하기 때문에 '독약(讀若)'의 예로 '普'자를 쓴 것이 아닌가 생각한다. '독약'은 발음뿐만 아니라 뜻도 관련이 있는 경우도 종종 있다.

참고로 제7편 상 제231부 <일부(日部)> (4235) '普'자 해설을 보면 "普, 日無色也. 从日, 从並.(「普는 해가 색깔이 없다는 뜻이다. 日(일)과 並(병)은 (모두) 의미부분이다.」)"라고 하였다.

80(5307) 襍① (섞일 잡)

襍, 五彩相合.② 从衣, 集聲.
(「襍은 다섯 가지 색깔이 서로 섞였다는 뜻이다. 衣는 의미부분이고, 集(집)은 발음부분이다.」)

①오늘날 이 글자는 '雜(잡)'자를 많이 쓴다.

② ≪주≫·≪의증≫·≪통훈정성≫·≪구두≫ 등에서는 '彩(채)'를 '采(채)'로 썼다.

≪설문해자≫에는 '彩'자가 없으므로 '彩'는 '采'로 쓰는 것이 옳을 것이다.

또 ≪주≫·≪통훈정성≫·≪구두≫ 등에는 '合(합)'자 다음에 '也(야)'자가 한 글자 더 있다.

81(5308) 裕 (넉넉할 유)

衣物饒也.① 从衣, 谷聲.② ≪易≫曰: "有孚裕, 無咎."③
(「裕는 의복과 물자가 넉넉하다는 뜻이다. 衣는 의미부분이고, 谷(곡)은 발음부분이다. ≪주역(周易)≫에 이르기를 "믿음과 여유가 있으니, 화(禍)도 없을 것이다."라고 하였다.」)

①≪계전≫에는 '饒(요)'자 다음의 '也(야)'자가 없다.

②

갑골문	서주금문	전국금문			소 전
合集27959	曶 壺	21年鄭令戈	喜令戈	喜令戈	설문해자

'裕'자는 갑골문과 금문 그리고 소전의 자형이 모두 '衣'와 '谷'으로 이루어져 있다.

'裕'의 고음은 음성운(陰聲韻) *ɤriew / iuo(유오→유)이고, '谷'의 고음은 입성운(入聲韻) *klewk / kuk(국→곡)과 *ɤriewk / iuok(유옥→욕) 등 두 가지이다. 두 글자는 '谷'을 '욕'으로 읽을 때는 발음이 거의 같고, '곡'으로 읽을 경우에도 상고음(上古音)의 주모음(主母音)은 [ew]로 같다. 그래서 '裕'자에서 '谷'이 발음부분이 될 수 있는 것이다. 고대에는 음성운과 입성운이 협운을 하였다.

③현재 전해지는 ≪주역·진괘(晉卦)≫에서는 '有(유)'를 '罔(망)'으로 썼다. '罔'은 '無(무)'와 같은 뜻이다. 이에 따르면 번역은 "(사람들로부터) 믿음은 받지 못하지만 여유롭게 때를 기다리면 화가 없을 것이다"로 된다.

82(5309) 襞 (옷 접을 벽, 치마 주름 벽)

韏衣也.① 从衣, 辟聲.

(「襞은 옷을 접는다는 뜻이다. 衣는 의미부분이고, 辟(벽)은 발음부분이다.」)

①《계전》에는 '衣'자 다음의 '也(야)'자가 없다.

83(5310) 衦 (옷 펼 간)

衦, 摩展衣.① 从衣, 干聲.②
(「衦은 문질러서 옷을 편다는 뜻이다. 衣는 의미부분이고, 干(간)은 발음부분이다.」)

①《주》와 《통훈정성》에는 '衣'자 뒤에 '也(야)'자가 한 글자 더 있다.

②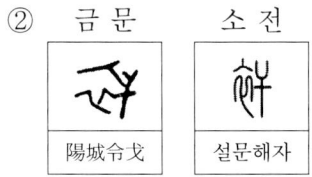

갑골문에는 '衦'자가 보이지 않고, 전국(戰國)시대 금문과 소전의 자형은 '衦'으로 같다.

84(5311) 裂 (찢어질 렬, 비단의 자투리 렬)

裂, 繒餘也.① 从衣, 剡聲.②
(「裂은 비단의 자투리를 뜻한다. 衣는 의미부분이고, 剡(렬)은 발음부분이다.」)

①《계전》에는 '餘(여)'자 다음의 '也(야)'자가 없다.
②《주》에서는 '剡'을 '列'로 썼다.

85(5312) 袽 (해진 옷 나)

袽, 弊衣.① 从衣, 奴聲.
(「袽는 해진 옷을 뜻한다. 衣는 의미부분이고, 奴(노)는 발음부분이다.」)

①《주》와 《통훈정성》에서는 '弊(폐)'를 '敝(폐)'로 썼다.

왕균은 "마땅히 《옥편(玉篇)》에 의거하여 '敝衣'로 써야 한다. 袽와 <건부(巾部)>의 帤(걸레 녀)·<사부(糸部)>의 絮(헌 솜 녀) 등은 대체로 통용한다.('當依《玉篇》作'敝衣'. 袽與<巾部>帤·<糸部>絮蓋通用.」)"라고 하였다.(《구두》)

86(5313) 袒 (옷 벗을 단; 옷 솔 터질 탄)

袒, 衣縫解也.① 从衣, 旦聲.
(「袒은 옷 솔기가 터졌다는 뜻이다. 衣는 의미부분이고, 旦(단)은 발음부분이다.」)

①≪통훈정성≫에는 '縫(봉)'자 다음의 '解(해)'자가 없다.
이에 대해 주준성은 "옷에 솔기 부분이 있음을 일컫는 것이다. 솔기 부분이 있어서 그것을 꿰매는 것을 袒이라고 한다.(「謂衣有縫也. 有縫而綴之曰袒.」)"라고 설명하였다.
≪계전≫에는 '解'자 다음의 '也(야)'자가 없다.

87(5314) 補 (기울 보, 도울 보)

補, 完衣也.① 从衣, 甫聲.
(「補는 (기워서) 옷을 완성한다는 뜻이다. 衣는 의미부분이고, 甫(보)는 발음부분이다.」)

①≪계전≫에는 '衣'자 다음의 '也(야)'자가 없다.
단옥재는 "이미 솔기가 터진 부분[袒(단)]이 있으니 마땅히 기워야 한다. 그래서 그 다음에 補자를 배치한 것이다.(「旣袒則宜補之, 故次之以補.」)"라고 하였다.(≪주≫)

88(5315) 褚 (치)①

褚, 紩衣也.② 从衣, 从毳③, 毳亦聲.
(「褚는 옷을 꿰맨다는 뜻이다. 衣와 毳(치)는 (모두) 의미부분인데, 毳는 발음부분이기도 하다.」)

①'褚'자는 ≪대한한사전(大漢韓辭典)≫에 보이지 않는다.
발음은 ≪주≫·≪의증≫·≪구두≫·≪교록≫ 등에서는 모두 '諸几切(제궤절)'이라고 하였고, 대서본 ≪설문해자≫에서는 '豬几切(저궤절)'이라고 하였다.
참고로 ≪광운(廣韻)≫에서는 '毳'의 반절(反切)을 '豬几切'이라고 하였다. 따라서 여기에서는 '褚'자의 발음을 '치'로 부르겠다.
②≪계전≫에는 '衣'자 다음의 '也(야)'자가 없다.

③왕균은 "褫는 紩(바느질할 치)의 번체자(繁體字)라고 하였다.(「褫乃紩之絫增字.」)"라고 하였다.(≪구두≫)

89(5316) 褫 (옷 빼앗을 치)

褫, 奪衣也.① 从衣, 虒聲.② 讀若池.
(「褫는 옷을 빼앗는다는 뜻이다. 衣는 의미부분이고, 虒(사)는 발음부분이다. 池(지)처럼 읽는다.」)

①≪계전≫에는 '衣'자 다음의 '也(야)'자가 없다.
②'褫'의 고음은 음성운(陰聲韻) *dieɣ / diI(디→치)와 *t'ieɣ / t'iI(티→치)이고, '虒'의 고음 역시 음성운 *sljieɣ / siI(시→사)이다. 두 글자는 상고음(上古音)의 주모음(主母音)과 운미(韻尾)가 [eɣ]로 같다. 그래서 '褫'자에서 '虒'가 발음부분이 될 수 있는 것이다.

90(5317) 臝 (벌거벗을 라)

臝, 袒也.① 从衣, 羸聲. 裸, 臝或从果.②
(「臝는 옷을 벗었다는 뜻이다. 衣는 의미부분이고, 羸(라)는 발음부분이다. (5316-1) 裸는 臝의 혹체자(或體字)로 (羸 대신) 果(과)를 썼다.」)

①≪계전≫에는 '袒(옷 벗을 단)'자 다음의 '也(야)'자가 없다.
한편 ≪주≫에서는 '袒'을 '但(단)'으로 썼다.
계복(≪의증≫)과 왕균(≪구두≫)은 ≪복고편(復古編)≫에 '但'으로 되어 있는데, 이것이 옳다고 하였다.
참고로 앞에 나온 제287부 <인부(人部)> (5142) '但'자 해설을 보면, "但, 裼也. 从人, 旦聲.(「但은 웃옷을 벗어 어깨가 드러난 상태를 뜻한다. 人은 의미부분이고, 旦(단)은 발음부분이다.」)"이라고 하였다.
②≪계전≫과 ≪구두≫에는 '果'자 다음에 '作(작)'자가 한 글자 더 있다.

91(5318) 裎 (벌거벗을 정)

裎, 袒也.① 从衣, 呈聲.
(「裎은 옷을 벗었다는 뜻이다. 衣는 의미부분이고, 呈(정)은 발음부분이다.」)

①《계전》에는 '袒(옷 벗을 단)'자 다음의 '也(야)'자가 없다.

《주》와 《통훈정성》에서는 '袒'을 '但(단)'으로 썼다.

계복(《의증》)과 왕균(《구두》)도 '袒'은 마땅히 '但'으로 써야 한다고 하였다.

92(5319) 裼 (포대기 체; 벗을 석)

裼, 袒也.① 从衣, 易聲.

(「裼은 옷을 벗었다는 뜻이다. 衣는 의미부분이고, 易(역)은 발음부분이다.」)

①《계전》에는 '袒(옷 벗을 단)'자 다음의 '也(야)'자가 없다.

한편 《주》와 《구두》에서는 '袒'을 '但(단)'으로 썼다.

계복도 '袒'은 마땅히 '但'으로 써야 한다고 하였다.(《의증》)

93(5320) 裦 (비뚤 사)

裦, 衺也.① 从衣, 牙聲.

(「裦는 (옷이) 비뚤어졌다는 뜻이다. 衣는 의미부분이고, 牙(아)는 발음부분이다.」)

①《계전》에서는 '衺(옷을 포갤 위)'를 '紕(옷가에 선 두를 비)'로 썼고, 《주》에서는 '衺(비뚤어질 위)'로 썼다.

단옥재는 "(제10편 하) <교부(交部)>에 이르기를 '衺는 裦이다'라고 하였다. 두 글자는 서로 훈을 하고 있다. 소서본(小徐本, 즉 《계전》)에서는 紕이라고 하였는데, 이는 틀린 것이다. 衺자는 지금은 回(회)로 쓰고, 裦자는 邪(사)로 쓴다.(「<交部>曰: '衺者, 裦也.' 二篆爲互訓. 小徐本作紕也, 非是. 衺今字作回, 裦今字作邪.」)"라고 하였다.(《주》)

94(5321) 襭 (옷깃 힐)(본음 혈)

襭, 以衣衽扱物謂之襭.① 从衣, 頡聲. 擷, 襭或从手.

(「襭, 옷자락을 (허리띠 등에) 꽂아서 물건을 담는 것을 일컬어 襭이라고 한다. 衣는 의미부분이고, 頡(힐)은 발음부분이다. (5321-1) 擷은 襭의 혹체자(或體字)로 (衣 대신) 手(수)를 썼다.」)

①《통훈정성》에서는 "以衣衽扱物也.(「옷깃에 물건을 꽂는다는 뜻이다.」)"라고 하였다.

95(5322) 袺 (옷섶 잡을 결)

袺, 執衽謂之袺.① 从衣, 吉聲.
(「袺, 옷섶을 잡는 것을 일컬어 袺이라고 한다. 衣는 의미부분이고, 吉(길)은 발음부분이다.」)

①≪계전≫과 ≪구두≫에는 '袺'자 다음에 '也(야)'자가 한 글자 더 있다.
한편 ≪통훈정성≫에서는 "執衽也.(「옷섶을 잡는다는 뜻이다.」)"라고 하였다.

96(5323) 褿 (포대기 조, 치마 조)

褿, 幒也.① 从衣, 曹聲.②
(「褿는 치마를 뜻한다. 衣는 의미부분이고, 曹(조)는 발음부분이다.」)

①≪계전≫에는 '幒(전)'자 다음의 '也(야)'자가 없다.
주준성은 "≪설문해자≫에 이르기를 '幒은 帔(피)를 뜻한다'라고 하였는데, (이는) 오늘날의 (여성용) 쇼올(showl)을 뜻한다. '일설에는 帗(불)을 뜻한다고도 한다'라고 하였는데, (이는) 한 폭의 직물(織物)을 말한다. '일설에는 부인들이 가슴에 두르는 옷을 뜻한다고도 한다'라고 하였는데, (이는) 오늘날의 (여성들의) 兜肚(두두, 중국식 전통 브래지어)를 뜻한다. (여기에서) 褿를 幒이라고 훈을 하였는데, 어느 것을 가리키는지 잘 모르겠다.("≪說文≫: '幒, 帔也.' 今之披肩. '一曰: 帗也.' 謂一幅布. '一曰: 婦人脅衣.' 今之兜肚. 褿訓幒, 未審何屬.」)"라고 하였다.(≪통훈정성≫)

참고로 앞에 나온 제7편 하 (4847) '幒'자 해설을 보면 "幒, 帬也.(「幒은 치마를 뜻한다.」)"로 시작한다. 나머지 부분은 같다.

②≪의증≫과 ≪구두≫에서는 '曹'를 '轛'로 썼다. 소전체로 보면 이 자형이 맞다. '曹'는 '轛'의 에서체이다.

97(5324) 裝 (봇짐 장, 꾸밀 장)

裝,① 裹也. 从衣, 壯聲.
(「裝은 싼다는 뜻이다. 衣는 의미부분이고, 壯(장)은 발음부분이다.」)

①≪구두≫에서는 현응(玄應)의 ≪일체경음의(一切經音義)≫에 근거하여 '裹也(과야)' 앞에 "束也.(「묶는다는 뜻이다.」)"라는 글귀를 보충하였다.

≪계전≫에는 '裹(쌀 과)'자 다음의 '也(야)'자가 없다.

98(5325) 裹 (쌀 과)

裹, 纏也.① 从衣, 果聲.
(「裹는 얽어맨다는 뜻이다. 衣는 의미부분이고, 果(과)는 발음부분이다.」)

①≪계전≫에는 '纏(묶을 전)'자 다음의 '也(야)'자가 없다.

99(5326) 褱 (얽어맬 읍, 책갑 읍·업)

褱, 書囊也.① 从衣, 邑聲.②
(「褱은 책갑(冊匣, 책을 넣어두거나 겉을 싸는 갑이나 집)을 뜻한다. 衣는 의미부분이고, 邑(읍)은 발음부분이다.」)

①≪계전≫에는 '囊(주머니 낭)'자 다음의 '也(야)'자가 없다.

한편 ≪주≫에서는 ≪문선(文選)≫ <서도부(西都賦)>·<금부(琴賦)> 이선(李善)의 주, ≪후한서(後漢書)·반고전(班固傳)≫ 주 등에 근거하여 이 글귀를 "纏也.(「얽어맨다는 뜻이다.」)"라고 고쳐 썼다.

②≪구두≫에서는 ≪한서(漢書)≫ 주에 근거하여 이다음에 "一曰纏也.(「일설에는 얽어맨다는 뜻이라고도 한다.」)"라는 글귀를 보충하였다.

100(5327) 齎 (옷단홀 자)

齎, 緶也.① 从衣, 齊聲.②
(「齎는 (옷을) 꿰맨다는 뜻이다. 衣는 의미부분이고, 齊(제)는 발음부분이다.」)

①≪계전≫에는 '緶(꿰맬 편)'자 다음의 '也(야)'자가 없다.

수순성은 "縫緝其邊曰緶.(「옷의 가장사리를 두르는 것을 緶이라고 한다.」)"라고 하였다.(≪통훈정성≫)

≪주≫에서는 ≪고금운회(古今韻會)≫에 근거하여 이다음에 "裳下緝.(「치마 아랫단을 잇는다는 뜻이다.」)"라는 글귀를 보충하였다.

참고로 ≪자휘(字彙)·제부(齊部)≫를 보면 "齎는 치마 아랫단을 꿰맨다는 뜻이다.(「齎, 裳下縫也.」)"라고 하였다.

②≪주≫와 ≪의증≫에서는 '齊'를 '𠷎'로 썼다.

101(5328) 裋 (두루마기 수)

裋, 竪使布長襦. 从衣, 豆聲.
(「裋는 하인이 입는 베로 만든 긴 옷을 뜻한다. 衣는 의미부분이고, 豆(두)는 발음부분이다.」)

102(5329) 褔 (어린아이 턱받이 구, 머리쓰개 구)

褔, 編枲衣. 从衣, 區聲. 一曰頭褔; 一曰次裏衣.
(「褔는 가공하지 않은 베로 엮어 만든 옷을 뜻한다. 衣는 의미부분이고, 區(구)는 발음부분이다. 일설에는 머리쓰개라고도 하고, 일설에는 (어린아이용) 침받이를 뜻한다고도 한다.」)

103(5330) 褐 (털베 갈, 굵은 베 갈)

褐, 編枲韤.① 一曰粗衣. 从衣, 曷聲.
(「褐은 가공하지 않은 베로 엮어 만든 버선을 뜻한다. 일설에는 거친 (털이나 베로 만든) 옷을 뜻한다고도 한다. 衣는 의미부분이고, 曷(갈)은 발음부분이다.」)

    ①≪통훈정성≫에는 '韤(버선 말)'자 다음에 '也(야)'자가 한 글자 더 있다.

104(5331) 褗 (옷깃 언)

褗, 褔領也.① 从衣, 匽聲.
(「褗은 옷깃을 뜻한다. 衣는 의미부분이고, 匽(언)은 발음부분이다.」)

    ①≪주≫와 ≪통훈정성≫에서는 '褔(턱받이 구)'를 '褗'으로 썼다.
    ≪계전≫에는 '領(옷깃 령)'자 다음의 '也(야)'자가 없다.

105(5332) 裺 (옷 넓을 암)

裺, 褗謂之裺. 从衣, 奄聲.
(「裺, 옷깃을 일컬어 裺이라고 한다. 衣는 의미부분이고, 奄(엄)은 발음부분이다.」)

106(5333) 衰 (쇠할 쇠; 같을 최, 상복 최)

衰, 艸雨衣也.① 秦謂之萆. 从衣, 象形.② 𧘝 ③, 古文衰.④
(「衰는 풀로 만든 비옷을 뜻한다. 진(秦) 지방에서는 이를 일컬어 萆(비)라고 한다. 衣는 의미부분이고, (나머지 부분 𠕁은) 상형이다. (5333-1) 𧘝는 衰의 고문(古文)이다.」)

①오늘날 이 뜻으로는 '蓑(도롱이 사)'자가 쓰인다.
②《통훈정성》에는 '象形' 앞에 '𠕁' 한 글자가 더 있다. 즉 "衣는 의미부분이고, 𠕁은 상형이다"라는 의미이다.
③주준성은 고문 '衰'자의 자형에 대하여, "윗부분('亠')은 삿갓을 그린 것이고, 가운데 부분('口')은 사람의 얼굴을 그린 것이며, 아래 부분('𠕁')은 풀로 만든 비옷(즉 도롱이)를 그린 것이다.(「上象笠, 中象人面, 下象衰形.」)"라고 하였다.(《통훈정성》)
④《계전》・《의증》・《구두》 등에서는 '衰'를 '𧘝'로 썼다.

107(5334) 卒 (군사 졸)

卒, 隸人給事者衣爲卒.① 卒衣有題識者.②
(「卒, 관청의 하급 관리가 일을 주는 사람(즉 심부름꾼)이 입는 옷을 卒이라고 한다. 그 옷에는 표식이 있다.」)

①《주》에서는 급고각본(汲古閣本) 《설문해자》・《태평어람(太平御覽)》・《고금운회(古今韻會)》・《옥편(玉篇)》 등에 근거하여 '者(자)'자 다음의 '衣'자 한 글자를 없앴다. 즉 '卒'은 사람에 대한 말이지 옷에 대한 말이 아니라는 의미이다.
《통훈정성》에서도 '者'자 다음의 '衣'자가 없다.

②

갑골문		금문	소전	예서
前5.11.2	前4.6.3	外卒鐸	설문해자	孔龢碑

'卒'자는 갑골문을 보면 '衣' 안에 '爻' 또는 '×'와 같은 표식을 한 모양이고. 춘추(春秋)시대 금문과 소전은 간단하게 'ノ'와 같은 획 하나를 그었다. 따라서 보통 옷과는 다르다는 것을 표시한 것으로 보인다.

'卒'은 옛날 관청에서 심부름을 하는 하층 계급이 입는 옷이라는 뜻에서 말단 병사(兵士)·하인 등과 같은 뜻으로 인신(引伸)되었다.

≪주≫에서는 ≪고금운회≫에 근거하여 이 글귀를 "故曰染衣題識. 故从衣·一. (「옛날에는 옷에 물을 들여 표시를 하였다. 그래서 衣와 一(일)이 의미부분이 되는 것이다.」)"이라고 고쳐 썼다.

108(5335) 褚 (주머니 저, 솜옷 저)

褚, 卒也. 从衣, 者聲.① 一曰製衣.②

(「褚는 관청의 심부름꾼이 입는 옷을 뜻한다. 衣는 의미부분이고, 者(자)는 발음부분이다. 일설에는 옷을 만든다는 뜻이라고도 한다.」)

① 금문 소전
新城大令戈 설문해자

갑골문에는 '褚'자가 보이지 않고, 전국(戰國)시대 금문과 소전의 자형은 '褚'로 같다.

②≪주≫에서는 ≪옥편(玉篇)≫과 ≪광운(廣韻)≫에 근거하여 '製衣(제의)'를 '裝也(장야, 봇짐을 뜻한다)'로 고쳐 썼다.

왕균도 이렇게 하는 것이 옳다고 하였다.(≪구두≫)

109(5336) 製 (마름질할 제, 지을 제)

製, 裁也.① 从衣, 從制.②

(「製는 (옷을) 마름질한다는 뜻이다. 衣와 制(제)는 (모두) 의미부분이다.」)

①≪주≫에는 '裁(재)'자 뒤에 '衣'자가 한 글자 더 있다.

②≪계전≫·≪주≫·≪구두≫ 등에서는 "制聲.(「制는 발음부분이다.」)"이라고 하였고, ≪통훈정성≫에서는 "从衣, 从制. 會意. 制亦聲.(「衣와 制는 (모두) 의미부분이다. 회의(會意)이다. 制는 발음부분이기도 하다.」)"이라고 하였다.

衣부 袯襚裯

110(5337) 袯 (오랑캐 옷 발)

袯, 蠻夷衣.① 从衣, 犮聲. 一曰蔽厀.②
(「袯은 이민족의 옷을 뜻한다. 衣는 의미부분이고, 犮(발)은 발음부분이다. 일설에는 무릎가리개를 뜻한다고도 한다.」)

① ≪통훈정성≫에는 '衣'자 다음에 '也(야)'자가 한 글자 더 있다.
② ≪방언(方言)≫ <권4>를 보면 "장강(長江)과 회수(淮水) 사이에서는 幃(무릎가리개 휘)라고 하기도 하고, 또는 袯이라고 하기도 한다. 위(魏)·송(宋)·초(楚) 남부 지역 사이에서는 大巾(대건)이라고 하고, 함곡관(函谷關) 동쪽과 서쪽에서는 蔽厀(폐슬)이라고 한다.(「江淮之間謂之幃, 或謂之袯. 魏·宋·南楚之間謂之大巾, 自關東西謂之蔽厀.」)"라고 하였다.

111(5338) 襚 (수의(壽衣) 수)

襚, 衣死人也.① 从衣, 遂聲. ≪春秋傳≫曰: "楚使公親襚."②
(「襚는 죽은 사람에게 입히는 옷을 뜻한다. 衣는 의미부분이고, 遂(수)는 발음부분이다. ≪춘추전(春秋傳)≫에 이르기를 "초(楚)나라에서는 노(魯) 양공(襄公)으로 하여금 직접 초왕(楚王)의 시신(屍身)에 수의를 입히라고 하였다."라고 하였다.」)

① ≪계전≫에는 '人(인)'자 다음의 '也(야)'자가 없다.
또한 ≪구두≫에서는 ≪경전석문(經典釋文)·춘추좌씨음의(春秋左氏音義)≫에 근거하여 '人'자 다음에 '衣'자 한 글자를 보충하였다.
② 현재 전해지는 ≪춘추좌전(春秋左傳)·양공(襄公) 29년≫에는 '楚'자 다음에 '人'자가 한 글자 더 있다.

112(5339) 裯 (수의(壽衣) 초)

裯, 棺中縑裏.① 从衣·弔.② 讀若彫.
(「裯는 관(棺) 속에 넣는 비단을 뜻한다. 衣와 弔(조)는 (모두) 의미부분이다. 雕(조)처럼 읽는다.」)

① ≪주≫에는 '裏(리)'자 뒤에 '也(야)'자가 한 글자 더 있다.
② ≪계전≫·≪주≫·≪구두≫ 등에서는 "弔聲.(「弔는 발음부분이다.」)"이라고 하였다.

113(5340) 裞 (수의(壽衣) 세)

裞, 贈終者衣被曰裞. 从衣, 兑聲.

(「裞, 죽은 사람에게 보내는 의복을 裞라고 한다. 衣는 의미부분이고, 兑(태)는 발음부분이다.」)

114(5341) 褮 (옷에 구멍 날 형)

褮, 鬼衣.① 从衣, 熒省聲.② 讀若≪詩≫曰"葛藟褮之."③ 一曰若"靜女其袾"之袾.④

(「褮은 죽은 사람 얼굴에 덮는 베로 만든 수건을 뜻한다. 衣는 의미부분이고, 熒(형)의 생략형은 발음부분이다. 발음은 ≪시경(詩經)≫에서 "칡덩굴이 얽혀 있네"라고 할 때의 褮(영)자처럼 읽는다. 일설에는 "어여쁜 아가씨"라고 할 때의 袾(주)자처럼 읽는다고도 한다.」)

①≪주≫와 ≪통훈정성≫에는 '衣'자 뒤에 '也(야)'자가 한 글자 더 있다.

전대흔(錢大昕)은 "褮은 幎(덮을 멱)이다. 幎은 얼굴을 덮는 옷으로, 죽은 사람에게 옷을 갈아입힐 때 쓴다. 그래서 鬼衣(귀의)라는 이름이 있게 된 것이다.(「褮卽幎也. 幎者, 覆面之衣, 小斂之用, 故有鬼衣之稱.」)"라고 하였다.(≪잠연당문집(潛研堂文集)≫)

②
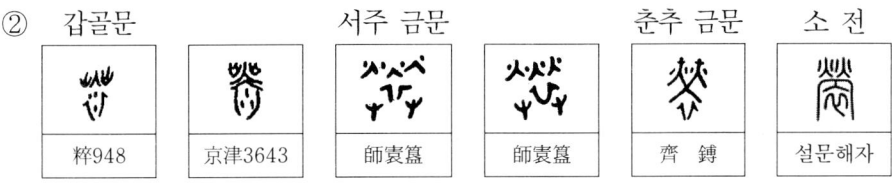

갑골문		서주 금문		춘추 금문	소 전
粹948	京津3643	師袁簋	師袁簋	齊鎛	설문해자

'褮'자는 갑골문과 금문을 보면 '火(화)' 두 개와 '衣'를 기본으로 하여, 갑골문에는 '衣' 안에 점 세 개가 있고, 금문에는 두 손 '𠬞' 즉 '廾(공)'이 더해진 모양이다.

이러한 갑골문의 자형에 대하여 왕국유(王國維)는 '褮'의 초문(初文)인 것 같다고 하였고(상승조(商承祚)의 ≪은허복사류편(殷虛卜辭類篇)≫에서 재인용), 곽말약(郭沫若)은 '衣' 안에 점이 세 개 있는 것을 물방울로 보아 '濚(실개천 형)'자의 초문이 아닌가 하였다(≪갑골문자집석(甲骨文字集釋)≫에서 재인용).

이효정(李孝定)선생(≪갑골문자집석≫)과 서중서(徐中舒, ≪갑골문자전(甲骨文字典)≫)는 왕국유의 주장을 따르고 있다.

③≪시경・주남(周南)・규목(樛木)≫에 나오는 글귀.
④현재 전해지는 ≪시경・패풍(邶風)・정녀(靜女)≫에서는 '袾'를 '姝(예쁠 주)'로 썼다.

단옥재는 '袾'를 '靜(정)'으로 써야 한다고 하였다.(≪주≫) 즉 "靜女其袾(정녀기주)라고 할 때의 靜자처럼 읽는다"라는 의미이다.

한편 계복은 왕념손(王念孫)의 견해를 인용하여 '靜女其袾(정녀기주)'에서의 '袾'자를 '孌(아름다울 련)'자로 써야 한다고 하였다.(≪의증≫)

참고로 ≪시경・패풍・정녀≫에는 '靜女其孌(정녀기련, 어여쁜 아가씨라는 뜻)'이라는 구절이 있다.

115(5342) 䄄 (수레 포장 선·연)

䄄, 車溫也.① 从衣, 延聲.
(「䄄은 수레의 보온(保溫)을 위한 덮개를 뜻한다. 衣는 의미부분이고, 延(연)은 발음부분이다.」)

①≪계전≫에는 '溫'자 다음의 '也(야)'자가 없다.

116(5343) 褭 (말 북두 뇨)

褭, 以組帶馬也.① 从衣, 從馬.②
(「褭는 말을 묶는 끈을 뜻한다. 衣와 馬(마)는 (모두) 의미부분이다.」)

①≪계전≫에는 '馬'자 다음의 '也(야)'자가 없다.
②≪계전≫에서는 "從衣, 馬聲.(「衣는 의미부분이고, 馬는 발음부분이다.」)"이라고 하였다.

文一百一十六, 重十一.
(「정문(正文) 116자, 중문(重文) 11자.」)

新1(5344) 袨 (고운 옷 현)

袨, 盛服也. 从衣, 玄聲.
(「袨은 잘 차려입은 옷을 뜻한다. 衣는 의미부분이고, 玄(현)은 발음부분이다.」)

新2(5345) 衫 (적삼 삼, 옷 삼)

衫, 衣也. 从衣, 彡聲.
(「衫은 옷을 뜻한다. 衣는 의미부분이고, 彡(삼)은 발음부분이다.」)

新3(5346) 襖 (도포 오)

襖, 裘屬. 从衣, 奧聲.
(「襖는 가죽 옷의 일종이다. 衣는 의미부분이고, 奧(오)는 발음부분이다.」)

文三. 新附
(「정문(正文) 3자. 신부자(新附字)」)

제301부 【裘】부

1(5347) 裘 (가죽옷 구)

求, 皮衣也.① 从衣, 求聲. 一曰象形, 與衰同意.② 凡裘之屬皆从裘. 求, 古文省衣.③

(「裘는 가죽옷을 뜻한다. 衣(의)는 의미부분이고, 求(구)는 발음부분이다. 일설에는 (가운데 부분인 求는) 상형으로, 衰(쇠)(의 가운데 부분인 㐫)와 같은 뜻이라고도 한다. 무릇 裘부에 속하는 글자들은 모두 裘를 의미부분으로 삼는다. (5346-1) 求는 고문(古文)으로 衣 부분을 생략하였다.」)

'裘'자는 본래 가죽옷을 그린 상형자이다.

갑골문을 보면 '衣' 밖으로 털이 나와 있는데, 이것은 짐승의 가죽을 다듬어서 옷을 만들어낸 완성품을 그린 것이다.

<위화(衛盉)> 등 윗줄에 있는 금문과 소전에서는 '衣' 안에 '求'를 써서 '裘'로 썼고, <군부궤(君夫簋)> 등 아랫줄에 있는 금문과 ≪설문해자≫에 수록되어 있는 고문에서는 '求'로 썼다.

나진옥(羅振玉)은 '求'는 아직 다듬지 않은 상태의 짐승 가죽 모양을 그린 것이라고 하였다.(≪증정은허서계고석(增訂殷虛書契考釋)≫)

'裘'와 '求'는 본래 한 글자였는데, 뒤에 '裘'는 본래의 뜻인 '가죽옷'으로 쓰이고, '求'는 '구하다'라는 뜻으로 가차(假借)되었다.

②≪계전≫에는 '同意(동의)'에서 '意'자가 없다.

'裘'자에서 '求'는 짐승의 털이 바깥으로 나온 모양을 그린 것으로, '衰'자에서 가

운데 부분인 '🦅'가 비옷을 그린 것과 그 구성이 같다는 의미이다.(앞에 나온 (5333) '裵'자 참조)

③≪계전≫에서는 "秝, 古文求. 此與裵意同.(「秝는 求의 고문이다. 이 글자와 裵는 뜻이 같다.」)"이라고 하였고, ≪주≫에서는 "秝, 古文裵.(「求는 裵의 고문이다.」)"라고 하였다.

2(5348) 䙅 (가죽옷 속 격)

䙅, 裵裏也. 从裵, 鬲聲.
(「䙅은 가죽옷의 안쪽을 뜻한다. 裵는 의미부분이고, 鬲(격)은 발음부분이다. 擊(격)처럼 읽는다.」)

文二, 重一.
(「정문(正文) 2자, 중문(重文) 1자.」)

제302부 【老】부

1(5349) 老 (늙을 로)

🗎, 考也.① 七十曰老. 从人・毛・匕, 言須髮變白也.② 凡老之屬皆从老.
(「老는 考(오래 살 고)이다. 70세를 老라고 한다. 人(인)・毛(모)・匕(=化, 화)는 (모두) 의미부분으로, 이는 수염과 머리가 하얗게 변했음을 말한다. 무릇 老부에 속하는 글자들은 모두 老를 의미부분으로 삼는다.」)

①'老'는 뒤에 나오는 (5357) '考'자와 전주(轉注) 관계이다.

본래 전주 관계에 있는 글자는 일반적으로 바로 옆에 붙어 있는데, 이 두 글자는 약간 떨어져 있다. 후대의 편집상의 실수가 아닌가 생각된다.

'老'자는 갑골문을 보면 머리가 길고 허리가 굽은 사람 즉 노인이 지팡이를 짚고 있는 모양을 그린 상형자임을 알 수 있다.

금문에서는 지팡이 부분이 匕처럼 변형되었다.

2(5350) 耋① (늙은이 질)

🗎, 年八十曰耋. 从老省, 从至.②
(「耋, 80세를 耋이라고 한다. 老의 생략형과 至(지)는 (모두) 의미부분이다.」)

①이 글자는 '耊'로도 쓴다.

② 갑골문   소 전

後下20.14

설문해자

'耊'자는 갑골문을 보면 '老'와 '至'로 이루어져 있다.

소전의 '耂'는 '老'의 생략형이다.

≪계전≫・≪주≫・≪통훈정성≫・≪구두≫ 등에서는 "至聲.(「至는 발음부분이다.」)"이라고 하였다.

참고로 '耊'의 고음은 입성운(入聲韻) *det / diɛt(뎯→질)이고, '至'의 고음은 음성운(陰聲韻) *tjier / tśili(지)이다. 두 글자는 상고음(上古音)의 주모음(主母音)이 [e]로 같고, 운미(韻尾) 역시 각각 [-t]와 [-r]로 발음 부위가 비슷하다. 따라서 '耊'자에서 '至'는 발음부분이 될 수 있다. 또한 고대에는 입성운과 음성운이 협운을 하기도 하였다. 그러므로 ≪계전≫・≪주≫・≪구두≫・≪통훈정성≫ 등에서 '耊'자에서 '至'가 발음부분이라는 풀이는 근거가 있는 것이다.

'至'를 발음부분으로 하는 글자들은 대체로 [-ㄹ]로 끝나는 발음이 많다. 예를 들면 '室(실)'・'窒(질)'・'姪(질)'・'帙(질)' 등이 그러하다.

3(5351) 薹 (늙은이 모)

薹, 年九十曰薹.① 从老, 从蒿省.②

(「薹, 90세를 薹라고 한다. 老와 蒿(호)의 생략형은 (모두) 의미부분이다.」)

① 오늘날 이 뜻으로는 '耄(모)'자를 많이 쓴다.

≪옥편(玉篇)・로부(老部)≫를 보면 "薹는 耄와 같다.(「薹, 同耄.」)"라고 하였다.

② ≪계전≫・≪주≫・≪통훈정성≫・≪구두≫ 등에서는 "蒿省聲.(「蒿의 생략형은 발음부분이다.」)"이라고 하였다.

4(5352) 耆 (늙은이 기・지)

耆, 老也.① 从老省, 旨聲.②

(「耆는 늙었다는 뜻이다. 老의 생략형은 의미부분이고, 旨(지)는 발음부분이다.」)

① ≪계전≫에는 '老'자 다음의 '也(야)'자가 없다.

갑골문에는 '耆'자가 보이지 않고, 춘추전국(春秋戰國)시대 금문과 소전의 자형은 '耈'로 같다.

왕균은 "≪광운(廣韻)≫에서는 耈로 써서, 老 부분을 생략하지 않았다.(「≪廣韻≫作耈, 老不省.」)"라고 하였다.(≪구두≫)

5(5353) 耇 (늙은이 구)

耇, 老人面凍黎若垢.① 从老省, 句聲.②
(「耇는 노인의 얼굴이 언 배처럼, 먼지가 쌓인 것처럼 하얗다는 뜻이다. 老의 생략형은 의미부분이고, 句(구)는 발음부분이다.」)

①≪계전≫에서는 '老人(노인)'을 '人老'로 썼다. 즉 '사람이 늙어서'라는 의미이다.
한편 ≪구두≫에서는 ≪옥편(玉篇)≫에 근거하여 '黎(검을 려)'를 '梨(배나무 리)'로 고쳐 썼다.
계복도 '黎'는 마땅히 '梨'로 써야 한다고 하였다.(≪의증≫)
여기에서는 이에 따라 번역하였다.

갑골문에는 '耇'자가 보이지 않는다.
금문과 소전의 자형은 모두 '耂'와 '句'로 이루어져 있다.
주준성은 "从老省, 从句. 會意. 句亦聲.(「老의 생략형과 句는 (모두) 의미부분이다. 회의(會意)이다. 句는 발음부분이기도 하다.」)"이라고 하였다.(≪통훈정성≫)

6(5354) 㸃 (검버섯 점)

㸃, 老人面如點也.① 从老省, 占聲. 讀若耿介之耿.

(「耂은 노인의 얼굴에 있는 점 같은 것을 뜻한다. 老의 생략형은 의미부분이고, 占(점)은 발음부분이다. 발음은 경개(耿介, 절개를 지킨다는 뜻)라고 할 때의 耿자처럼 읽는다.」)

①≪계전≫과 ≪주≫에서는 '也(야)'를 '處(처)'로 썼다.

7(5355) 耆 (늙은이 겨우 따라갈 수)

耆, 老人行才相逮.① 从老省·易省②, 行象.③ 讀若樹.
(「耆는 노인이 길을 가는데 겨우 따라 간다는 뜻이다. 老와 易(역)의 생략형은 (모두) 의미부분인데, (易의 생략형인 勿은) 길을 가는 모습을 그린 것이다. 樹(수)처럼 읽는다.」)

①단옥재는 "'才相逮(재상체)'는 두 다리가 간신히 따라 간다는 뜻으로, 그 걸음이 늦고 보폭이 짧다는 것을 말한다.(「才相逮者, 兩足僅能相及, 言其行遲步小也.」)"라고 하였다.(≪주≫)

②≪계전≫에는 '老'자 다음의 '省'자가 없다.

③≪주≫에서는 "从老省. 勿, 象形.(「老의 생략형은 의미부분이다. 勿은 상형이다.」)"이라고 하였다.
이에 대해 단옥재는 "이 글자는 易의 생략형을 쓴 것이 아니고, (勿은) 곧 잔걸음으로 좇아가는 모습을 그린 것이다.(「此非易省, 乃象步小相迫之狀也.」)"라고 하였다.

8(5356) 壽 (목숨 수)

壽, 久也. 从老省, 𠷎聲.①
(「壽는 오래 되었다는 뜻이다. 老의 생략형은 의미부분이고, 𠷎(주)는 발음부분이다.」)

① 서주 금문

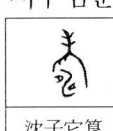				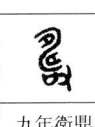	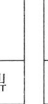	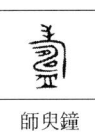
沈子它簋	克 鼎	善夫克鼎	豆閉簋	九年衛鼎		師𠭰鐘

갑골문에는 '壽'자가 보이지 않는다.

금문에서는 의미부분인 '老'자의 윗부분과 발음부분인 '틀(주)'가 합해진 형태(<심자타궤(沈子它簋)>)를 기본으로, 때로는 'ㅁ'와 손[ㅋ, 즉 又(우)]이 더해지거나(<이존(二尊)>) 두 손[𦥑, 즉 廾(공)]이 더해진 것(<선부극정(善夫克鼎)>), 또는 'ㅁ'만 더해진 것(<노백보(魯伯簠)>) 등 여러 가지 형태가 있다.

소전은 <노백보>의 형태와 같이 '壽'로 썼다.

현재의 '壽'자는 '壽'의 예서체로, 모양이 많이 바뀌어서 원래의 자형을 알기가 어렵게 되었다.

한편 ≪대한한사전(大漢韓辭典)≫에서는 '檮'를 '壽'의 고자라고 소개하고 있는데 어디에 근거한 것인지 알 수 없다.

참고로 ≪광운(廣韻)≫을 보면 '檮'의 발음은 '直由切(직유절)' 즉 '주'라고 하였다. 여기에서는 ≪광운≫의 발음을 따랐다.

9(5357) 考 (오래 살 고, 곰곰이 생각할 고)

丂, 老也.① 从老省, 丂聲.②

(「考는 老이다. 老의 생략형은 의미부분이고, 丂(고)는 발음부분이다.」)

①'考'와 앞에 나온 (5349) '老'는 전주(轉注) 관계이다.

본래 전주 관계에 있는 글자는 일반적으로 바로 옆에 붙어 있는데, 이 두 글자는 약간 떨어져 있다. 후대의 편집상의 실수가 아닌가 생각된다.

②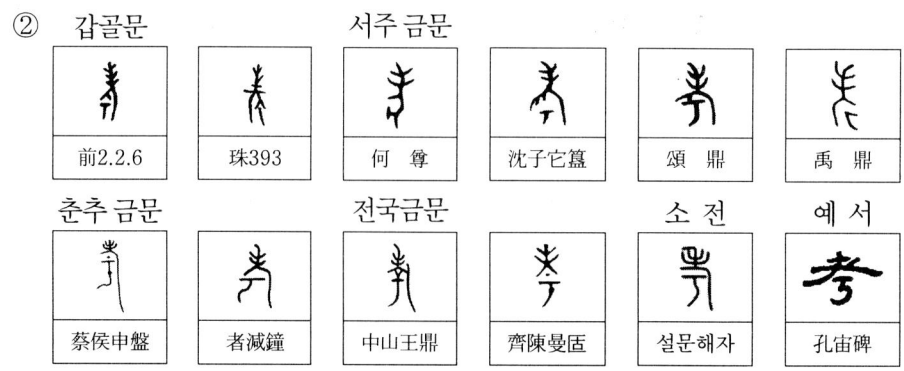

'考'와 '老'는 갑골문을 보면 모두 장발(長髮)에 허리가 굽은 사람 즉 노인이 지팡이를 짚고 있는 모양을 그린 것이다.

금문의 자형을 보면 지팡이 부분이 '考'자는 '丂'처럼, '老'자는 '匕'처럼 변하였다. 따라서 '考'와 '老'는 지팡이의 형태만 다를 뿐 모두 노인을 그린 같은 상형자라고 할 수 있다.

10(5358) 孝 (효도 효)

, 善事父母者. 从老省, 从子.① 子承老也.②
(「孝는 부모를 잘 섬기는 사람을 뜻한다. 老의 생략형과 子(자)는 (모두) 의미부분이다. 아이가 노인을 업고 있다는 뜻이다.」)

갑골문에는 '孝'자가 보이지 않는다.

금문을 보면 아이[子]가 노인[老]을 업은 모양이다. 소전도 이와 같다. 그런데 춘추(春秋)시대 금문 <증백서고(曾伯黍匠)>에서는 '子' 대신 '食(식)'을 써서 '養'로 썼다.

②≪계전≫과 ≪구두≫에는 이다음에 "老省亦聲.(「老의 생략형은 발음부분이기도 하다.」)"이라는 글귀가 더 있다.

文十.
(「정문(正文) 10자.」)

제303부 【毛】부

1(5359) 毛 (털 모)

毛, 眉髮之屬及獸毛也.① 象形.② 凡毛之屬皆从毛.
(「毛는 눈썹・머리카락류 그리고 짐승의 털 등을 뜻한다. 상형이다. 무릇 毛부에 속하는 글자들은 모두 毛를 의미부분으로 삼는다.」)

①단옥재는 "眉(미)는 눈 위의 털이다. 髮(발)은 머리 위의 털이다. 而(이)는 수염이다. 須(수)는 수염으로, 턱 아래의 털이다. 髥(염)은 뺨에 난 수염을 뜻한다. 髭(자)는 입 위에 난 수염을 뜻한다.(「眉者, 目上毛也. 髮者, 首上毛也. 而者, 須也. 須者, 而也; 臣下之毛也. 髥者, 頰須也. 髭, 口上須也.」)"라고 하였다.(≪주≫)

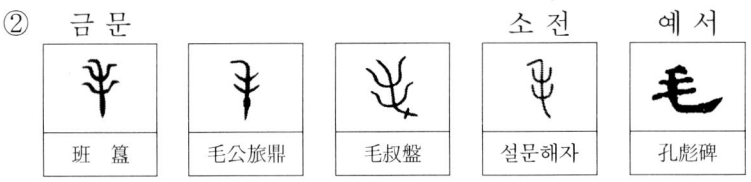

② 금문　　　　　　소전　　예서
班簋　毛公旅鼎　毛叔盤　설문해자　孔彪碑

갑골문에는 '毛'자가 보이지 않고, 서주(西周) 금문과 소전의 자형은 거의 같다. 모발의 모양을 그린 상형자이다.

2(5360) 毳 (털이 성할 용・윤)

毳, 毛盛也.① 从毛, 隼聲. <虞書>曰: "鳥獸毨毛."②
(「毳은 털이 무성(茂盛)하다는 뜻이다. 毛는 의미부분이고, 隼(준)은 발음부분이다. <우서(虞書)>에 이르기를 "새와 짐승들은 털이 많다."라고 하였다.」)

①≪계전≫에는 '盛(성)'자 다음의 '也(야)'자가 없다.
②현재 전해지는 ≪서경(書經)・우서・요전(堯典)≫에서는 '毨毛(용모)'를 '毨毛(용모)'로 썼다.

3(5361) 毨 (짐승의 털 한, 긴 털 한)

毨, 獸豪也.① 从毛, 軑聲.

(「𣰯은 짐승의 갈기털을 뜻한다. 毛는 의미부분이고, 倝(간)은 발음부분이다.」)

①≪계전≫에는 '豪(호)'자 다음의 '也(야)'자가 없다.

4(5362) 毨 (털 다시 나서 고를 선)

毨, 仲秋鳥獸毛盛①, 可選取以爲器用.② 从毛, 先聲. 讀若選.
(「毨은 중추(仲秋)에 짐승들의 털이 무성해지면, 그것을 골라 기물로 쓸 수 있게 된다는 뜻이다. 毛는 의미부분이고, 先(선)은 발음부분이다. 選(선)처럼 읽는다.」)

①≪주≫에서는 ≪고금운회(古今韻會)≫에 근거하여 '仲秋' 앞에 "選也.(「고른다는 뜻이다.」)"라는 글귀를 보충하였다.
참고로 '仲秋'는 가을의 두 번째 달을 뜻한다.
②≪계전≫과 ≪주≫에는 '器(기)'자 다음의 '用(용)'자가 없다.

5(5363) 㲃 (붉은 털로 만든 요 만)

㲃, 以毳爲繝①, 色如虋, 故謂之㲃. 虋, 禾之赤苗也.② 从毛, 㒼聲. ≪詩≫曰: "毳衣如㲃."③
(「㲃은 짐승의 가는 털로 만든 모직물로, 색깔이 붉은 기장[虋(문)]과 같다. 그래서 이것을 일컬어 㲃이라고 하는 것이다. 虋은 벼의 붉은 싹을 뜻한다. 毛는 의미부분이고, 㒼(만)은 발음부분이다. ≪시경(詩經)≫에 이르기를 "가는 털옷은 붉은 색."이라고 하였다.」)

①≪구두≫에는 '繝(털로 짠 베개 계)'자 다음에 '也(야)'자가 한 글자 더 있다.
②≪계전≫에는 '苗(묘)'자 다음의 '也'자가 없다.
③현재 전해지는 ≪시경·왕풍(王風)·대거(大車)≫에서는 '㲃'을 '璊(붉은 옥 문)'으로 썼다.

6(5364) 氈 (털로 짠 모직물 전)

氈, 撚毛也.① 从毛, 亶聲.
(「氈은 털을 비벼 꼰다는 뜻이다. 毛는 의미부분이고, 亶(단)은 발음부분이다.」)

①《계전》에는 '毛'자 다음의 '也(야)'자가 없다.

文六.
(「정문(正文) 6자.」)

新1(5365) 耗 (투구 장식 이, 깃과 털로 꾸밀 이)

耗, 羽毛飾也. 从毛, 耳聲.
(「耗는 깃과 털로 만든 장식을 뜻한다. 毛는 의미부분이고, 耳(이)는 발음부분이다.」)

新2(5366) 氍 (담요 구)

氍, 氍·毹·毾·㲪, 皆氍毹之屬. 蓋方言也. 从毛, 瞿聲.
(「氍, 氍·毹(유)·毾(탑)·㲪(등) 등은 모두 담요의 일종이다. 아마도 방언(方言)일 것이다. 毛는 의미부분이고, 瞿(구)는 발음부분이다.」)

新3(5367) 毹 (담요 유)(본음 수)

毹, 氍毹也. 从毛, 兪聲.
(「毹는 담요를 뜻한다. 毛는 의미부분이고, 兪(유)는 발음부분이다.」)

新4(5368) 毾 (털자리 탑)

毾, 毾㲪也. 从毛, 羽聲.
(「毾은 담요를 뜻한다. 毛는 의미부분이고, 羽(탑)은 발음부분이다.」)

新5(5369) 㲪 (올이 밴 털 베 등)

㲪, 毾㲪也. 从毛, 登聲.
(「㲪은 담요를 뜻한다. 毛는 의미부분이고, 登(등)은 발음부분이다.」)

新6(5370) 毬 (공 구)

毬, 鞠丸也. 从毛, 求聲.
(「毬는 축국(蹴鞠, 축구)에서 쓰는 공을 뜻한다. 毛는 의미부분이고, 求(구)는 발음부분이다.」)

新7(5371) 氅 (깃털로 만든 옷 창)

氅, 析鳥羽爲旗衣之屬. 从毛, 敞聲.
(「氅은 새의 깃털을 갈라서 만든 깃발이나 옷의 일종이다. 毛는 의미부분이고, 敞(창)은 발음부분이다.」)

文七. 新附
(「정문(正文) 7자. 신부자(新附字)」)

제304부【毳】부

1(5372) 毳 (솜털 취)

毳, 獸細毛也.① 从三毛.② 凡毳之屬皆从毳.

(「毳는 짐승의 가는 털을 뜻한다. 毛(모)자 세 개로 이루어졌다. 무릇 毳부에 속하는 글자들은 모두 毳를 의미부분으로 삼는다.」)

①단옥재는 "털이 가늘면 촘촘하기 마련이다. 그래서 毛 셋을 쓴 것이다. 많다는 의미이다.(「毛細則叢密, 故从三毛, 眾意也..」)"라고 하였다.(≪주≫)

②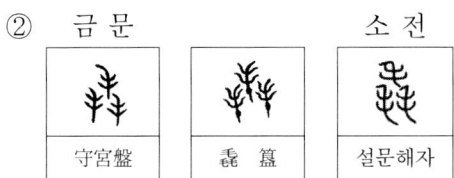

금문		소전
守宮盤	毳簋	설문해자

갑골문에는 '毳'자가 보이지 않는다.
서주(西周) 금문과 소전의 자형은 모두 '毛'자 셋으로 이루어져 있다.

2(5373) 㸉 (비)①

㸉, 毛紛紛也. 从毳, 非聲.

(「㸉는 털이 많다는 뜻이다. 毳는 의미부분이고, 非(비)는 발음부분이다.」)

①'㸉'자는 ≪대한한사전(大漢韓辭典)≫과 ≪광운(廣韻)≫에 보이지 않는다. 발음은 대서본 ≪설문해자≫·≪주≫·≪의증≫·≪구두≫·≪교록≫ 등에서는 모두 '甫微切(보미절)' 즉 '비'라고 하였다.

文二.
(「정문(正文) 2자.」)

제305부 【尸】 부

1(5374) 尸 (주검 시)

「, 陳也.① 象臥之形.② 凡尸之屬皆从尸.③
(「尸는 늘어놓는다는 뜻이다. 사람이 누워 있는 모양을 그렸다. 무릇 尸부에 속하는 글자들은 모두 尸를 의미부분으로 삼는다.」)

①≪이아(爾雅)·석고(釋詁)≫에 보인다.

②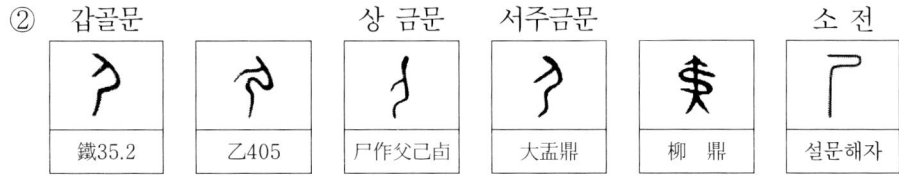

갑골문		상 금문	서주금문		소 전
鐵35.2	乙405	尸作父己卣	大盂鼎	柳鼎	설문해자

'尸'는 갑골문과 금문을 보면 사람이 쪼그리고 앉은 모양이다.

서주(西周) 금문 <유정(柳鼎)>에서는 '夷(이)'로 썼다.

이효정(李孝定) 선생은 '尸'는 동이(東夷)족들의 앉는 방식을 그린 것이라고 하였고(≪갑골문자집석(甲骨文字集釋)≫), 서중서(徐中舒)는 '夷'의 고자(古字)라고 하였다(역사어언연구소(歷史語言研究所) 집간(集刊) 제3본(本) 2분(分) p.280).

참고로 갑골문에서 '시방(尸方)'은 곧 '이방(夷方)'을 뜻한다.

용경(容庚)은 "(금문의 尸자는 사람이) 무릎을 구부린 형태를 본뜬 것이다. 후에 夷자를 빌려 尸로 쓰면서, 尸의 (본래의) 뜻은 알 수 없게 되었다. 제사의 尸자는 그 벌여놓은 제사의 형태가 (사람이 누워있는 모양의) 尸자와 비슷해서, 그래서 (죽은 사람을) 尸라고 (이름)부르는 것이다.(「象屈膝之形. 後叚夷為尸, 而尸之意晦. 祭祀之尸, 其陳之祭, 有似于尸, 故亦以尸名之.」)"라고 하였다.(≪금문편(金文編)≫)

또 서호(徐灝)는 "尸는 본래 사람이 누워있음을 지칭하였다. 사람이 죽으면 누워서 일어나지 못하기 때문에 역시 이를 일컬어 尸라고 한다. (그 후) 오랫동안 인신의(引伸義)가 널리 쓰이자 본의(本義)는 없어졌다.(「尸本人臥之偁. 因人死而長臥不起, 亦謂之尸. 久之引伸義行而本義廢.」)"라고 하였다.(≪설문해자주전(說文解字注箋)≫)

③오늘날 '尸'부에 속한 글자들은 대부분 '사람' 특히 '살아 있는 사람'과 관련 있는 뜻을 갖는 경우가 많다. 때로는 '집'과 관계된 뜻을 갖는 글자들도 있는데, 이것이 '사람이 활동하는 곳'이라는 점에서 비롯되었는지 또는 '집'이라는 뜻으로 활용되는 '厂(언덕 엄·한)'자와 글자 모양이 비슷해서인지는 분명하지 않다.

尸부 屟居

2(5375) 屟 (기다릴 전; 포갤 접)

屟, 待也. 从尸, 奠聲.
(「屟은 기다린다는 뜻이다. 尸는 의미부분이고, 奠(전)은 발음부분이다.」)

3(5376) 居 (살 거)

居, 蹲也.① 从尸. 古者居从古.② 踞③, 俗居从足.④
(「居는 걸터앉아 있다는 뜻이다. 尸는 의미부분이다. 옛날 居자는 古(고)를 썼다. (5376-1) 踞는 居의 속자(俗字)로 足(족)을 더하였다.」)

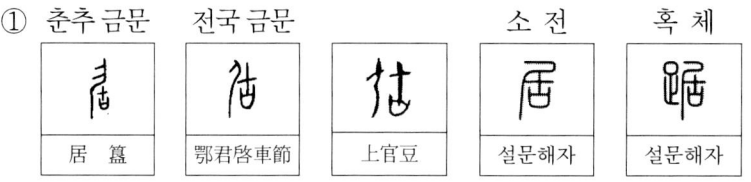

① 춘추 금문	전국 금문		소 전	혹 체
居簋	鄂君啓車節	上官豆	설문해자	설문해자

갑골문과 서주(西周) 금문에는 '居'자가 보이지 않는다.

춘추(春秋)시대 금문과 소전의 자형을 보면 모두 '尸(시)'와 '古(고)'로 이루어졌다.

단옥재는 "≪설문해자≫에는 凥(거)자도 있고, 居자도 있다. 凥는 '거처한다[處(처)]'는 뜻이다. 사람[尸]이 안석[几(궤)]을 얻어 머문다는 뜻이다. 무릇 오늘날 사람들이 쓰는 居處(거처)는 옛날에는 凥處라고 썼다. 居는 '걸터앉는다'는 뜻이다. 무릇 오늘날 사람들이 쓰는 蹲踞(준거, 걸터앉는다는 뜻)는 옛날에는 居라고만 썼다. … 오늘날 '걸터앉는다'는 뜻의 居가 '거처하다'라는 뜻으로 쓰이면서, 凥자는 더 이상 쓰이지 않게 되었다. 또 踞자를 별도로 만들어서 '걸터앉는다'는 뜻으로 쓰면서, 居자의 본뜻은 더 이상 쓰이지 않게 되었다.(「≪說文≫有凥・有居. 凥, 處也. 从尸得几而止. 凡今人居處字古祇作凥處. 居, 蹲也. 凡今人蹲踞字古祇作居. … 今字用蹲居字爲凥處字, 而凥字廢矣. 又別製踞字爲蹲居字, 而居之本義廢矣.」)"라고 하였다.(≪주≫)

②≪주≫에서는 "从尸, 古聲.(「尸는 의미부분이고, 古는 발음부분이다.」)"이라고 하였다.

단옥재는 "각 판본에서 '古者居从古(고자거종고)'라고 한 구절은 책 전체의 체제에 맞지 않는다. 당연히 '尸는 의미부분이고, 古는 발음부분이다'라고 해야 할 것이다. 이로 인해 잘 모르는 사람이 이다음에 '俗居从足(속거종족)'이라고 하였는데 함부로 고치고 오류를 범한 것일 따름이다. 이제 바로잡는다.(「各本作'古者居从古', 乖

於全書之例. 淺人因下云'俗居从足', 而竄改譌謬耳. 今正.」"라고 하였다.

한편 ≪구두≫에서는 "從尸古者. 居從古.(「尸와 古가 (모두) 의미부분이 되는 것은, 居(쪼그리고 앉는 것)는 옛날부터 전해져오는 것이기 때문이다.」"라고 하였다. 이렇게 구두점을 찍은데 대해 왕균은 "위의 從(종)자는 글자의 구조분석에 대한 말을 가리키고, 아래의 從자는 인간 세상사에 대한 말을 가리킨다.(「上從字指字形言, 下從字指人事言.」)"라고 하였다. 다시 말하면 위의 '從'자는 '…는 의미부분이고'라는 뜻이고, 아래의 '從'자는 '…로부터'라는 뜻이라는 것이다.

③≪계전≫에서는 '𡰪'를 '屔' 즉 '屍'로 썼다.

④≪계전≫에는 이다음에 "一本從居.(「어떤 판본에서는 (古 대신) '居를 썼다'라고 하였다.」)"라는 글귀가 더 있다.

이에 대해 단옥재는 "(이는) 곧 소서(小徐, 즉 서개: 920~974) 때에는 두 가지 판본이 있었다는 것이다.(「則小徐時固有兩本.」)"라고 하였다.

또 왕균은 "≪한간(汗簡)≫에서는 또 고문(古文)을 인용하여 屔로 썼다.(「≪汗簡≫又引古文作屔.」)"라고 하였다.(≪구두≫)

4(5377) 屍 (코골 해)

屍, 臥息也.① 从尸・自.②
(「屍는 누워 자면서 숨을 쉰다(즉 코를 곤다)는 뜻이다. 尸와 自(비)는 (모두) 의미부분이다.」)

①≪계전≫에는 '息(식)'자 다음의 '也(야)'자가 없다.

②≪계전≫과 ≪구두≫에서는 "從尸, 自聲.(「尸는 의미부분이고, 自는 발음부분이다.」)"이라고 하였고, ≪통훈정성≫에서는 "从尸, 从自. 會意. 自亦聲.(「尸와 自는 (모두) 의미부분이다. 회의(會意)이다. 自는 발음부분이기도 하다.」)"이라고 하였다.

'自'는 '自(자)'자가 아니라 '鼻(비)'의 고자(古字)이다.

참고로 '屍'의 고음은 *sxrer / xiɛi(혜이→해)이고, '自'의 고음은 *bjiər / biuIi(뷔→비)이다. 두 글자는 상고음의 주모음(主母音)과 운미(韻尾)가 [er]과 [ər]로 비슷하다. 따라서 '屍'자에서 '自'는 발음부분이 될 수 있다.

그러므로 ≪계전≫・≪통훈정성≫・≪구두≫ 등에서 '屍'자에서 '自'가 발음부분이라는 풀이는 근거가 있는 것이다.

5(5378) 屑 (조촐할 설, 수고로울 설, 마음이 편치 않을 설)①

屑, 動作切切也.② 从尸, 肖聲.
(「屑은 동작이 불안하다는 뜻이다. 尸는 의미부분이고, 肖(흘)은 발음부분이다.」)

①오늘날 이 뜻으로는 '屑(설)'자를 쓴다.
　소영(邵瑛)은 "오늘날 경전(經典)에서 屑로 써서, (肖 대신) 肖(초)를 쓰는데, (肖는) 틀린 발음이다.(「今經典作屑, 从肖, 非聲.」)"라고 하였다.(≪설문군경정자(說文群經正字)≫)
②≪계전≫에는 '切切(절절)' 다음의 '也(야)'자가 없다.
　≪방언(方言)≫ <권10>을 보면 "迹迹(적적), 屑屑 등은 불안하다는 뜻이다. 장강(長江)과 원수(沅水) 사이에서는 불안한 것을 일컬어 迹迹이라고 하고, 진(秦)과 진(晉) 지방에서는 屑屑 또는 塞塞(색색) 혹은 省省(생생)이라고도 하는데, 불안하다는 말이다.(「迹迹·屑屑, 不安也. 江沅之間謂之迹迹, 秦晉謂之屑屑, 或謂之塞塞, 或謂之省省, 不安之語也.」)"라고 하였다.

6(5379) 屢(展)① (펼 전)

屢, 轉也.② 从尸, 襄省聲.
(「屢은 돈다는 뜻이다. 尸는 의미부분이고, 襄(전)의 생략형은 발음부분이다.」)

①'展'은 '屢'의 예서체이다.
②≪계전≫에는 '轉(전)'자 다음의 '也(야)'자가 없다.
　서호(徐灝)는 "≪광아(廣雅)≫에서 '展은 舒(펼 서)이다.'라고 풀이하였는데, 이것이 展의 본뜻이다. 그런데 그 뜻이 '돌다'라는 뜻의 轉으로 쓰이게 된 것은 ≪시경(詩經)·주남(周南)≫에 '轉展(전전)'이라는 글귀가 있기 때문이다.(「≪廣雅≫: '展, 舒也.' 此乃展之本義, 其訓爲轉者, 由<周南> '轉展'之文爲說矣.」)"라고 하였다.(≪설문해자주전(說文解字注箋)≫)
　오늘날 '展'은 '펼치다'라는 뜻으로 쓰이고, '돌다'라는 뜻은 '轉'자의 영향을 받아 '車(거·차)'를 더한 '輾(구를 전)'자를 쓴다.

7(5380) 屆 (이를 계, 극할 계)

屆, 行不便也.① 一曰極也.② 从尸, 凷聲.

(「屆는 다니기가 불편하다는 뜻이다. 일설에는 극에 달했다는 뜻이라고도 한다. 尸는 의미부분이고, 凷(괴)는 발음부분이다.」)

 ①≪계전≫에는 '不便(불편)' 다음의 '也(야)'자가 없다.
 ②≪이아(爾雅)·석언(釋言)≫에 보인다.
 ≪계전≫에는 '極(극)' 다음의 '也'자가 없다.

8(5381) 尻 (꽁무니 고)

尻, 䠋也.① 从尸, 九聲.
(「尻는 궁둥이를 뜻한다. 尸는 의미부분이고, 九(구)는 발음부분이다.」)

 ①≪계전≫에는 '䠋(궁둥이 둔)'자 다음의 '也(야)'자가 없다.

9(5382) 尻 (궁둥이 둔)

尻, 髀也.① 从尸下丌居几. 䏏, 尻或从肉·隼. 臀, 尻或从骨, 殿聲.
(「尻은 궁둥이를 뜻한다. 尸(즉 사람)의 아랫터[丌(기)](즉 궁둥이가 几(궤) 위에 걸터앉아 있는 형태(의 회의자)이다. (5382-1) 䏏은 尻의 혹체자(或體字)로 肉(육)과 隼(준)으로 이루어졌다. (5382-2) 臀은 尻의 혹체자로, 骨(골)은 의미부분이고, 殿(전)은 발음부분이다.」)

 ①≪계전≫에는 '髀(넓적다리 비; 볼기짝 폐)'자 다음의 '也(야)'자가 없다.

10(5383) 屍 (볼기 기)

屍, 尻也.① 从尸, 旨聲.
(「屍는 궁둥이를 뜻한다. 尸는 의미부분이고, 旨(지)는 발음부분이다.」)

 ①≪계전≫에는 '尻(꽁무니 고)'자 다음의 '也(야)'자가 없다.
 한편 ≪주≫에서는 '尻'를 '尻(머물 거)'로 썼는데, 아마도 이것은 글자 모양이 비슷해서 생긴 잘못일 것이다.

11(5384) 尼 (여승 니, 화목할 니; 가까울 닐)

尼, 從後近之.① 从尸, 匕聲.②

(「尼은 뒤에서 접근한다는 뜻이다. 尸는 의미부분이고, 匕(비)는 발음부분이다.」)

　①≪통훈정성≫에는 '之(지)'자 다음에 '也(야)'자가 한 글자 더 있다.
　②임의광(林義光)은 "내 생각에, 匕와 尼는 발음이 같지 않다. 匕는 人(인)자를 거꾸로 한 것이고, 尸 역시 人자이다. 두 사람이 서로 가까운 형태를 그린 것으로, 사실상 昵(친할 닐)자의 본자(本字)이다.(「按: 匕·尼不同音. 匕, 人之反文; ⺕, 亦人字. 象二人相昵形, 實昵之本字.」)"라고 하였다.(≪문원(文源)≫)

12(5385) 屧 (밟을 잡)

屧, 從後相㚔也.① 从尸, 从㚔.②
(「屧은 뒤에서 서로 밟는다는 뜻이다. 尸와 㚔(삽)은 (모두) 의미부분이다.」)

　①≪주≫에는 '從(종)'자 앞에 '屧屟(잡집, 앞에서 밟은 곳을 뒤따라가며 밟는다는 뜻)'이라는 두 글자가 더 있고, 또 ≪옥편(玉篇)≫에 근거하여 '相㚔(상삽)'에서의 '㚔(가래 삽)'을 '躡(밟을 섭)'으로 고쳐 썼다.
　또 ≪계전≫에는 '㚔'자 다음의 '也(야)'자가 없다.
　②≪계전≫·≪주≫·≪구두≫ 등에서는 "從尸, 㚔聲.(「尸는 의미부분이고, 㚔은 발음부분이다.」)"이라고 하였고, ≪통훈정성≫에서는 "从尸, 从㚔. 會意. 㚔亦聲.(「尸와 㚔은 (모두) 의미부분이다. 회의(會意)이다. 㚔은 발음부분이기도 하다.」)"이라고 하였다.

13(5386) 屟 (서로 이을 집)

屟, 屧屟也.① 从尸, 乏聲.
(「屟은 앞에서 밟은 곳을 뒤따라가며 밟는다는 뜻이다. 尸는 의미부분이고, 乏(핍)은 발음부분이다.」)

　①≪계전≫에는 '屟'자 다음의 '也(야)'자가 없다.
　한편 ≪구두≫에서는 ≪집운(集韻)≫에 근거하여 이다음에 "謂少也.(「적음을 일컫는 것이다.」)"라는 글귀를 보충하였다.

14(5387) 㞋① (다룬 가죽 년)

㞋, 柔皮也.② 从申尸之後.③ 尸或从又.④

(「㲋은 부드러운 가죽을 뜻한다. 尸의 뒷부분을 펴는 형태(의 회의자)이다. 尸는 때로는 叉(차)자를 쓰기도 한다.」)

①≪주≫와 ≪통훈정성≫에서는 '㲋'을 '㲋'으로 썼다.
②≪계전≫에는 '皮(피)'자 다음의 '也(야)'자가 없다.
≪주≫에는 이다음에 "从尸·又.(「尸와 又(우)는 (모두) 의미부분이다.」)"라는 글귀가 더 있다.
③≪계전≫·≪주≫·≪구두≫ 등에는 '从(종)'자 다음에 '叉'(≪주≫에서는 '又')자가 한 글자 더 있고, 또 '後(후)'자 다음에도 '也(야)'자가 한 글자 더 있다. 이에 따르면 번역은 "손으로 尸의 뒷부분을 펴는 형태(의 회의자)이다"로 된다.
단옥재(≪주≫)와 왕균(≪구두≫)은 여기에서의 '尸'는 '皮'자를 뜻한다고 하였다.
④≪계전≫과 ≪구두≫에서는 '叉'를 '又'로 썼고, ≪주≫에는 이 글귀가 없다.
이상의 견해를 종합해보면 다음과 같다.
먼저 ≪주≫는 '㲋'을 '㲋'으로 썼으므로, '㲋'는 '尸'와 '又'가 의미부분이 되고, 손[又]으로 가죽[尸]을 편다는 뜻이 되는 것이다. 따라서 "때로는 叉 또는 又를 쓰는 혹체자" 운운하는 대목은 없어도 되는 것이다.
그런데 ≪계전≫과 ≪구두≫에서는 손으로 가죽[尸]을 편다는 뜻은 같지만, 단옥재처럼 '尸'의 아래 부분을 '又'로 보지 않고 '叉'를 그대로 인정하고 있다. '叉'는 '깍지를 낀다'는 '손'과 관련이 있는 뜻이므로 굳이 글자를 바꾸지 않아도 된다고 생각했는지도 모른다. 이렇게 되면 맨 끝에 있는 혹체자 관련 부분에 대해서는 원문(즉 대서본 ≪설문해자≫) '叉'를 '又'로 바꾸어야 문맥이 통하게 된다.

15(5388) 屒 (엎드린 모양 진; 두꺼운 입술 신)

屒, 伏皃. 从尸, 辰聲.① 一曰屋宇.②
(「屒은 엎드려 있는 모습을 뜻한다. 尸는 의미부분이고, 辰(진·신)은 발음부분이다. 일설에는 집의 처마를 뜻한다고도 한다.」)

① 금문   소 전

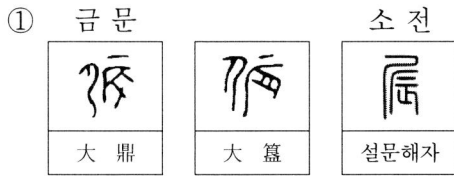

갑골문에는 '屒'자가 보이지 않고, 서주(西周) 금문과 소전의 자형은 '屒'으로 같다.

②≪주≫와 ≪구두≫에는 '宇(우)'자 다음에 '也(야)'자가 한 글자 더 있다.

16(5389) 犀 (굳을 서, 더딜 서)

犀, 犀遲也.① 从尸, 辛聲.②
(「犀는 더디다는 뜻이다. 尸는 의미부분이고, 辛(신)은 발음부분이다.」)

①≪계전≫에는 '遲(늦을 지)'자 다음의 '也(야)'자가 없다.

'犀'자는 갑골문과 금문 그리고 소전의 자형이 모두 '尸'와 '辛'으로 이루어져 있다.

갑골문 <합집(合集) 5584>와 춘추(春秋)시대 금문 <약공정(郣公鼎)>에서의 자형은 '尸'와 '辛'의 위치가 바뀌었는데, 의미상의 차이는 없다. 고문자에서 구성 요소들의 위치는 비교적 자유로웠다.

한편 '犀'의 고음은 음성운(陰聲韻) *ser / siɛi(셰이→세→서)이고, '辛'의 고음은 양성운(陽聲韻) *sjien / siIn(신)이다. 두 글자는 첫소리가 [s-]로 같고, 상고음(上古音)의 주모음(主母音) 역시 [e]로 같다. 그래서 '犀'자에서 '辛'가 발음부분이 될 수 있는 것이다. 고대에 음성운과 양성운이 협운을 하는 것은 흔하지는 않지만 전혀 없는 일은 아니다.

17(5390) 扉 (짚신 비)

扉, 履也.① 从尸, 非聲.
(「扉는 신발을 뜻한다. 尸는 의미부분이고, 非(비)는 발음부분이다.」)

①≪계전≫·≪주≫·≪통훈정성≫ 등에서는 '也(야)'를 '屬(속)'으로 썼다. 이렇

게 되면 번역은 "신발의 일종이다"로 된다.
≪구두≫에서는 "履屬也(리속야)"라고 하였다.

18(5391) 屍 (주검 시)

屍, 終主.① 从尸, 从死.②
(「屍는 막 죽은 시신(屍身)으로 삼은 신주(神主)를 뜻한다. 尸와 死(사)는 (모두) 의미부분이다.」)

①≪주≫와 ≪통훈정성≫에는 '主'자 다음에 '也(야)'자가 한 글자 더 있다.
단옥재는 "막 죽은 사람은 신주가 없으므로, 시신을 신주로 삼는다.(「方死無所主, 以是爲主也.」)"라고 하였다.(≪주≫)
②≪계전≫과 ≪구두≫에서는 "從尸, 死聲.(「尸는 의미부분이고, 死는 발음부분이다.」)"이라고 하였다.
한편 주준성은 "내 생각에, (屍자에서) 死는 의미부분이고, 尸는 발음부분이다.(「按: 从死, 尸聲.」)"라고 하였다.(≪통훈정성≫)
참고로 '尸'부에 속한 글자들은 대부분 '사람' 특히 '살아 있는 사람'과 관련 있는 뜻을 갖는 경우가 많다. 따라서 주준성의 풀이가 전혀 근거 없는 것은 아니라고 생각한다.

19(5392) 屠 (죽일 도)

屠, 刳也.① 从尸, 者聲.
(「屠는 도려낸다는 뜻이다. 尸는 의미부분이고, 者(자)는 발음부분이다.」)

①≪계전≫에는 '刳(가를 고)'자 다음의 '也(야)'자가 없다.

20(5393) 屧 (나막신 섭)①

屧, 履中薦也.② 从尸, 枼聲.
(「屧은 신발의 안창을 뜻한다. 尸는 의미부분이고, 枼(엽)은 발음부분이다.」)

①오늘날 이 뜻으로는 '屧(안창 섭, 나막신 섭)'자를 많이 쓴다.
②≪주≫에서는 현응(玄應)의 ≪일체경음의(一切經音義)≫에 근거하여 '中(중)'을 '之(지)'로 고쳐 썼고, 또 '薦(천)'을 '荐(천)'으로 썼다.

또한 ≪계전≫에는 '薦'자 다음의 '也(야)'자가 없다.

단옥재는 "이것은 신발 아래에 깐다. 신발 안의 바닥창과는 다르다.(「此藉於履下. 非同履中苴也.」)"라고 하였고(≪주≫), 왕균은 "屜은 나무로 만드는데, 그 가운데를 비게 한다.(「屜以木爲之而空其中也.」)"라고 하였다(≪구두≫).

21(5394) 屋 (집 옥)

屋, 居也.① 从尸. 尸, 所主也. 一曰尸象屋形.② 从至. 至, 所至止. 室·屋皆从至.
廖, 籒文室, 从厂. 臺, 古文屋.

(「屋은 기거(寄居)한다는 뜻이다. 尸는 의미부분으로, 그 안에 사는 사람, 즉 주인(主人)을 뜻한다. 일설에는 尸는 지붕을 그린 것이라고도 한다. 至(지)는 의미부분이다. 至는 도착해서 멈춘다는 뜻이다. 室(실)과 屋은 모두 至를 의미부분으로 삼았다. (5394-1) 廖은 屋의 주문(籒文)으로 厂(엄)을 더하였다. (5394-2) 臺은 屋의 고문(古文)이다.」)

①≪주≫에서는 '居'를 '尻(거)'로 썼다.
②단옥재는 "屋은 실(室)에 지붕을 덮은 것이다. 여기에서 인신(引申)하여 위에 지붕을 덮은 것은 모두 屋이라고 한다.(「屋者, 室之覆也. 引申之凡覆於上者皆曰屋.」)"고 하였다.(≪주≫)

22(5395) 屛 (병풍 병, 앞가림 병)

屛, 屛蔽也.① 从尸, 幷聲.
(「屛은 가린다는 뜻이다. 尸는 의미부분이고, 幷(병)은 발음부분이다.」)

①≪계전≫에는 '蔽(폐)'자 다음의 '也(야)'자가 없다.
한편 단옥재는 '蔽'자 앞의 '屛'자는 정문(正文)을 다시 쓴 것으로, 없어도 된다고 하였다.(≪주≫)

23(5396) 層 (겹 층)

層, 重屋也.① 从尸, 曾聲.
(「層은 겹쳐 쌓은 집을 뜻한다. 尸는 의미부분이고, 曾(증)은 발음부분이다.」)

①≪계전≫에는 '屋(옥)'자 다음의 '也(야)'자가 없다.

文二十三, 重五.
(「정문(正文) 23자, 중문(重文) 5자.」)

新1(5397) 屢 (여러 루)

屢, 數也.
(「屢는 여러 번을 뜻한다.」)

文一. 新附
(「정문(正文) 1자. 신부자(新附字)」)

설문해자 제8편 하

설문해자 제8편 하

제306부 【尺】부

1(5398) 尺 (자 척)

尺, 十寸也.① 人手十分動脈爲寸口. 十寸爲尺. 尺, 所以指尺規榘事也.② 从尸, 从乙.③ 乙, 所識也. 周制, 寸·尺·咫·尋·常·仞諸度量, 皆人之體爲法. 凡尺之屬皆从尺.

(「尺은 10촌(寸)을 뜻한다. 사람의 손에서 10분(分) 되는 곳의 동맥을 촌구(寸口)라고 한다. 10촌이 1尺이 된다. 尺은 사물을 잴 때 쓰이는 도구이다. 尸(시)와 乙(을)은 (모두) 의미부분이다. 乙은 표지(標識)이다. 주(周)나라 제도에 따르면 寸·尺·咫(지)·尋(심)·常(상)·仞(인) 등과 같은 길이를 재는 단위들은 모두 사람의 신체를 기준으로 삼았다. 무릇 尺부에 속하는 글자들은 모두 尺을 의미부분으로 삼는다.」)

①현재의 길이 표준에 따르면 1척은 약 33cm에 해당하지만, 주(周)나라 때의 1척은 19.91cm였고, 한(漢)나라 때의 1척은 27.65cm였다.

②≪계전≫에서는 '榘(곱자 구)'를 '矩(구)'로 썼다.

③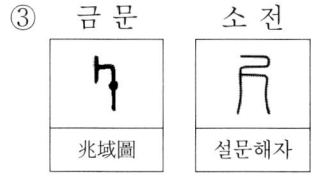

금문	소전
兆域圖	설문해자

갑골문과 서주(西周) 금문에는 '尺'자가 보이지 않고, 전국(戰國)시대 금문과 소전의 자형은 모두 '尸'에 표시를 한 모양이다.

2(5399) 咫 (여덟 치 지, 짧을 지)

咫, 中婦人手長八寸謂之咫.① 周尺也. 从尺, 只聲.

(「咫, 길이가 적당한 부녀자 손의 길이가 8촌(寸) 되는 것을 일컬어 咫라고 한다. 주(周)나라의 길이 제도이다. 尺은 의미부분이고, 只(지)는 발음부분이다.」)

①왕균은 "中(중)은 길이가 적당하다는 뜻이다.(「中者, 長短適中也.」)"라고 하였다.(≪구두≫)

文二.
(「정문(正文) 2자.」)

제307부 【尾】부

1(5400) 尾 (꼬리 미)

尾, 微也. 从到毛在尸後.① 古人或飾系尾②, 西南夷亦然.③ 凡尾之屬皆从尾.
(「尾, 꼬리를 '미'라고 부르는 까닭은 꼬리는 가늘고 작기[微(미)] 때문이다. 尸(시) 뒤에 毛(모)가 거꾸로 매달려 있는 형태(의 회의자)이다. 옛날 사람들은 장식으로 꼬리를 달기도 하였는데, 서남부(西南部) 지방 이민족들도 그렇게 한다. 무릇 尾부에 속하는 글자들은 모두 尾를 의미부분으로 삼는다.」)

① 갑골문 / 금문 / 소전
乙4293 / 章子戈 / 설문해자

'尾'자는 갑골문과 춘추(春秋)시대 금문을 보면 사람[ ]의 뒤에 깃털을 단 모양이다.

소전의 자형은 사람의 모양이 '尸'자로 변형되었다. '꼬리'라는 뜻은 여기에서 나왔다.

≪계전≫에서는 '到(도)'를 '倒(도)'로 썼다. 즉 '毛'를 거꾸로 ' '로 썼다는 의미이다.

②≪계전≫에서는 '尾'를 '𡱂'로 썼다.(이하 같음)
뉴수옥은 '尾'는 '𡱂'의 예서체라고 하였다.(≪교록≫)
③≪계전≫에서는 '亦(역)'을 '皆(개)'로 썼다.

2(5401) 屬 (이을 촉; 무리 속)

屬, 連也.① 从尾②, 蜀聲.③
(「屬은 이어졌다는 뜻이다. 尾는 의미부분이고, 蜀(촉)은 발음부분이다.」)

①≪계전≫에는 '連(련)'자 다음의 '也(야)'자가 없다.
②단옥재는 '尾'가 의미부분이 되는 이유에 대하여 "꼬리가 몸과 이어진 것을 취한 것이다.(「取尾之連於體也.」)"라고 설명하였다.(≪주≫)
서호(徐灝)는 "屬을 발음으로 뜻풀이를 하면 續(이을 속)이다.(「屬之言續也.」)"라고 하였다.(≪설문해자주전(說文解字注箋)≫)

③

갑골문에는 '屬'자가 보이지 않고, 전국(戰國)시대 금문과 소전의 자형은 '屬'으로 같다.

3(5402) 屈 (굽을 굴)

屈, 無尾也.① 从尾, 出聲.②
(「屈은 꼬리가 없다는 뜻이다. 尾는 의미부분이고, 出(출)은 발음부분이다.」)

①계복은 "≪광운(廣韻)≫에서는 '屈은 꼬리가 짧은 새를 뜻한다'라고 하였고, ≪일체경음의(一切經音義)≫ <권12>에서는 '≪회남자(淮南子)·전언훈(詮言訓)≫에 屈奇之服(굴기지복)이라는 글귀가 있는데, 허신은 屈은 짧다는 뜻이고, 奇는 길다는 뜻이다'라고 하였다.(「≪廣韻≫: 屈, 短尾鳥.' ≪一切經音義≫ 十二: ≪淮南子≫ 屈奇之服. 許叔重曰: 屈, 短也; 奇, 長也.」)"라고 하였다.(≪의증≫)

장순휘(張舜徽)는 "屈은 본래 '꼬리가 짧다'는 뜻이다. 허신이 '꼬리가 없다'라고 풀이를 한 것은 긴 꼬리에 대한 상대적인 설명이다.(「屈本短尾之名, 許以無尾釋之者, 對長尾言也.」)"라고 하였다.(≪설문해자약주(설문해자約注)≫)

②

갑골문에는 '屈'자가 보이지 않는다.

춘추전국(春秋戰國)시대 금문과 소전에서는 모두 '屈'로 썼다. '屈'은 '屈'의 예서체이다.

4(5403) 尿 (오줌 뇨)

尿, 人小便也.① 从尾, 从水.②
(「尿는 사람의 오줌을 뜻한다. 尾와 水(수)는 (모두) 의미부분이다.」)

①≪통훈정성≫에는 '小便(소변)' 앞의 '人(인)'자가 없고, ≪계전≫에는 '小便' 다음의 '也(야)'자가 없다.

② 갑골문 　　　　　　소 전

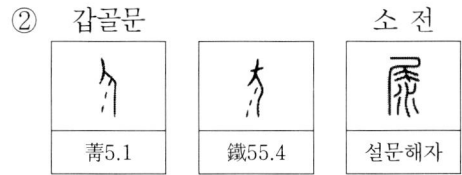

'尿'자는 갑골문을 보면 사람이 오줌을 누는 모양이다.

서중서(徐中舒)는 "(사람의 옆모습을 그린) 'ㆁ'은 후세에 점차 '弓'으로 잘못 변하고, 물줄기가 더해져 마침내 '弓'으로 변하였다. … 다시 이것을 겹쳐 씀으로써 弱(약)자가 되었고, 여기에 삼수변 'ㅊ'가 더해져 溺(빠질 닉)이 되었다. 그러므로 尿와 溺은 본래는 같은 글자였다.(「所從之ㆁ, 後世漸譌弓, 加水點遂作弓. … 復竝二弓爲弱, 更縱益水而爲溺. 故尿溺初本一字.」)"라고 하였다.(≪갑골문자전(甲骨文字典)≫)

소전에서 '尿'자는 '屎'로 썼다. '尿'는 '屎'의 예서체이다.

文四.
(「정문(正文) 4자.」)

제308부 【履】부

1(5404) 履 (가죽신 리, 신을 리)

履, 足所依也.① 从尸, 从彳, 从夂. 舟, 象履形.② 一曰尸聲. 凡履之屬皆从履. 䪆, 古文履③, 从頁, 从足.
(「履는 발이 의지하는 바(즉 신발)를 뜻한다. 尸(시)・彳(척)・夂(쇠)는 의미부분이고, 舟(주)는 신발의 모양을 그린 것이다. 일설에는 尸가 발음부분이라고도 한다. 무릇 履부에 속하는 글자들은 모두 履를 의미부분으로 삼는다. (5404-1) 䪆는 履의 고문(古文)으로, (尸・彳・夂 대신) 頁(혈)과 足(족)으로 이루어졌다.」)

①단옥재는 "履와 依(의)는 첩운(疊韵)관계이다. 옛날에는 屨(구)라고 하였는데 지금은 履라고 하고, 옛날에는 履라고 하였는데 지금은 鞵(혜)(즉 鞋)라고 한다. 부르는 이름이 세월에 따라 다른 것이다.(「履・依疊韵. 古曰屨, 今曰履. 古曰履, 今曰鞵. 名之隨時不同者也.」)"라고 하였다.(≪주≫)

② 갑골문   금 문   소 전   고 문
    京津3922   格伯簋   五祀衛鼎   仲履盤   설문해자   설문해자

'履'자는 갑골문과 서주(西周) 금문을 보면 '頁'과 발[ᄼ]로 이루어진 자형을 기본으로, 발아래에 신발을 더하거나(<오사위정(五祀衛鼎)>), '舟'를 더한 것(<중이반(仲履盤)>)도 있다. 이 자형은 ≪설문해자≫에 수록된 고문과 구성이 거의 같다.
　소전에서는 '履'로 썼는데, '履'는 이 글자의 예서체이다.
③≪주≫에서는 여기서의 모든 '履'자를 '履'로 썼다.(이하 같음)

2(5405) 屢 (삼으로 만든 신 구)

屨, 履也.① 从履省, 婁聲. 一曰鞮也.②
(「屨는 신발을 뜻한다. 履의 생략형은 의미부분이고, 婁(루)는 발음부분이다. 일설에는 가죽신을 뜻한다고도 한다.」)

①≪계전≫에는 '履'자 다음의 '也(야)'자가 없다.
　단옥재는 "진(晉) 채모(蔡謨)는 이르기를 '오늘날 이른바 履는 한(漢)나라 이전

에는 모두 屨라고 불렀다.' … 履는 본래 '밟는다'는 뜻이었다가 뒤에 신발의 이름으로 쓰이게 되었는데, 고금어(古今語)의 다름일 따름이다. 허신은 현재의 이름으로 옛 이름을 풀이하였으니, 그래서 옛날의 屨는 오늘날의 履라고 한 것이다.(「晉蔡謨曰: '今時所謂履者, 自漢以前皆名屨.' … 履本訓踐, 後以為屨名, 古今語異耳. 許以今釋古, 故云古之屨即今之履也.」)라고 하였다.(≪주≫)

주준성은 "한(漢)나라 이전에는 겹깔창 신발은 舃(석)이라고 하고, 홑깔창 신발은 屨라고 하였는데, 그 후에는 履라고 하고, 지금은 鞵(혜)(즉 鞋)라고 한다.(「漢以前複底曰舃, 禪底曰屨, 以後曰履, 今曰鞵.」)"라고 하였다.(≪통훈정성≫)

②≪계전≫에는 '鞮(가죽신 제)'자 다음의 '也'자가 없다.

3(5406) 屦 (신바닥 력)

屦, 履下也.① 从履省, 歷聲.
(「屦은 신발의 바닥을 뜻한다. 履의 생략형은 의미부분이고, 歷(력)은 발음부분이다.」)

①≪계전≫에는 '下(하)'자 다음의 '也(야)'자가 없다.

4(5407) 屛 (나막신 서)

屛, 履屬. 从履省, 予聲.
(「屛는 신발의 일종이다. 履의 생략형은 의미부분이고, 予(여)는 발음부분이다.」)

5(5408) 屩 (짚신 갹)(고음 교)

屩, 屐也.① 从履省, 喬聲.
(「屩은 屐(나막신 극)이다. 履의 생략형은 의미부분이고, 喬(교)는 발음부분이다.」)

①≪계전≫과 ≪주≫에서는 '屐'을 '履(이)'로 썼다.
단옥재는 "履를 대서본(大徐本)에서는 屐으로 썼는데, (이는) 틀린 것이다. 이제 소서본(小徐本, 즉 ≪계전≫)에 의거한다.(「履大徐作屐, 非也. 今依小徐.」)"라고 하였다.(≪주≫)

≪통훈정성≫에서는 "草履也.(「짚신을 뜻한다.」)"라고 하였다.

≪계전≫에는 '屐'자 다음의 '也(야)'자가 없다.

6(5409) 屐 (나막신 극)

屐, 屩也.① 从履省, 支聲.
(「屐은 屩(짚신 갹)이다. 履의 생략형은 의미부분이고, 支(지)는 발음부분이다.」)

①'屐'과 (5408) '屩'은 전주(轉注) 관계이다.
≪계전≫에는 '屩'자 다음의 '也(야)'자가 없다.
왕균은 "현응(玄應)의 (≪일체경음의(一切經音義)≫에서 ≪설문해자≫를) 인용에서는 '신발의 일종이다.(「履屬也..」)'라고 하였다. 또 이르기를 '屐은 풀로 만든 것도 있고, 면으로 만든 것도 있다. 나무로만 만드는 것은 아니다'라고 하였다.(「元應引作履屬也. 又曰: 屐有草有帛者, 非止木也..」)"라고 하였다.(≪구두≫)

文六, 重一.
(「정문(正文) 6자, 중문(重文) 1자.」)

제309부 【舟】 부

1(5410) 舟 (배 주)

舟, 船也.① 古者共鼓·貨狄刳木爲舟, 剡木爲楫, 以濟不通. 象形.② 凡舟之屬皆从舟.
(「舟는 船(배 선)이다. 옛날 공고(共鼓)와 화적(貨狄)이 나무의 속을 파내어 배를 만들고, 나무를 깎아서 노를 만들어, 통행을 하지 못하던 곳을 건너게 해 주었다. 상형이다. 무릇 舟부에 속하는 글자들은 모두 舟를 의미부분으로 삼는다.」)

① '舟'와 (5412) '船'은 전주(轉注) 관계이다.

단옥재는 "옛사람들은 (배를) 舟라고 하였고, 한(漢)나라 사람들은 船(선)이라고 하였다.(「古人言舟, 漢人言船.」)"라고 하였고(≪주≫), 주준성은 "옛날 (가운데가) 빈 큰 나무로 만든 배는 兪(유)라고 하였고, 뒤에 나무판자를 모아 만든 것은 舟라고 하였으며, 또 그것을 타고 물길을 따라 가는 것은 船(선)이라고 하였다.(「古以自空大木爲之曰兪, 後因集板爲之曰舟, 又以其沿水行曰船也.」)"라고 하였다(≪통훈정성≫).

'舟'는 갑골문, 금문 그리고 소전 등이 모두 배를 그린 모양이다.

2(5411) 兪 (그럴 유)

兪, 空中木爲舟也.① 从亼, 从舟, 从巜.② 巜, 水也.
(「兪는 가운데가 빈 나무로 만든 배를 뜻한다. 亼(집)·舟·巜(괴) 등은 (모두) 의미부분이다. 巜는 물을 뜻한다.」)

①단옥재는 "가운데가 빈 나무는 舟의 시초요, 나무판자를 나란히 해서 만든 것은 航(항)의 시초이다. 이것은 바퀴의 제작이 큰 길의 시작인 것과 같다. 그 처음에는 본래 속이 빈 나무를 쓴 것이 舟였는데, 그 후 나무를 깎아서 만든 것이 舟가 되었다.(「空中木者, 舟之始; 並板者, 航之始, 如椎輪爲大路之始. 其始見本空之木用爲舟, 其後因刳木以爲舟.」)"라고 하였다.(≪주≫)

②

'兪'자는 갑골문과 금문의 자형을 보면 '舟'와 '余' 즉 '余(여)'의 생략형으로 이루어져 있다.

이에 대해 임의광(林義光)은 "舟는 의미부분이고, 余의 생략형은 발음부분이다.(「从舟, 余省聲.」)"라고 하였다.(≪문원(文源)≫)

고홍진(高鴻縉)은 '余'에 대하여 통나무가 물 위에 떠 있는 모양을 그린 것으로서, 나중에 '舟'가 의미부분으로 더해져 '兪'로 된 것인데, ≪설문해자≫에서는 소전 '兪'를 가지고 풀이를 해서, 글자의 뜻은 옳게 설명하였지만 구조 분석은 잘못되었다고 하였다.(≪중국자례(中國字例)≫)

3(5412) 船 (배 선)

船, 舟也.① 从舟, 鉛省聲.②

(「船은 舟이다. 舟는 의미부분이고, 鉛(연)의 생략형은 발음부분이다.」)

①'船'과 (5410) '舟'는 전주(轉注) 관계이다. 본래 전주 관계에 있는 글자는 일반적으로 바로 옆에 붙어 있는데, 이 두 글자는 약간 떨어져 있다. 후대의 편집상의 실수가 아닌가 생각된다.

참고로 ≪방언(方言)≫ <권9>를 보면 "배[舟]: 함곡관(函谷關) 서쪽 지방에서는

船이라고 부르고, 함곡관 동쪽 지방에서는 舟라고 하기도 하고, 航(항)이라고 하기도 한다.(「舟, 自關而西謂之船, 自關而東或謂之舟, 或謂之航.」)"라고 하였다.

② 금문   소전

갑골문에는 '船'자가 보이지 않는다.

춘추(春秋)시대 금문과 소전의 자형은 모두 '舟'와 '㕣(연)'으로 이루어져 있다.

≪주≫와 ≪통훈정성≫에서는 "㕣聲.(「㕣은 발음부분이다.」)"이라고 하였다.

4(5413) 舟彡 (배 잇대어 갈 침)

舟彡, 船行也. 从舟, 彡聲.①
(「舟彡은 배가 간다는 뜻이다. 舟는 의미부분이고, 彡(삼)은 발음부분이다.」)

① 갑골문   상 금문   소전

'舟彡'자는 갑골문과 금문의 자형이 모두 '彡' 또는 '三' 등으로 썼다.

'彡' 또는 '三' 등에 대해서 학자들은 대체로 "끊어지지 않고 이어지는 모양을 그린 것(「象相續不絶之形」)"으로 보고 있다.

소전에서는 '舟'가 더해져 '舟彡'으로 썼고, 예서에서는 '肜(융제사 융)'으로 썼다.

참고로 '융제사'란 제사를 지낸 다음날 다시 이어서 지내는 제사를 뜻한다.

5(5414) 舳 (고물 축)

舳, 艫也.① 从舟, 由聲.② ≪漢律≫名船方長爲舳艫.③ 一曰舟尾.④
(「舳은 축로(舳艫)를 뜻한다. 舟는 의미부분이고, 由(유)는 발음부분이다. ≪한률(漢律)≫에서는 배 1방장(方丈) 길이를 舳艫라고 명명(命名)하였다. 일설에는 배의 꼬리를 뜻한다고도 한다.」)

① ≪주≫와 ≪통훈정성≫에는 '艫(뱃머리 로)'자 앞에 '舳'자가 한 글자 더 있다.

이에 대하여 단옥재는 "다른 책에서는 艫자 앞의 舳자를 없앴는데, 이제 보충한다. 이것은 세 글자로 이루어진 문장으로, 艫자를 가지고 舳자를 풀이한 것이 아니다. ≪고금운회(古今韻會)≫에서 근거한 판본은 틀리지 않았다.(「各本艫上刪舳字, 今補. 此三字爲句, 非以艫釋舳也. ≪韵會≫所據本不誤.」)"라고 하였다.(≪주≫) 여기에서는 이에 따라 번역하였다.

≪계전≫에는 '艫'자 다음의 '也(야)'자가 없다.

②'舳'의 고음은 입성운(入聲韻) *diəwk / diuk(뒥→축)이고, '由'의 고음은 음성운(陰聲韻) *riəw / iəu(여우→유)이다. 두 글자는 상고음(上古音)의 주모음(主母音)이 [əw]로 같다. 그래서 '舳'자에서 '由'가 발음부분이 될 수 있는 것이다. 고대에는 음성운과 입성운이 때때로 협운을 하기도 하였다.

③단옥재는 '長(장)'자는 마땅히 '丈(장)'으로 써야 한다고 하였다.

그리고 이어서 "아마 한나라 때는 배 한 척을 1장으로 계산하였던 것 같다. 매 方丈이 1舳艫가 된다. 이것이 舳艫라는 말의 풀이다. (이럴 때) 두 글자는 분리해서 쓰지 않는다. 아래의 글에서 배의 꼬리는 舳이라고 하고, 배의 머리는 艫라고 하였는데, 이것은 나누어서 풀이한 것이다.(「蓋漢時計船以丈. 每方丈爲一舳艫也, 此釋舳艫之謂, 二字不分析者也. 下文分釋謂船尾舳, 謂船頭艫, 此分析者也.」)"라고 하였다.

④≪계전≫에는 '尾(미)'자 앞의 '舟'자가 없고, ≪주≫에서는 '舟'를 '船(선)'으로 썼다.

한편 ≪구두≫에서는 ≪문선(文選)≫ <강부(江賦)> 이선(李善)의 주에 근거하여 이 글귀를 "一曰: 舳, 舟尾也.(「일설에 舳은 배의 꼬리를 뜻한다고도 한다.」)"라고 하였다.

단옥재는 '一曰(일왈)'에 대하여 "이것은 舳자 한 글자의 뜻을 일컫는 것이다.(「此單謂舳字也.」)"라고 하였다.

6(5415) 艫 (뱃머리 로)

艫, 舳艫也.① 一曰船頭.② 从舟, 盧聲.
(「艫는 축로(舳艫)를 뜻한다. 일설에는 배의 머리를 뜻한다고도 한다. 舟는 의미부분이고, 盧(로)는 발음부분이다.」)

①바로 앞에 나온 (5414) '舳'자 해설 ①번 가운데 단옥재 주장 참조.

②≪계전≫·≪주≫·≪구두≫ 등에는 이 글귀가 문장 맨 뒤에 있다.

또 ≪구두≫에서는 이 글귀를 "一曰: 艫, 船頭也.(「일설에 艫는 배의 머리를 뜻한다고도 한다.」)"라고 썼다.

　단옥재는 여기에서도 '一曰(일왈)'에 대하여 "이것은 艫자 한 글자의 뜻을 일컫는 것이다.(「此單謂艫字也.」)"라고 하였다.

7(5416) 舳 (배 불안할 올)

舳, 船行不安也.① 从舟, 从刖省.② 讀若兀.
(「舳은 배가 가는 것이 불안하다는 뜻이다. 舟와 刖(월)의 생략형은 (모두) 의미부분이다. 兀(올)처럼 읽는다.」)

　①《계전》에는 '不安(불안)' 다음의 '也(야)'자가 없다.
　②《주》에는 '省(생)'자 다음에 '聲(성)'자가 한 글자 더 있다. 즉 "刖의 생략형은 발음부분이다"라는 의미이다.

8(5417) 艐 (배가 모래에 박힐 종)

艐, 船著不行也.① 从舟, 㚇聲. 讀若䇞.②
(「艐은 배가 (모래에) 박혀 가지 못한다는 뜻이다. 舟는 의미부분이고, 㚇(종)은 발음부분이다. 䇞(자)처럼 읽는다.」)

　①《주》와 《구두》에서는 《광운(廣韻)》에 근거하여 '著(저)'자 뒤에 '沙(사)'자를 한 글자 보충하였다.
　또 《계전》에는 '行(행)' 다음의 '也(야)'자가 없다.
　②'䇞'의 발음은 《광운》에 따르면 '阻史切(조사절)' 즉 '자'이다.
　단옥재는 "䇞와 (艐의 반절인) 子紅(자홍, 즉 종)은 쌍성(雙聲, 초성 자음이 같거나 비슷한 관계)이고, 屆(계)와도 쌍성이다. 한(漢)나라 때의 말은 이와 같았다.(「此音與子紅爲雙聲, 與屆亦雙聲. 漢時語如是.」)"라고 하였다.(《주》)

9(5418) 朕 (나 짐)

朕①, 我也.② 闕.
(「朕은 나를 뜻한다. (이 이상은 알 수 없어 해설란을) 비워둠.」)

　①오늘날 이 글자는 '朕'으로 쓴다. '朕'은 '朕'의 예서체이다.
　소영(邵瑛)은 "《석경(石經)》에서는 朕으로 썼는데, 경전(經典)에서는 (이 글자를) 계승해서 쓰다가, 예서에서 朕으로 줄여서 썼다. 정자(正字)는 마땅히 𦩎으로 써야한다.(「≪石經≫作朕, 經典相承, 隸省作朕, 正字當作𦩎.」)라고 하였다.(≪설문군경정자(說文群經正字)≫)

②

'朕'자는 갑골문과 금문을 보면 대체로 '舟'와 두 손[𠬞] 그리고 'ㅣ'으로 이루어졌다.

나진옥(羅振玉)은 '朕' 즉 '𦩎'은 두 손으로 불[火(화)]을 쥐고 (거북이의 등처럼) 배의 갈라진 틈을 메운다는 뜻이라고 하였는데(≪증정은허서계고석(增訂殷虛書契考釋)≫), 이에 대해 곽말약(郭沫若)은 이 주장은 소전을 보고 잘못 판단한 것으로 갑골문 '朕'자에서 'ㅣ'은 '火'가 아니라 '도끼[斧(부)]'라고 하였다(≪주씨문자편(朱氏文字編)≫).

또 엽옥삼(葉玉森)은 "朕과 釁(틈 흔)은 옛날에는 뜻이 같았다. 釁은 '틈을 메운다'는 뜻이다. '𦥑'은 두 손으로 불을 받들고 배의 이음새를 메우는 것을 그린 것이다. 이것이 처음의 뜻이다. 뒤에 '배의 이음새'를 '𦩎'이라고도 하는 것은 무릇 '틈' 역시 釁이라고 하게 된 것과 같다.(「朕與釁古訓同. 釁, 涂隙也. 𦥑象兩手奉火釁舟之縫. 此爲初誼. 後舟縫亦曰𦩎, 猶凡隙亦曰釁.」)"라고 하였다. (≪설계(說契)≫)

이효정(李孝定)선생은 두 손으로 기구를 받들고 배의 이음새를 메운다는 뜻이라고 하였고(≪갑골문자집석(甲骨文字集釋)≫), 서중서(徐中舒)는 두 손으로 기구를 받들고 배를 손질하는 모양을 그린 것이라고 하였다(≪갑골문자전(甲骨文字典)≫).

참고로 '朕'이 '배의 이음새'와 관계가 있게 된 이유는 ≪주례(周禮)·고공기(考工記)≫ 함인(函人)조에 있는 다음과 같은 구절 때문이다.

"視其朕, 欲其直也.(「갑옷의 이음새는 일직선으로 곧아야 한다.」)"

이에 대해 대진(戴震)은 "(朕은) 본래 '배의 이음새'를 뜻하였는데, 뒤에 뜻이 인신(引伸)되어 일반적인 '꿰맨 자리'를 칭하게 되었다. '朕兆(거북이 등의 갈라진 틈을 메운다는 뜻)'라는 것은 그 갈라진 세밀함이 배의 이음새와도 같고, 또 거북이 등껍질의 갈라진 모양과도 같다는 말이다.(「本訓舟縫, 引申爲凡縫之稱. 凡言朕兆者, 謂其几甚微, 如舟之縫, 如龜之坼也..」)"라고 설명하였다.(하록(夏淥)의 ≪형음의자전(形音義字典)≫에서 재인용)

'朕'이 '나'라는 뜻으로 쓰이게 된 것은 후대에 가차(假借)되어 생겨난 일이다.

10(5419) 舫 (쌍배 방, 사공 방)

舫, 船師也.① <明堂月令>曰: "舫人."② 習水者. 从舟, 方聲.
(「舫은 뱃사공을 뜻한다. <명당월령(明堂月令)>에 이르기를 "방인(舫人)"이라고 하였는데, (방인은) 물에 익숙한 사람을 뜻한다. 舟는 의미부분이고, 方(방)은 발음부분이다.」)

①≪주≫에서는 ≪고금운회(古今韻會)≫에 근거하여 '船(선)'자 뒤의 '師(사)'자를 없앴다.

장순휘(張舜徽)는 "舫은 본래 船의 다른 호칭이다. 따라서 船師 역시 舫을 일컫는다.(「舫本船之異稱, 因之船師亦謂之舫..」)"라고 하였다.(≪설문해자약주(說文解字約注)≫)

참고로 ≪이아(爾雅)·석언(釋言)≫을 보면 "舫은 배를 뜻한다.(「舫, 舟也..」)"라고 하였는데, 이에 대해 곽박(郭璞)은 "나란히 연결한 두 척의 배를 뜻한다.(「竝兩船..」)"라고 주를 하였다.

②≪예기(禮記)·월령(月令)≫에서는 '漁師(어사)'라고 하였고, 정현(鄭玄)의 주에서 "漁師는 舫人이다.(「漁師爲舫人..」)"라고 하였다.

≪주≫에는 '舫人' 뒤에 '舫人' 두 글자가 더 있다.

11(5420) 般 (돌 반, 일반 반)

般, 辟也. 象舟之旋.① 从舟, 从殳. 殳, 所以旋也. 𣍜, 古文般, 从攴.②
(「般은 빙글빙글 돈다는 뜻이다. 배가 도는 모습을 그렸다. 舟와 殳(수)는 (모두) 의미부분이다. 殳는 돌리는 도구이다. (5420-1) 𣍜은 般의 고문(古文)으로 (殳 대신) 攴(지)를 썼다.」)

'般'자는 갑골문과 금문을 보면 대부분 '凡(범)'과 '攴(복)'으로 이루어져 있다. 이를 해서체로 쓰면 '𣍜'이 된다. 그런데 갑골문과 금문에서의 '凡'자는 글자 모양이 '舟'자와 비슷하여 자주 혼동되어 쓰였고, 또 소전에서는 '攴'이 '殳'로 변해서 그 결과 '𣍜'이 '般'으로 변하게 된 것이다.

'凡'은 본래 다리가 달린 '쟁반[槃(반)]'을 그린 상형자였다. 따라서 '𣍜'은 '쟁반을 만들다', 또는 쟁반을 만들기 위해서는 틀에 놓고 돌려야 하므로 '회전하다'라는 뜻을 나타내기도 한다. 회의자이다.

≪설문해자≫에 수록된 고문의 자형은 '𣍜'으로 서주(西周) 금문 <혜갑반(兮甲般)>의 자형과 비슷한 형태를 하고 있다.

②≪계전≫・≪주≫・≪의증≫・≪통훈정성≫・≪구두≫ 등에서는 '攴'를 '支'으로 썼다.

이에 대해 단옥재는 "다른 책에서는 支를 의미부분으로 썼다고 하였는데, 잘못된 것으로, 이제 바로 잡는다. 여기에서 攴을 의미부분으로 쓰는 것은 殳를 의미부분으로 쓰는 것과 같다.(「各本作从支, 誤, 今正. 从攴猶从殳也.」)"라고 하였다.

12(5421) 服 (옷 복, 수레 첫째 멍에 복)

服, 用也. 一曰車右騑, 所以舟旋. 从舟, 𠬝聲.① 𦨕, 古文服, 从人.

(「服은 쓴다는 뜻이다. 일설에는 마차의 오른 쪽 보조 말이라고도 하는데, (마차가 오른쪽으로 향할 때) 도는[舟旋(주선), 즉 周旋(주선)] 역할을 하기 때문이다. 舟는 의미부분이고, 𠬝(복)은 발음부분이다. (5421-1) 𦨶은 服의 고문(古文)으로 (𠬝 대신) 人(인)을 썼다.」)

'服'자는 갑골문과 금문을 보면 어떤 판[⊎, 즉 凡(범)=盤(반)] 앞에 손[⺈, 즉 又(우)]으로 사람을 꿇어앉힌[卩(절)] 모양이다. 즉 "사람으로 하여금 (기물을 만드는) 일을 시키다"라는 뜻을 나타낸다.

금문에서는 '凡(범)'이 '舟(주)'로 바뀌어 '服'(<대우정(大盂鼎)>)으로 쓰기도 하였다. 고문자에서 '凡'과 '舟'는 모양이 비슷해서 자주 혼동되어 쓰였다.

소전은 이 자형을 따랐는데, 예서에서 '舟'가 다시 '月(월)'로 바뀌어 오늘날과 같은 '服'자가 된 것이다.

文十二, 重二.
(「정문(正文) 12자, 중문(重文) 2자.」)

新1(5422) 舸 (큰 배 가)

𦪇, 舟也. 从舟, 可聲.
(「舸는 배를 뜻한다. 舟는 의미부분이고, 可(가)는 발음부분이다.」)

新2(5423) 艇 (작은 배 정)

𦩒, 小舟也. 从舟, 廷聲.

(「艇은 작은 배를 뜻한다. 舟는 의미부분이고, 廷(정)은 발음부분이다.」)

新3(5424) 艅 (배 이름 여)

艅, 艅艎, 舟名. 从舟, 余聲. 經典通用餘皇.
(「艅는 艅艎(여황)으로, 배의 이름이다. 舟는 의미부분이고, 余(여)는 발음부분이다. 경전(經典)에서는 여황(餘皇)이라고도 쓴다.」)

新4(5425) 艎 (배 이름 황)

艎, 艅艎也. 从舟, 皇聲.
(「艎은 艅艎(여황, 배의 이름)이다. 舟는 의미부분이고, 皇(황)은 발음부분이다.」)

文四. 新附
(「정문(正文) 4자. 신부자(新附字)」)

제310부 【方】부

1(5426) 方 (모 방)

㫃, 倂船也. 象兩舟省總頭形.① 凡方之屬皆从方. 汸, 方或从水.
(「方은 나란히 연결한 배를 뜻한다. 배 두 척을 나란히 연결한 모양에서 뱃머리를 생략한 형태를 그린 것이다. 무릇 方부에 속하는 글자들은 모두 方을 의미부분으로 삼는다. (5426-1) 汸은 方의 혹체자(或體字)로 水(수)를 더하였다.」)

'方'자는 갑골문, 금문 그리고 소전 등의 자형이 대체로 비슷하다. 그러나 이것이 무엇을 본뜬 것인가 하는 것에 대해서는 아직 정설이 없다.

서중서(徐中舒)는 '쟁기[耒(뢰)]'를 그린 것이라고 하였고(≪갑골문자전(甲骨文字典)≫), 장훤(張暄, ≪문자형의원류변석전(文字形義源流辨釋典)≫)과 고홍진(高鴻縉, ≪중국자례(中國字例)≫)은 '方'은 옆으로 서 있는 사람의 목 부분에 '一' 또는 'H' 등이 걸쳐져 있는 형태로서 '옆모습을 고정시킨다'는 뜻을 나타내므로 '旁(방)'자의 초문(初文)이라고 하였다.

이효정(李孝定)선생(≪갑골문자집석(甲骨文字集釋)≫)과 장일승(張日昇, ≪금문고림(金文詁林)≫)은 서중서의 주장이 따를만하다고 하였다.

'方'이 '네모'·'방법(方法)' 등의 뜻으로 쓰인 것은 가차의(假借義)이고, '사방(四方)' 등과 같이 숫자 4와 관계있는 뜻으로 쓰이는 것은 '네모'라는 뜻에서 파생되어 나온 것이다.

2(5427) 舫 (떼배 항)

舫, 方舟也.① 从方, 亢聲. ≪禮≫: "天子造舟, 諸侯維舟, 大夫方舟, 士特舟.②

方부 舫

(「舫은 두 척을 나란히 연결해 놓은 배를 뜻한다. 方은 의미부분이고, 亢(항)은 발음부분이다. ≪예(禮)≫에서 (물을 건널 때) 천자(天子)는 조주(造舟), 제후(諸侯)는 유주(維舟), 대부(大夫)는 방주(方舟), 선비는 특주(特舟)를 이용한다고 하였다.」)

①≪계전≫에는 '舟(주)'자 다음의 '也(야)'자가 없다.
②현재 전해지는 ≪예≫(≪주례(周禮)·≪의례(儀禮)≫·≪예기(禮記)≫)에는 이러한 글귀가 없다.

≪이아(爾雅)·석수(釋水)≫에는 이 글귀가 있다.

참고로 ≪시경(詩經)·대아(大雅)·대명(大明)≫에서 "배 이어 다리 놓으시니, 그 빛이 크게 밝았다네.(「造舟爲梁, 不顯其光.」)"라고 하였는데, 이에 대하여 공영달(孔穎達, 574~648)은 다음과 같이 설명을 하였다.

"이순(李巡)은 말하기를 '배를 나란히 놓아 물을 건너는 것은 造舟라고 하고, 가운데와 좌우에서 서로 끈으로 묶어 지탱하게 하는 것은 維舟라고 하고, 배 두 척을 나란히 놓은 것은 方舟라고 하며, 배 한 척은 特舟라고 한다.(「李巡曰: '比其舟而渡曰造舟, 中央左右相維持曰維舟, 倂兩船曰方舟, 一舟曰特舟.'」)'라고 하였고, 손염(孫炎)은 '造舟란 배를 나란히 놓아 다리를 만든 것이다. 維舟는 배 4척을 연결한 것이다.(「造舟, 比舟爲梁也; 維舟, 連四舟也..」)'라고 하였다."

文二, 重一.
(「정문(正文) 2자, 중문(重文) 1자.」)

제311부 【儿】부

1(5428) 儿 (사람 인)

儿, 仁人也.① 古文奇字人也.② 象形. 孔子曰: "在人下③, 故詰屈."④ 凡儿之屬皆从儿.
(「儿은 어진 사람을 뜻한다. 고문(古文) 人(인)자의 기자(奇字)이다. 상형이다. 공자(孔子)는 "人의 아래에 있으니, 그래서 구부러진 것이다."라고 하였다. 무릇 儿부에 속하는 글자들은 모두 儿을 의미부분으로 삼는다.」)

①대동(戴侗)은 '儿'자에 대하여, "人과 儿은 두 글자가 아니라, 단지 (다른 글자와) 결합해서 쓰이는 위치에 따라 그 쓰는 법이 약간 다른 것뿐이다. 왼쪽으로 결합하는 伯(백)이나 仲(중)자 같은 경우, 그 본래의 글자가 변하지 않고 그대로 人을 쓰지만, 아래쪽으로 결합하는 皃(모)나 見(견)자 같은 경우, 그 본래의 글자를 조금 변형시켜 儿으로 쓴다.(「人・儿非二字, 特因所合而稍變其勢. 合於左者, 若'伯', 若'仲', 則不變其本文而爲人; 合於下者, 若'皃', 若'見', 則微變其本文而爲儿.」)"라고 하였다.(≪육서고(六書故)・人1≫)

②'기자'란 저자가 ≪설문해자・서≫에서 밝힌바 있듯이 "고문이지만 다른 형태의 글자(「古文而異者」)" 즉 고문의 이체자(異體字)를 말한다.

③왕균은 "무릇 儿을 (의미부분으로) 쓰는 글자들은 모두 儿을 아래쪽에 쓴다. 그러므로 윗부분이 人이라고 설정하면 儿은 그 아래에 있다는 것이다.(「凡從儿之字, 皆以儿爲下體. 故設言上體爲人而儿在其下也.」)"라고 하였다.(≪구두≫)

④공자가 이 말을 어디에서 했는지 알 수 없다. ≪설문해자≫에는 가끔씩 이렇게 공자가 말했다고 소개하는 글귀가 나오는데, 그 출처를 알 수 없는 것이 대부분이다.

2(5429) 兀 (우뚝할 올)

兀, 高而上平也. 从一在人上.① 讀若夐. 茂陵有兀桑里.②
(「兀은 높고 위가 평평하다는 뜻이다. 一(일)이 人(인, 즉 儿) 위에 있는 형태이다. 夐(형)처럼 읽는다. 무릉현(茂陵縣)에 올상리(兀桑里)가 있다.」)

①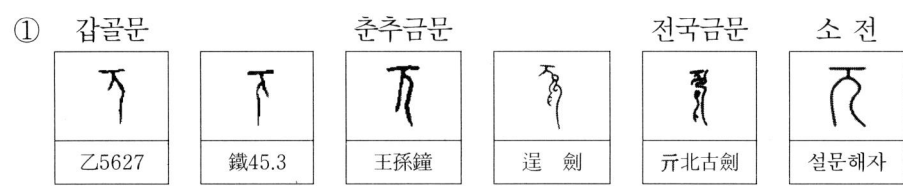

'兀'자는 갑골문과 금문 모두 '人' 위에 '一'획이 더해진 형태이다. 고문자에서는 '元(원)'자와 같은 뜻으로 쓰였다.

임의광(林義光)은 "兀은 대체로 元과 같은 글자로서, 머리를 뜻한다. 人은 의미부분이다. 一은 그 머리의 위치를 표시한 것으로, 天(천)과 같은 의미이다.(「兀蓋與元同字, 首也. 從人. 一, 記其首處, 與天同意..」)"라고 하였다.(≪문원(文源)≫)

② '무릉현'은 한(漢)나라 때는 우북풍군(右扶風郡)에 속해 있었고, 지금의 섬서성(陝西省) 흥평현(興平縣) 동북부에 있었다.

3(5430) 兒 (아이 아)

兒, 孺子也. 从儿. 象小兒頭囟未合.①
(「兒는 갓난아이를 뜻한다. 儿은 의미부분이다. (臼는) 갓난아이의 머리가 아직 닫히지 않은 것을 그린 것이다.」)

①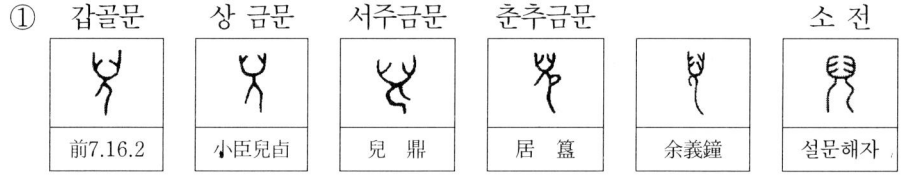

'兒'자는 갑골문·금문 그리고 소전 등이 모두 비슷한 형태이다.
갓난아이의 머리가 큰 것을 강조하고, 정수리가 아직 닫히지 않은 모양을 그린 상형자이다.

4(5431) 允 (미더울 윤)

允, 信也.① 从儿, 㠯聲.②
(「允은 미덥다는 뜻이다. 儿은 의미부분이고, 㠯(이)는 발음부분이다.」)

①

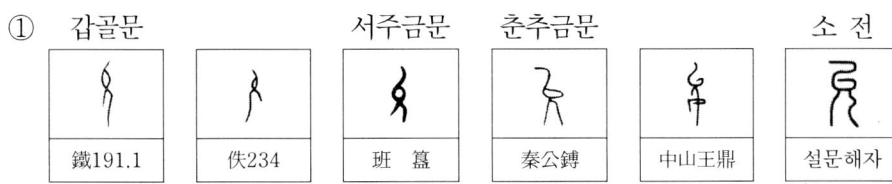

'允'자는 갑골문을 보면 사람의 옆모습을 그린 모양이다.

이에 대해 나진옥(羅振玉)은 "복사(卜辭)의 '允'자는 사람이 고개를 돌린 모양을 그린 것으로, 길을 가는데 어디로 갈까 생각한다는 뜻을 말하는 것이 아닐까 한다.(「卜辭允字象人回顧形, 殆言行相顧之意與?」)"라고 하였는데(≪증정은허서계고석(增訂殷虛書契考釋)≫), 이효정(李孝定)선생은 갑골문의 '允'자가 사람을 그린 것은 틀림없지만 이것이 꼭 고개를 돌린 모양이라고는 할 수 없다고 하였다(≪갑골문자집석(甲骨文字集釋)≫).

또 서중서(徐中舒)는 갑골문의 '允'자에 대하여 사람의 머리 위에 무슨 표시를 한 형태라고 하면서 그 뜻이 무엇인지는 모르겠다고 하였다.(≪갑골문자전(甲骨文字典)≫)

금문에서는 사람의 머리 부분이 '厶' 즉 '㠯'(=以)로 변하였고, 전국(戰國)시대 <중산왕정(中山王鼎)>에서는 '儿' 부분이 '女' 즉 '女(녀)'로 바뀌었는데, '儿'과 '女'는 모두 사람을 가리키므로 의미하는 바는 같다.

임의광(林義光)은 금문 '允'자의 머리 부분 '厶'에서 'ㅇ'는 머리를 그린 것이고, 'ㅣ'은 머리 위로 더욱 솟아 올라가는 모양을 그린 것이라고 하였고(≪문원(文源)≫), 고홍진(高鴻縉)은 사람의 머리 옆에 있는 점은 고개를 끄덕인다는 표시로 허락한다는 뜻의 '윤허(允許)'는 여기에서 나온 것이라고 하였으며(≪중국자례(中國字例)≫), 왕헌당(王獻唐)은 <황현사수(黃縣四盨)>를 근거로 하여 허신의 분석대로 '允'이 형성자임을 증명하였다(≪황현기기(黃縣䢼器)≫).

이에 대하여 장일승(張日昇)은 나진옥·고홍진·임의광 등의 주장을 믿기 어렵다고 하였고, 왕헌당의 주장은 따를 만하다고 하였다.(≪금문고림(金文詁林)≫)

한편 '女' 부분은 후세에 다시 '夂(치)'로 바뀌어 '允'자를 '夋(갈 준)'자로 오해하기도 하였다.

②≪주≫에서는 "从㠯·儿.(「㠯와 儿은 (모두) 의미부분이다.」)"이라고 하였다.

참고로 '允'의 고음은 양성운(陽聲韻) *riwən / iuen(위엔→윤)이고, '㠯' 즉 '以'의 고음은 음성운(陰聲韻) *riəɣ / i(이)이다. 두 글자는 첫소리가 [r-]로 같고, 상고음(上古音)의 주모음(主母音) 역시 [ə]로 같다. 따라서 '允'자에서 '㠯'는 발음부분이 될 수 있다. 고대에 음성운과 양성운이 협운을 하는 것은 흔하지는 않지만 전혀 없는 일은 아니다.

5(5432) 兌 (기쁠 태, 바꿀 태; 날카로울 예)

兌, 說也.① 从儿, 合聲.②

(「兌는 기쁘다는 뜻이다. 儿은 의미부분이고, 合(연)은 발음부분이다.」)

①여기에서의 '說(설)'은 '悅(열)'의 뜻이다. 옛날에는 '說'과 '悅'을 통용하였다.

②
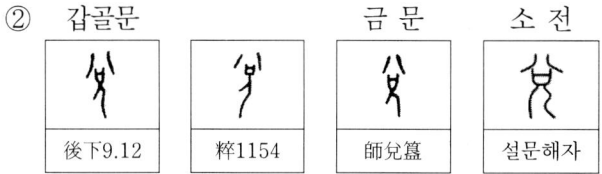

'兌'자는 갑골문, 서주(西周) 금문 그리고 소전 등의 자형이 모두 '兌'로 같다.

노실선(魯實先)은 복사(卜辭)에서 '兌'는 '閱(검열할 열)' 또는 '銳(날카로울 예)'의 뜻으로 쓰였다고 하였다.(≪은계신전지일(殷契新詮之一)≫)

임의광(林義光, ≪문원(文源)≫)과 고홍진(高鴻縉, ≪중국자례(中國字例)≫)은 '合'은 발음부분이 아니라 '(웃을 때 생기는) 입 양 쪽 주변의 무늬(「口兩旁之紋理」)'를 나타낸 것이라고 하면서, '兌'는 '悅'자의 본자(本字)라고 하였다.

참고로 '兌'의 고음은 음성운(陰聲韻) *dwar / duɑi(돠이→태)이고, '合'의 고음은 양성운(陽聲韻) *riwan / iuæn(위앤→연)이다. 두 글자는 상고음(上古音)의 주모음(主母音)이 [a]로 같다. 그래서 '兌'자에서 '合'이 발음부분이 될 수 있는 것이다. 고대에 음성운과 양성운이 협운을 하는 것은 흔하지는 않지만 전혀 없는 일은 아니다.

6(5433) 充 (가득 찰 충, 길 충)

充, 長也①; 高也. 从儿, 育省聲.

(「充은 길다는 뜻이다. (또) 높다는 뜻이다. 儿은 의미부분이고, 育(육)의 생략형은 발음부분이다.」)

①주준성은 "充과 育(육)은 같은 발음에서 약간 변한 것이다. 일설에는 '育의 생략형은 의미부분이다. 회의(會意)이다. 어린아이를 길러서 어른으로 자라나게 한다

는 뜻이라고도 한다.'(「充‧育一聲之轉. 或曰: 从育省, 會意. 育子長大成人也.」)"라고 하였다.(≪통훈정성≫)

한편 ≪주≫에서는 '充'자 다음에 ≪육서고(六書故)≫에서 인용한 당본(唐本) ≪설문해자≫에 근거하여 '亮(량)'자를 한 글자 보충하였다. 그 내용은 다음과 같다.

"亮, 朙也. 从儿‧高省.(「亮은 밝다는 뜻이다. 儿과 高(고)의 생략형은 (모두) 의미부분이다.」)"

文六.
(「정문(正文) 6자.」)

제312부 【兄】부

1(5434) 兄 (맏 형, 어른 형)

兄, 長也.① 从儿, 从口.② 凡兄之屬皆从兄.
(「兄은 자란다는 뜻이다. 儿(인)과 口(구)는 (모두) 의미부분이다. 무릇 兄부에 속하는 글자들은 모두 兄을 의미부분으로 삼는다.」)

①단옥재는 "옛날 長(장)자는 평성(平聲)과 상성(上聲)의 구분 없이 그 뜻은 하나였다. 장단(長短)·성장(成長)·장유(長幼)는 모두 한 가지의 뜻이다. 兄이 長이 되는 것은 첩운(疊韻)으로 풀이한 것이다. … 兄의 본뜻은 '증가한다'는 뜻으로, 허신이 말한바 長이다. 허신이 (자라난다는 뜻의) 兹(자, 즉 滋)라고 하지 않은 것은, 허신의 長이라고 한 의미가 바로 장유(長幼)의 뜻임을 밝히려고 한 것이다.(「古長不分平上, 其音義一也. 長短·滋長·長幼皆無二義. 兄之爲長, 以疊韵爲訓也. … 兄之本義訓益, 許所謂長也. 許不云'兹'者, 許意言長則可晐長幼之義也.」)"라고 하였다.(≪주≫)

②

갑골문에서 '兄'의 자형은 '儿'과 'ㅂ'(=口)로 구성되어 있다.

금문도 대체로 이와 같은데, 때로는 발음부분으로 '生' 즉 '生(황)'이 더해지거나 (<연아종(沈兒鐘)>), '人'이 더해진 자형(<아릉군두(郲陵君豆)>)도 있다.

임의광(林義光)은 '兄'은 사람의 입[口]을 강조한 형태로 본래 '자라나다[滋長(자장)]'의 뜻이었는데 뒤에 '형제(兄弟)'의 '兄'으로 가차(假借)되었다고 하였다.(≪문원(文源)≫)

한편 고홍진(高鴻縉)은 "내 생각에, 이 글자(즉 兄)는 祝(축)자의 초문(初文)이다. 人(인)과 口는 (모두) 의미부분으로, 회의(會意)이다. … 축관(祝官)은 먼저 사람들에게 구복(求福)을 위한 축사를 하고, 그 다음 신이 복을 내리는 말을 하는데, 말을 잘하는 사람을 뜻하게 된다. 후에 형제의 兄자로 가차되자, 곧 示(시)를 의미부분으로 더하여 祝자를 만들었다.(「按: 此乃祝字之初字. 从人, 从口, 會意. … 祝官先述人求福之祝辭, 次述神降福之嘏辭, 爲長於言辭之人也. 後借用兄長之兄, 乃加示旁意符作祝.」)라고 하였는데(≪중국자례(中國字例)≫), 이에 대해 서중서(徐中舒)는 복사(卜辭)에서는 '祝'과 '兄'은 분명하게 구분해서 사용하였다고 하였다(≪갑골문자전(甲骨文字典)≫).

2(5435) 兢 (조심할 긍)

競, 競也. 从二兄.① 二兄, 競意. 从丰聲.② 讀若矜. 一曰: 兢, 敬也.
(「兢은 경쟁(競爭)한다는 뜻이다. 두 개의 兄자로 이루어졌다. 두 개의 兄자는 경쟁한다는 의미이다. 丰(개)는 발음부분이다. 矜(긍)처럼 읽는다. 일설에 兢은 조심한다는 뜻이라고도 한다.」)

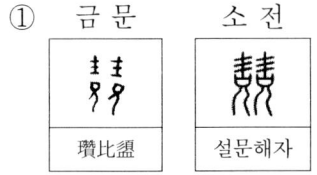

① 금문 / 소전
瓚比盨 / 설문해자

'兢'자는 서주(西周) 금문과 소전의 자형이 '競'으로 같다.

청(淸) 고애길(顧藹吉)은 "오늘날 속자(俗字)로는 兢으로 쓴다.(「今俗作兢.」)"라고 하였다.(≪예변(隸辨)≫)

임의광(林義光)은 "兢자에서 두 개의 兄자는 다툰다는 뜻이 없고, 丰 역시 발음부분이 아니다. 兢은 두 사람이 머리에 무엇인가를 이고 있는 모양이다. '丰'은 凷(흙덩이 괴)자로, 무거운 물건의 형상이다. 무거운 물건을 머리에 이고 있으니, 그래서 항상 경계하고 조심한다는 것이다.(「兢無二兄相競之義, 丰亦非聲. 兢二人首戴物形. 丰卽凷字, 重物之象. 戴重物于首, 故常戒惕.」)"라고 하였다.(≪문원(文源)≫)

한편 ≪고문자류편(古文字類編)≫(1980)에서는 '兢'자의 갑골문으로 '䇾'(<고(庫)1844>)・'䇾'(<후하(後下)17.2>) 등과 같은 자형을 소개하고 있는데, ≪갑골문자집석(甲骨文字集釋)≫・≪갑골문자전(甲骨文字典)≫・≪갑금전례대자전(甲金篆隸大字典)≫・≪한어대자전(漢語大字典)≫・≪한어고문자자형표(漢語古文字字形表)≫ 등과 ≪고문자류편≫(2010)에서는 이러한 글자를 수록하고 있지 않다.

②유월(兪樾)은 "(競은) 실은 두 丰와 두 兄으로 이루어진 회의자이다. <丰부>에서 이르기를 '丰는 풀이 흐트러졌다는 뜻이다. 풀이 흩어져 어지럽게 자라난 모양을 그린 것이다.'라고 하였다. 두 풀이 함께 자라나니, 그래서 경쟁한다는 뜻이 있는 것이다.(「(競)實從二丰・二兄會意. <丰部>曰: '丰, 艸蔡也. 象艸生之散亂也.' 二艸竝長, 故有競意.」)"라고 하였다.(≪아점록(兒笘錄)≫)

文二.
(「정문(正文) 2자.」)

제313부【兂】부

1(5436) 兂 (비녀 잠)

兂, 首笄也. 从人.① 匕, 象簪形.② 凡兂之屬皆从兂. 簪, 俗兂, 从竹, 从朁.③
(「兂은 비녀를 뜻한다. 人(인)은 의미부분이고, 匕는 비녀의 모양을 그린 것이다. 무릇 兂부에 속하는 글자들은 모두 兂을 의미부분으로 삼는다. (5436-1) 簪은 兂의 속자(俗字)로, 竹(죽)과 朁(참)으로 이루어졌다.」)

①≪계전≫·≪주≫·≪의증≫·≪구두≫ 등에서는 '人'을 '儿(인)'으로 썼다.
≪통훈정성≫에서는 "从古文人.(「고문(古文)의 人은 의미부분이다.」)"이라고 하였다.
②≪주≫에서는 "匕, 象形.(「匕는 상형이다.」)"이라고 하였다.
이에 대하여 단옥재는 "이 글자(즉 匕)는 比(비)자의 匕가 아니라 '비녀'를 그린 것이다. 비녀에는 반드시 갈래가 있어야 하므로, 그래서 (비녀를) 叉(차)라고도 한다. 속자(俗字)로는 釵(채·차)라고 쓴다.(「此非相與比敘之匕, 乃象兂之形也. 兂必有岐, 故又曰叉. 俗作釵.」)"라고 설명하였다.
③단옥재는 오늘날 속자가 널리 쓰이면서 정자(正字)는 잘 쓰이지 않게 되었다고 하였다.(≪주≫)

2(5437) 兟 (날카로울 침; 도울 찬)

兟, 朁朁①, 銳意也.② 从二兂.③
(「兟은 참참(朁朁)으로, 날카롭다는 의미이다. 두 개의 兂자로 이루어졌다.」)

①≪주≫와 ≪구두≫에서는 ≪옥편(玉篇)≫과 ≪집운(集韻)≫에 근거하여 '朁朁'을 '兟兟'으로 고쳐 썼다.
②단옥재는 "兂은 들어가는 것을 위주로 한다. 그러므로 두 개의 兂은 '날카롭다'는 의미가 된다.(「兂主入, 故兩兂為銳之意..」)"라고 하였다.(≪주≫)

③ 금 문 　 소 전

散 盤　설문해자

先부 兟

갑골문에는 '兟'자가 보이지 않고, 서주(西周) 금문과 소전의 자형은 '兟'으로 같다.

고홍진(高鴻縉)은 "先자는 본래 사람이 비녀를 꽂고 있는 모양을 그린 글자이다. '匕'자 형태에서 뜻이 생겨난 것으로, 簪(비녀 잠)자의 초문(初文)이며, 명사이다. 전국(戰國)시대에 진(秦) 나라에서는 주문(籒文)을 썼는데, (주문은) 중복 형태가 많았다. 先을 兟으로 쓴 것은 당연히 주문의 형태인 것이다. 진한(秦漢) 이후에는 簪으로 썼다. 竹(죽)은 의미부분이고(당시 비녀는 대나무로 만들었다), 朁(참)은 발음부분이다.(「先字原倚人畫其首髮戴簪形, 由物形匕生意. 故卽簪字之初文, 名詞. 戰國時秦用籒文, 多複體. 先作兟者, 應卽籒文. 秦漢以後作簪, 从竹(以其爲竹制), 朁聲.」)"라고 하였다.(≪중국자례(中國字例)≫)

文二, 重一.
(「정문(正文) 2자, 중문(重文) 1자.」)

제314부 【皃】부

1(5438) 皃 (모양 모)

皃, 頌儀也.① 从人.② 白, 象人面形.③ 凡皃之屬皆从皃. 貌, 皃或从頁, 豹省聲. 䫉, 籒文皃, 从豹省.④

(「皃는 용모(容貌)를 뜻한다. 人(인)은 의미부분이다. 白은 사람의 얼굴 모양을 그린 것이다. 무릇 皃부에 속하는 글자들은 모두 皃를 의미부분으로 삼는다. (5438-1) 貌는 皃의 혹체자(或體字)로, 頁(혈)은 의미부분이고, 豹(표)의 생략형은 발음부분이다. (5438-2) 䫉는 皃의 주문(籒文)으로, 豹의 생략형을 (발음부분으로) 썼다.」)

①≪계전≫에는 '儀(모양 의)'자 다음의 '也(야)'자가 없다.

단옥재는 "頌(송)은 오늘날의 容자이다. 반드시 儀를 언급해야 하는 것은 사람의 얼굴 생김새의 (내면적) 품격 수준은 (외부적) 형상으로 나타날 수 있기 때문이다. 무릇 容은 그 내면을 의미하고, 皃는 그 외부를 의미한다. 인신(引伸)하여 무릇 모양을 皃라고 한다.(「頌者今之容字. 必言儀者, 謂頌之儀度可皃象也. 凡容言其內, 皃言其外. 引伸之, 凡得其狀曰皃.」)"라고 하였고(≪주≫), 주준성은 "얼굴의 정신적 기운을 頌이라고 하고, 얼굴의 생김새를 皃라고 한다.(「面之神氣曰頌, 面之形狀曰皃.」)"라고 하였다(≪통훈정성≫).

②≪계전≫·≪주≫·≪의증≫·≪구두≫ 등에서는 '人'을 '儿(인)'으로 썼다.

③

갑골문에는 '皃'자가 보이지 않고, 상(商)나라 금문과 소전의 자형은 '皃'로 같다.

④왕균은 '省(생)'자 다음에 '聲(성)'자가 빠졌다고 하였다.(≪구두≫)

2(5439) 兑 (고깔 변)

兑, 冕也. 周曰兑, 殷曰吁, 夏曰收. 从皃, 象形. 覍, 籒文兑, 从廾, 上象形.① 𠑰, 或兑字.②

(「兇은 모자를 뜻한다. 주(周)나라에서는 兇이라고 하였고, 은(殷)나라에서는 吁(우)라고 하였으며, 하(夏)나라에서는 收(수)라고 하였다. 兒는 의미부분이고, (小는) 상형이다. (5439-1) 覍은 兇의 주문(籒文)으로, 廾(공)은 의미부분이고, 윗부분은 상형이다. (5439-2) 弁은 兇의 혹체자(或體字)이다.」)

'兇'자는 갑골문과 서주(西周) 금문을 보면 '囗' 또는 'O'와 두 손[𠬞](즉 廾)으로 이루어져 있다. ≪설문해자≫에 수록된 주문은 이 자형과 비슷하다.

≪주≫와 ≪통훈정성≫에서는 '廾'을 '𠬞'으로 썼다.

②오늘날의 '弁(고깔 변)'자는 이 글자의 예서체이다.

文二, 重四.
(「정문(正文) 2자, 중문(重文) 4자.」)

제315부 【兂】 부

1(5440) 兂 (가릴 고)

兂, 廱蔽也.① 从儿, 象左右皆蔽形. 凡兂之屬皆从兂. 讀若瞽.②
(「兂는 막고 가린다는 뜻이다. 儿(인)은 의미부분이고, (ㄷㄱ는) 좌우가 모두 가려진 모양을 그린 것이다. 무릇 兂부에 속하는 글자들은 모두 兂를 의미부분으로 삼는다. 瞽(고)처럼 읽는다.」)

　①단옥재는 "廱(화락할 옹, 막을 옹)은 마땅히 邕(화할 옹, 막을 옹)으로 써야 하고, 속자(俗字)로는 壅(막을 옹)으로 쓴다.(「廱當作邕, 俗作壅.」)"라고 하였다.(≪주≫)
　②양수달(楊樹達)은 "兂는 瞽(소경 고)의 초기 글자이다. 이 글자는 儿은 의미부분이고, (ㄷㄱ는) 좌우 눈이 가려져서 보이지 않는 모양을 그린 것이다.(「兂者, 瞽之初字也. 字从儿, 象左右二目有所蔽而不見形.」)"라고 하였다.(≪적미거소학술림(積微居小學述林)≫)

2(5441) 兜 (투구 두)

兜, 兜鍪, 首鎧也. 从兂, 从皃省. 皃, 象人頭也.①
(「兜는 두무(兜鍪)로, 투구를 뜻한다. 兂와 皃(모)의 생략형은 (모두) 의미부분이다. 皃는 사람의 머리를 그린 것이다.」)

　①≪계전≫·≪주≫·≪구두≫ 등에는 '頭(두)'자 다음에 '形(형)'자가 한 글자 더 있다.

文二.
(「정문(正文) 2자.」)

제316부【先】부

1(5442) 先 (먼저 선)

先, 前進也. 从儿, 从之.① 凡先之屬皆从先.
(「先은 앞으로 나아간다는 뜻이다. 儿(인)과 之(지)는 (모두) 의미부분이다. 무릇 先부에 속하는 글자들은 모두 先을 의미부분으로 삼는다.」)

① 갑골문 / 상 금문 / 서주 금문
甲3521 / 粹200 / 合集158 / 先 壺 / 大盂鼎 / 虢季子白盤

춘추 금문 / 전국 금문 / 소 전 / 예 서
秦公鎛 / 余義鐘 / 中山圓壺 / 설문해자 / 太公望表

'先'자는 갑골문과 금문을 보면 모두 사람[ ] 위에 발[ ](=止, 지)이 있는 형태이다.

갑골문 <합집(合集) 158>과 춘추(春秋)시대의 금문인 <여의종(余義鐘)>에서는 '이동한다'는 뜻의 '彳(척)'자를 더하여 '徔'으로 썼다.

서중서(徐中舒)는 ' '에서 위의 '止'는 발자취를 뜻하고 아래의 '人(인)'은 후손(後孫)을 뜻하므로 '先'은 '선조(先祖)'를 의미한다고 하였고(≪갑골문자전(甲骨文字典)≫), 진초생(陳初生)은 사람이 발을 들어 올린 모양이므로 '앞으로 나아가다'라는 뜻이라고 하였다(≪금문상용자전(金文常用字典)≫).

또 양수달(楊樹達)은 "내 생각에, 옛날 之(지)와 止는 같은 글자였다. 갑골문의 先자는 대부분 止를 썼다. … 止는 사람의 발이다. 先은 儿(고문의 人자)과 止로 이루어졌는데, 뜻은 '앞으로 나간다'는 것으로, (이것은) 見(견)이 人과 目(목)으로 이루어져 '보다'라는 뜻이 되고, 企(기)가 人과 止로 이루어져 '발꿈치를 들다'라는 뜻이 되는 것과 같다.(「按: 古之與止為一文. 龜甲文先字多从止 … 止為人足. 先从儿(古人字), 从止, 而義為前進, 猶見从人目而義為視, 企从人止而義為舉踵.」)"라고 하였다.(≪문원(文源)≫)

≪의증≫에서는 '之'를 '屮'로 썼다.

2(5443) 兟 (나아갈 신)

兟, 進也. 从二先. 贊从此. 闕.
(「兟은 나아간다는 뜻이다. 두 개의 先자로 이루어졌다. 贊(도울 찬)자(의 윗부분)는 이것(즉 兟자)을 따른 것이다. (이 이상은 알 수 없어 해설란을) 비워둠.」)

文二.
(「정문(正文) 2자.」)

제317부 【禿】부

1(5444) 禿 (대머리 독)

禿, 無髮也. 从人①, 上象禾粟之形②, 取其聲. 凡禿之屬皆从禿. 王育說: "蒼頡出③, 見禿人伏禾中, 因以制字." 未知其審.④

(「禿은 머리카락이 없다는 뜻이다. 人(인)은 의미부분이고, 윗부분은 벼[粟(속)]의 형태를 그린 것으로, 그 발음을 취하였다. 무릇 禿부에 속하는 글자들은 모두 禿을 의미부분으로 삼는다. 왕육(王育)은 "창힐(蒼頡)이 나타나 머리가 벗겨진 사람이 벼 가운데 엎드려 있는 모습을 보고 그 글자를 만들었다"라고 주장하였다. 그 상세한 사정은 알지 못한다.」)

①≪계전≫·≪주≫·≪의증≫·≪구두≫ 등에서는 '人'을 '儿(인)'으로 썼다.

②≪계전≫에서는 '禾(화)'를 '采(벼 이삭 수)'로 썼다.

단옥재는 "내 생각에, 粟은 秀(수)로 써야 한다. 피휘(避諱)를 하기 위해 고친 것이다.(「按: 粟當作秀. 以避諱改之也.」)"라고 하였다.(≪주≫) 참고로 '秀'는 한(漢) 광무제(光武帝, 25~75 재위)의 이름이다.

③≪주≫에서는 '蒼頡'을 '倉頡(창힐)'로 썼다.

④단옥재는 "한 때 잠시 나타난 것이 마침내 천고(千古)의 서계(書契)로 굳어졌도다. 대머리가 반드시 벼 가운데 있을 필요가 없으니, 이 주장은 성립하기가 어려울 것 같다. ≪광운(廣韻)≫ 禿자에서 이르기를, '≪설문해자≫에 이르기를 '머리카락이 없다는 뜻이다. 儿은 의미부분이고, 윗부분은 벼의 형태를 그린 것이다'라고 하였다'고 하였다. ≪문자음의(文字音義)≫에서 이르기를 '창힐(蒼頡)이 나타나 머리가 벗겨진 사람이 벼 가운데 엎드려 있는 모습을 보고 그 글자를 만들었다'라고 하였다. ≪광운≫에는 '倉頡' 운운한 글귀가 없으니, 즉 옛날 판본에는 倉頡 이하 17자가 없었음을 알 수 있다. 그리고 '王育說' 세 글자는 위의 해설과 연결되어 있는 것이다. 전체 책의 예가 진실로 이와 같다. ≪문자음의≫는 ≪당서(唐書)·예문지(藝文志)≫에 있는 현종(玄宗) 개원(開元, 713~741) 때의 ≪문자음의≫ 30권(卷)이 그것이다.(「因一時之偶見, 遂定千古之書契. 禿人不必皆伏禾中, 此說殆未然矣. ≪廣韵≫禿下曰: "≪說文≫云: 無髮也. 从儿, 上象禾粟之形." ≪文字音義≫云: "倉頡出見禿人伏於禾中, 因以制字." ≪廣韵≫不以倉頡云云爲說文語, 則知古本無倉頡以下十七字. 而王育說三字爲結上之辭. 全書例固如此. ≪文字音義者≫, ≪唐書藝文志≫有

玄宗開元≪文字音義≫三十卷是也..)"라고 하였다.

2(5445) 穨 (사나운 바람 퇴, 쇠퇴할 퇴)

穨, 秃皃. 从秃, 貴聲.①
(「穨는 머리카락이 없는 모습을 뜻한다. 秃은 의미부분이고, 貴(귀)는 발음부분이다.」)

　①단옥재는 "이 글자는 貴가 발음부분이다. 오늘날 속자로 頹로 쓰면서, 발음부분을 잃어버렸다.(「此从貴聲. 今俗字作頹, 失其聲矣..」)"라고 하였다.(≪주≫)

文二.
(「정문(正文) 2자.」)

제318부 【見】부

1(5446) 見 (볼 견; 나타날 현)

見, 視也. 从儿, 从目.① 凡見之屬皆从見.
(「見은 본다는 뜻이다. 儿(인)과 目(목)은 (모두) 의미부분이다. 무릇 見부에 속하는 글자들은 모두 見을 의미부분으로 삼는다.」)

① 갑골문 / 서주금문
粹441 / 寧滬1.519 / 周甲102 / 沈子簋 / 賢簋 / 揚鼎
전국금문 / 소 전 / 예 서 / 초 서
鄂君車節 / 中山王壺 / 설문해자 / 史晨奏銘 / 王羲之

'見'자는 갑골문과 금문을 보면 사람의 눈을 강조한 모양으로, '보다'라는 뜻을 나타내고 있는 회의자이다.

'見'자에는 두 가지 발음이 있다. 먼저 가장 많이 쓰이는 '보다'·'만나다'라는 뜻으로 쓰일 때는 '견'(현대 중국어 발음 [jiàn], 지엔)으로 읽는다. 견해(見解), 의견(意見), 기자회견(記者會見) 등과 같은 말이 그러하다. 그리고 '나타나다'·'드러나다' 등과 같은 뜻으로 쓰일 때는 '현'([xiàn], 시엔)으로 읽는다. '임금님을 알현(謁見)하다'라고 하는 말이 그런 예이다.

2(5447) 視 (볼 시)

視, 瞻也.① 从見·示.② 眡, 古文視. 眂, 亦古文視.③
(「視는 본다는 뜻이다. 見과 示(시)는 (모두) 의미부분이다. (5447-1) 眡는 視의 고문(古文)이다. (5447-2) 眂도 역시 視의 고문이다.」)

①단옥재는 "<목부(目部)>에 이르기를 '瞻(첨)은 내려다본다는 뜻이다'라고 하였다. 視가 반드시 내려다보는 것은 아니다. 그러한즉 瞻과 視는 약간 다르지만, 통합해서 말할 때는 차이가 없다.("<目部>曰: '瞻, 臨視也.' 視不必皆臨, 則瞻與視小

別矣. 渾言不別也.」)"라고 하였다.(≪주≫)

　②≪계전≫・≪주≫・≪통훈정성≫・≪구두≫ 등에서는 "从見, 示聲.(「見은 의미부분이고, 示는 발음부분이다.」)"이라고 하였다.

③

| 갑골문 | 금문 | 소전 | 고문(1) | 고문(2) |
| 前2.7.2 | 何 尊 | 설문해자 | 설문해자 | 설문해자 |

　'視'자는 갑골문을 보면 '𥃩'로 '示'와 '目'으로 이루어졌는데, ≪설문해자≫에 수록된 고문(1) '眂'는 이 구조와 같다.

　또 서주(西周) 금문 <하존(何尊)>에서의 자형은 '䙂'로 썼는데, 고문(2) '眡'는 이와 비슷한 구조이다.

3(5448) 觀 (볼 리, 구할 리·려)

觀, 求也.① 从見, 麗聲. 讀若池.②
(「觀는 구한다는 뜻이다. 見은 의미부분이고, 麗(려)는 발음부분이다. 池(지)처럼 읽는다.」)

　①≪주≫에는 '求(구)'자 뒤에 '視(시)'자가 한 글자 더 있다. 즉 "구하려고 본다"라는 의미이다.

　계복도 '求'자 뒤에는 마땅히 '視'자가 있어야 한다고 하였다.(≪의증≫)

　②≪의증≫에서는 '池'를 '沱(타)'로 썼다.

4(5449) 覣 (좋게 볼 위)

覣, 好視也.① 从見, 委聲.
(「覣는 좋게 본다는 뜻이다. 見은 의미부분이고, 委(위)는 발음부분이다.」)

　①≪계전≫에는 '視(시)'자 다음의 '也(야)'자가 없다.

5(5450) 覞① (흘겨 볼 예)

覞, 旁視也.② 从見, 兒聲.

(「䫀는 흘겨본다는 뜻이다. 見은 의미부분이고, 兒(아)는 발음부분이다.」)

①단옥재는 "<목부(目部)>에 이르기를 '睨(예)는 흘겨본다는 뜻이다'라고 하였다. 이 두 글자는 발음과 뜻이 모두 같다.(「<目部>曰: '睨, 衺視也.' 二字音義皆同.」)"라고 하였다.(≪주≫)
  현재는 '睨'자를 많이 쓴다.
  ②≪계전≫에서는 '旁(방)'을 '內(내)'로 썼다.
  또 ≪계전≫에는 '視(시)'자 다음의 '也(야)'자가 없다.

6(5451) 覶 (차례 라, 자세히 볼 라, 좋게 볼 라)

覶, 好視也.① 从見, 䛼聲.
(「覶는 좋게 본다는 뜻이다. 見은 의미부분이고, 䛼(란)은 발음부분이다.」)

  ①≪계전≫에는 '視(시)'자 다음의 '也(야)'자가 없다.

7(5452) 親 (웃으며 볼 록)

親, 笑視也. 从見, 彔聲.①
(「親은 웃으며 본다는 뜻이다. 見은 의미부분이고, 彔(록)은 발음부분이다.」)

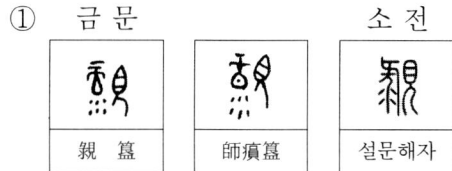

① 금문		소전
親 簋	師瘨簋	설문해자

갑골문에는 '親'자가 보이지 않고, 서주(西周) 금문과 소전의 자형은 '親'으로 같다.

8(5453) 覵 (크게 볼 훤·권)

覵, 大視也. 从見, 夐聲.
(「覵은 크게 본다는 뜻이다. 見은 의미부분이고, 夐(원)은 발음부분이다.」)

9(5454) 覝 (살펴볼 렴)

覝, 察視也.① 从見, 兼聲. 讀若鎌.

(「覝은 세밀하게 살펴본다는 뜻이다. 見은 의미부분이고, 灷(점)은 발음부분이다. 鎌(겸)처럼 읽는다.」)

①단옥재는 "세밀(細密)하게 살펴본다는 뜻이다.(「密察之視也.」)"라고 하였다. (≪주≫)

10(5455) 靧 (어질어질할 운, 성(姓) 운)

靧, 外博衆多視也.① 从見, 員聲. 讀若運.
(「靧은 밖에 물건이 너무 많아서 눈이 어지럽다는 뜻이다. 見은 의미부분이고, 員(원)은 발음부분이다. 運(운)처럼 읽는다.」)

①≪계전≫·≪주≫·≪의증≫·≪통훈정성≫·≪구두≫·≪교록≫ 등에서는 모두 '博(넓을 박)'을 '博(박)'으로 썼다.

또한 ≪주≫에서는 ≪광운(廣韻)≫에 근거하여 '衆(중)'자 다음의 '多(다)'자를 없 앴다.

승배원(承培元)은 "힘이 미치니 않는데, 두루 볼 것이 너무 많아서, 눈이 어지럽 다는 말이다.(「力所不逮, 而博覽衆多, 則光旬蟹也.」)"라고 하였다.(≪광답문소증(廣 答問疏證)≫)

11(5456) 觀 (볼 관)

觀, 諦視也. 从見, 雚聲.① 艸, 古文觀, 从囧.
(「觀은 자세히 본다는 뜻이다. 見은 의미부분이고, 雚(관)은 발음부분이다. (5456-1) 艸은 觀의 고문(古文)으로 (見 대신) 囧(경)을 썼다.」)

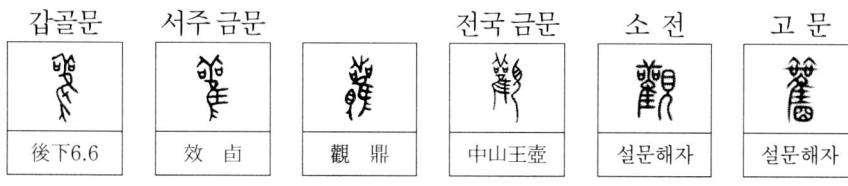

갑골문	서주 금문		전국 금문	소 전	고 문
後下6.6	效 卣	觀 鼎	中山王壺	설문해자	설문해자

'觀'자는 갑골문과 금문을 보면 대부분 '雚'으로 썼다. '雚'은 새를 그린 상형자인 데, 뒤에 '보다'라는 뜻으로 가차(假借)되었다.

그 후 의미부분으로 '見'자가 더해지자(<관정(觀鼎)>·<중산왕호(中山王壺)>), '雚'은 발음부분이 되었고 이렇게 하여 현재와 같은 형성자인 '觀'자가 된 것이다.

12(5457) 𧴩 (득)①

𧴩, 取也. 从見·寸.② 寸, 度之. 亦手也.③
(「𧴩은 취한다는 뜻이다. 見과 寸(촌)은 (모두) 의미부분이다. 寸은 잰다는 뜻이다. 또 손을 뜻한다.」)

①'𧴩'자는 ≪대한한사전(大漢韓辭典)≫에 보이지 않는다.
발음은 ≪광운(廣韻)≫에 따르면 '多則切(다칙절)' 즉 '득'이다.

②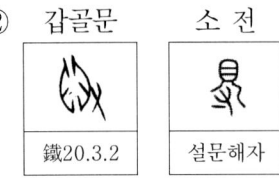

 갑골문 소 전

 鐵20.3.2 설문해자

'𧴩'자는 갑골문을 보면 '貝(패)'와 '又(우)'로 이루어졌다. "손으로 조개를 취한다"는 의미이다.

서호(徐灝)는 "≪육서고(六書故)≫에서는 又가 貝를 쥐고 있는 형태(의 회의자)라고 하면서, 조개가 손에 있으니 얻는다는 뜻을 말하는 것이라고 하였다. 이 주장은 옳은 것 같다. 그런데 寸(촌)을 쓰는 것과 又를 쓰는 것은 같고, 見은 貝를 잘못 쓴 것이다.(「≪六書故≫作从又持貝, 云貝在手, 得之義. 此說似通. 但从寸與从又同, 見則貝之譌也..」)"라고 하였다.(≪설문해자주전(說文解字注箋)≫)

③≪구두≫에서는 ≪고금운회(古今韻會)≫에 근거하여 이다음에 "見而手取之.(「보고 손으로 취한다는 뜻이다.」)"라는 글귀를 보충하였다.

13(5458) 覽 (볼 람)

覽, 觀也. 从見·監①, 監亦聲.
(「覽은 자세히 본다는 뜻이다. 見과 監(감)은 (모두) 의미부분인데, 監은 발음부분이기도 하다.」)

①참고로 제8편 상 <와부(臥部)> (5221) '監'자의 갑골문과 금문을 다시 소개하면 '𥃩'(<일(佚) 932>)·'𥃡'(<응감언(雁監甗)>) 등으로, 모두 물이 담겨 있는 그릇을 사람이 들여다보고 있는 모양이다.

14(5459) 鶆 (속속들이 볼 래)

鶆, 內視也.① 从見, 來聲.
(「鶆는 속을 들여다보듯이 본다는 뜻이다. 見은 의미부분이고, 來(래)는 발음부분이다.」)

①장순휘(張舜徽)는 "눈을 돌리지 않고, 다른 것은 일체 보지 않으면서, 속을 들여다보듯이 정신을 집중하는 것을 일컫는다.(「謂目不轉睛, 不視外物, 凝神若內顧也..」)"라고 하였다.(≪설문해자약주(說文解字約注)≫)

15(5460) 題 (드러날 제)

題, 顯也.① 从見, 是聲.
(「題는 드러난다는 뜻이다. 見은 의미부분이고, 是(시)는 발음부분이다.」)

①단옥재는 "顯(드러날 현)은 마땅히 㬎(현)으로 써야 한다. 㬎과 顯은 고금자(古今字)이다. 㬎은 많이 밝다는 뜻이다. 해[日(일)] 아래에서 실[絲(사)]을 보고 있는 형태(의 회의자)이다. 그러므로 題를 발음으로 뜻을 풀이하면 미세한 부분까지 관찰(觀察)한다는 뜻이다.(「顯當作㬎. 㬎・顯古今字. 㬎者, 衆明也. 从日中見絲. 然則題之爲言亦察及微杪也..」)"라고 하였다.(≪주≫)

16(5461) 覹 (살펴볼 표)

覹, 目有察省見也.① 从見, 票聲.②
(「覹는 눈으로 자세히 살펴본다는 뜻이다. 見은 의미부분이고, 票(표)는 발음부분이다.」)

①단옥재는 "(제4편 상) <목부(目部)>의 (2129) 瞟(볼 표)자와 발음과 뜻이 모두 같다.(「與目部之瞟音義皆同..」)"라고 하였다.(≪주≫)
②≪주≫・≪의증≫・≪교록≫ 등에서는 '票'를 '𥠺'로 썼다.

17(5462) 覗 (엿볼 시)

覗, 覗䚹, 閒觀也.① 从見, 朿聲.②
(「覗는 覗䚹(시처)로, 엿본다는 뜻이다. 見은 의미부분이고, 朿(자・지)는 발음부분이다.」)

①≪계전≫에는 '觀(관)'자 다음의 '也(야)'자가 없다.
②≪통훈정성≫과 ≪교록≫에서는 '才'를 '宂'로 썼다.

18(5463) 覰 (엿볼 처)

覰, 拘覰, 未致密也.① 从見, 虘聲.
(「覰는 拘覰(구처)로, 치밀하지 못하다는 뜻이다. 見은 의미부분이고, 虘(차)는 발음부분이다.」)

①≪주≫에서는 "覰, 覷覰也. 一曰: 拘覰, 未致密也.(「覰는 엿본다는 뜻이다. 일설에는 拘覰로, 치밀하지 못하다는 뜻이라고도 한다.」)"라고 하였다.
≪설문해자≫의 해설 방식으로 보면 이것이 맞을 것이다.

19(5464) 覭 (어두운 데서 엿볼 명)

覭, 小見也. 从見, 冥聲. ≪爾雅≫曰: "覭髳, 弗離."①
(「覭은 작게 보인다는 뜻이다. 見은 의미부분이고, 冥(명)은 발음부분이다. ≪이아(爾雅)≫에 이르기를 "覭髳(명모)는 弗離(불리, 희미하다는 뜻)이다."라고 하였다.」)

①현재 전해지는 ≪이아·석고(釋詁)≫에서는 '弗'을 '茀(불)'로 썼다.
왕균은 "≪이아≫에서 覭髳를 弗離라고 풀이하였는데, 이들은 모두 연면사(連綿詞)이다. … 覭髳는 溟濛(명몽)과 같고, 弗離는 迷離(미리)와 같은데, 모두 '희미하다[依稀仿佛(의희방불)]'는 뜻의 낱말이다. 보이는 것[見]이 명료(明瞭)하지 않으므로, 그래서 '작다[小(소)]'고 한 것이다.(「≪爾雅≫以覭髳釋弗離, 而皆是連語. … 覭髳猶溟濛, 弗離猶迷離, 皆依稀仿佛之詞. 見之不瞭, 故曰小也.」)"라고 하였다.(≪구두≫)

20(5465) 覛 (천천히 볼 담)

覛, 內視也.① 从見, 甚聲.
(「覛은 속속들이 본다는 뜻이다. 見은 의미부분이고, 甚(심)은 발음부분이다.」)

①앞에 나온 (5459) '覶(속속들이 볼 래)' 주해 ①번 참조.

21(5466) 覯 (만나볼 구)

覯, 遇見也.① 从見, 冓聲.

(「覯는 만나서 본다는 뜻이다. 見은 의미부분이고, 冓(구)는 발음부분이다.」)

①단옥재는 "覯와 遇(만날 우)는 첩운(疊韵)관계이다. <착부(辵部)>에 이르기를 '遘(구)는 (길을 가다가) 만난다는 뜻이다'라고 하였다. 覯는 見이 의미부분이니, 즉 만나서 본다는 뜻이 된다.(「覯與遇疊韵. <辵部>曰: '遘, 遇也.' 覯从見, 則爲逢遇之見.」)"라고 하였다.(≪주≫)

22(5467) 覵 (눈여겨볼 규)

覵, 注目視也. 从見, 歸聲.
(「覵는 눈여겨본다는 뜻이다. 見은 의미부분이고, 歸(귀)는 발음부분이다.」)

23(5468) 覘 (엿볼 점)(본음 첨)

覘, 窺也.① 从見, 占聲. ≪春秋傳≫曰: "公使覘之, 信."②
(「覘은 엿본다는 뜻이다. 見은 의미부분이고, 占(점)은 발음부분이다. ≪춘추전(春秋傳)≫에 이르기를 "진(晉) 여공(厲公)이 사람을 보내 몰래 살펴보았더니, 사실이었다."라고 하였다.」)

①≪주≫·≪구두≫ 등에서는 ≪광운(廣韻)≫에 근거하여 '窺(엿볼 규)'를 '闚視(규시, 엿본다는 뜻)'로 썼다.
또한 ≪계전≫에서는 '也(야)'를 '視(시)'로 썼다.
②≪춘추좌전(春秋左傳)·성공(成公) 17년≫에 나오는 글귀.

24(5469) 覹 (엿볼 미)

覹, 司也.① 从見, 微聲.
(「覹는 엿본다는 뜻이다. 見은 의미부분이고, 微(미)는 발음부분이다.」)

①단옥재(≪주≫)와 왕균(≪구두≫)은 '司(맡을 사)'는 지금의 '伺(엿볼 사)'의 뜻이라고 하였다.

25(5470) 覢 (언뜻 볼 섬)

覢, 暫見也.① 从見, 炎聲. ≪春秋公羊傳≫曰: "覢然公子陽生."②
(「覢은 갑자기 출현(出現)했다는 뜻이다. 見은 의미부분이고, 炎(염)은 발음부분이

다. ≪춘추공양전(春秋公羊傳)≫에 이르기를 "갑자기 공자 양생(陽生)이 나타났다."라고 하였다.」)

①단옥재는 '暫見(잠견)'에 대해 "갑자기 나타남을 뜻한다.(「猝乍之見也.」)"라고 하였다.(≪주≫)
②현재 전해지는 ≪춘추공양전·애공(哀公) 6년≫에서는 '覞'을 '闖(엿볼 츰, 머리를 내미는 모양 츰·틈)'으로 썼다.

26(5471) 覟 (잠깐 볼 빈)

覟, 暫見也.① 从見, 賓聲.
(「覟은 갑자기 출현(出現)했다는 뜻이다. 見은 의미부분이고, 賓(빈)은 발음부분이다.」)

①≪주≫와 ≪구두≫에는 '暫(잠)'자 앞에 '覟覢(빈번, 갑자기 나타났다는 뜻)' 두 글자가 더 있다. ≪설문해자≫ 해설 통례로 보면 이 방식이 맞다. 이에 따르면 번역은 "覟은 覟覢으로, 갑자기 출현했다는 뜻이다"로 된다.
또한 ≪계전≫에는 '見'자 다음의 '也(야)'자가 없다.

27(5472) 覢 (잠깐 볼 번)

覢, 覟覢也. 从見, 樊聲. 讀若幡.
(「覢은 갑자기 나타났다는 뜻이다. 見은 의미부분이고, 樊(번)은 발음부분이다. 幡(번)처럼 읽는다.」)

28(5473) 覟① (병든 사람 볼 미)

覟, 病人視也.② 从見, 氐聲.③ 讀若迷.
(「覟는 병든 사람이 본다는 뜻이다. 見은 의미부분이고, 氐(저)는 발음부분이다. 迷(미)처럼 읽는다.」)

①≪주≫에서는 이 글자를 '覟'로 썼다.
이에 대해 단옥재는 "내 생각에, 다른 책에서는 이 글자를 '覟'로 쓰고, 氐를 발음부분이라고 하였는데, 氐가 발음부분이라면 당연히 低(저)처럼 읽을 것이고, 迷와는 발음이 어울리지 않는다. ≪광운(廣韻)≫ 제12 <제운(齊韻)>에서는 '覟는 병

든 사람이 보는 모습을 뜻한다.(「䁵, 病人視皃.」)'라고 하였고, ≪집운(集韻)≫에서는 '䁵'와 覟 두 글자는 같다.(「䁵䁹二同.」)'라고 하였으며, ≪유편(類篇)≫에서는 '䁹와 䁵 두 글자는 같다.(「䁹䁵二同.」)'라고 하였다. ≪집운≫과 ≪유편≫에서 䁹은 또 발음이 民堅切(민견절, 즉 면)이고 뜻은 '병이 들어서 본다'는 뜻으로 풀이하였다. (이와 같은 사항을) 고려하건데 대체로 옛날 판본에서는 䁵로 썼고, 民이 발음부분일 것이다. 眠(면)처럼 읽는다는 것은 그 발음이 바뀐 것이고, 迷처럼 읽는다는 것은 쌍성(雙聲)관계이다. 당(唐)나라 사람들은 民(민)자를 (태종 이세민(李世民)의 民자이기 때문에) 피휘(避諱)하여 (䁵자에서 民의) 한 획을 줄여서 썼는데, (이렇게 되자) 氏(씨)자와 매우 비슷해져서, 䁹로 쓰기 시작하였고, 이것이 다시 잘못 변해서 䁵자가 된 것이다. 이에 정자(正字)와 와자(譌字)가 병존하기에 이르렀다. 이제 정자체로 고친다.(「按: 各本篆作䁹, 解作氏聲. 氏聲則應讀若低. 與讀若迷不協. 攷≪廣韵≫十二齊曰: '䁵, 病人視皃.' ≪集韵≫曰: '䁵䁹二同.' ≪類篇≫曰: '䁹䁵二同.' ≪集韵≫·≪類篇≫䁹, 又民堅切, 訓病視. 蓋古本作䁵, 民聲. 讀若眠者, 其音變; 讀若迷者, 雙聲合音也. 唐人諱民, 偏旁省一畫, 多似氏字, 始作䁹, 繼又譌作䁵. 乃至正譌並存矣. 今改从正體.」)"라고 설명하였다.

② ≪계전≫에는 '視(시)'자 다음의 '也(야)'자가 없다.

③ ≪주≫에서는 '氏'를 '民'으로 썼다.

29(5474) 覤 (내려다보며 더듬을 유)

覤, 下視深也.① 从見, 鹵聲. 讀若攸.

(「覤는 깊은 곳을 내려다본다는 뜻이다. 見은 의미부분이고, 鹵(유)는 발음부분이다. 攸(유)처럼 읽는다.」)

① ≪주≫에서는 '深(심)'을 '突'으로 썼다.

≪계전≫에는 '深'자 다음의 '也(야)'자가 없다.

30(5475) 覙 (가만히 머리 내밀고 볼 침)

覙, 私出頭視也.① 从見, 肜聲. 讀若郴.

(「覙은 슬그머니 머리를 내밀고 본다는 뜻이다. 見은 의미부분이고, 肜(침)은 발음부분이다. 郴(침)처럼 읽는다.」)

① ≪계전≫에는 '視(시)'자 다음의 '也(야)'자가 없다.

31(5476) 覒 (나갈 몽)

覒, 突前也.① 从見·冃.②

(「覒은 앞으로 돌진(突進)한다는 뜻이다. 見과 冃(무릅쓸 모)는 (모두) 의미부분이다.」)

①≪계전≫에는 '前(전)'자 다음의 '也(야)'자가 없다.
②≪계전≫에서는 "從見, 冃聲.(「見은 의미부분이고, 冃는 발음부분이다.」)"이라고 하였고, ≪통훈정성≫에서는 "从見, 从冃. 會意. 與冒畧同.(「見과 冃는 (모두) 의미부분이다. 회의이다. 冒(무릅쓸 모)와 거의 같다.」)"이라고 하였다.
그리고 주준성은 "내 생각에, 이 글자에서 冃는 발음부분이기도 하다. 발음은 蒙(몽)이 약간 변화한 것과 같다.(「按: 此字冃亦聲, 讀如蒙者聲之轉.」)"라고 하였다. (≪통훈정성≫)

32(5477) 覬 (넘겨다 볼 기)

覬, 㰲幸也.① 从見, 豈聲.

(「覬는 행운을 바란다는 뜻이다. 見은 의미부분이고, 豈(개)는 발음부분이다.」)

①≪주≫에서는 '㰲(바랄 기)'를 '欥'로 썼고, ≪의증≫과 ≪통훈정성≫에서는 '㚔(행)'을 '幸(행)'으로 썼다. '幸'은 '㚔'의 예서체이다.
≪계전≫에는 '㚔'자 다음의 '也(야)'자가 없다.
단옥재는 "<흠부(欠部)> (5511) 欥자에서 이르기를 '欥는 바란다는 뜻이다'라고 하였다. 覬와 欥는 첩운(疊韵)관계이다. 옛날에는 幾(기)로 많이 썼는데, 한(漢)나라 사람들은 驥(기)로 쓰기도 하고, 또 冀(기)로 쓰기도 하였다. 豈에서도 의미를 취하였다. (제5편 상 <豈부>) (3075) 豈자에서 이르기를 '하고자 한다는 뜻이다'라고 하였다.(「<欠部>欥下曰: '欥, 㚔也.' 覬·欥疊韵. 古多作幾, 漢人或作驥, 亦作冀. 於从豈取意. 豈下曰: '欲也.'」)"라고 하였다.(≪주≫)

33(5478) 覦 (넘겨다 볼 유)

覦, 欲也.① 从見, 俞聲.

(「覦는 하고자한다는 뜻이다. 見은 의미부분이고, 俞(유)는 발음부분이다.」)

①≪계전≫에는 '欲(욕)'자 다음의 '也(야)'자가 없다.

단옥재는 '覛'와 '欿'은 첩운(疊韵)관계라고 하였다.(《주》)

34(5479) 覰 (바로 볼 창)

覰, 視不明也.① 一曰直視. 从見, 舂聲.
(「覰은 보는 것이 흐릿하다는 뜻이다. 일설에는 똑바로 본다는 뜻이라고도 한다. 見은 의미부분이고, 舂(용)은 발음부분이다.」)

①《계전》에는 '明(명)'자 다음의 '也(야)'자가 없다.

35(5480) 覞 (잘못 볼 요)

覞, 視誤也.① 从見, 龠聲.②
(「覞는 잘못 보았다는 뜻이다. 見은 의미부분이고, 龠(약)은 발음부분이다.」)

①《계전》에는 '誤(오)'자 다음의 '也(야)'자가 없다.

②'覞'의 고음은 음성운(陰聲韻) *riaw / iæu(애우→요)와 입성운(入聲韻) *riawk / iɑk(약) 등 두 가지이고, '龠'의 고음은 입성운 *riawk / iɑk이다. 두 글자는 '覞'를 입성운 '약'으로 읽으면 발음이 완전히 같고, 음성운 '요'로 읽을 경우에도 첫소리가 [r-]로 같고, 상고음(上古音)의 주모음(主母音) 역시 [aw]로 같다. 그래서 '覞'자에서 '龠'이 발음부분이 될 수 있는 것이다. 고대에는 음성운과 입성운이 때때로 협운을 하기도 하였다.

36(5481) 覺 (깨달을 각)

覺, 寤也.① 从見, 學省聲. 一曰發也.②
(「覺은 (잠에서) 깨어났다는 뜻이다. 見은 의미부분이고, 學(학)의 생략형은 발음부분이다. 일설에는 깨닫게 한다는 뜻이라고도 한다.」)

①《계전》에는 '寤(깰 오)'자 다음의 '也(야)'자가 없다.
《주》에서는 '寤'를 '悟(깨달을 오)'로 썼다.

②단옥재는 "사람을 경각(警覺)시킨다는 의미를 일컫는 것이다.(「謂警覺人之意..」)"라고 하였다.(《주》)

37(5482) 覿 (눈 붉을 적)

覿, 目赤也.① 从見, 䀈省聲.②
(「覿은 눈이 붉다는 뜻이다. 見은 의미부분이고, 䀈(지)의 생략형은 발음부분이다.」)

①≪계전≫에는 '赤(적)'자 다음의 '也(야)'자가 없다.
②≪계전≫에서는 "智聲.(「智(지)는 발음부분이다.」)"이라고 하였다.

참고로 '覿'의 고음은 입성운(入聲韻) *t'ek / t'iek(텍→적)이고, '䀈'의 고음은 음성운(陰聲韻) *tieɣ / ţiI(디→지)이다. 두 글자는 첫소리가 [t-] 계열로 비슷하고, 상고음(上古音)의 주모음(主母音)이 [e]로 같으며, 운미(韻尾)는 혀뿌리소리[설근음(舌根音)]인 [-k]과 [-ɣ]으로 발음 부위가 같다. 그래서 '覿'자에서 '䀈'가 발음부분이 될 수 있는 것이다. 고대에는 음성운과 입성운이 때때로 협운을 하기도 하였다.

38(5483) 靚 (단정할 정, 안존할 정)

靚, 召也.① 从見, 靑聲.
(「靚은 부른다는 뜻이다. 見은 의미부분이고, 靑(청)은 발음부분이다.」)

①≪계전≫에는 '召(소)'자 다음의 '也(야)'자가 없다.

39(5484) 親 (친할 친)

親, 至也.① 从見, 亲聲.②
(「親은 (친밀함이) 이르렀다는 뜻이다. 見은 의미부분이고, 亲(친)은 발음부분이다.」)

①≪계전≫에는 '至(지)'자 다음의 '也(야)'자가 없다.
단옥재는 "친밀한 정이 간절히 다다른 것이 至이다.(「情意懇到曰至.」)"라고 하였다. (≪주≫)

②

서주 금문		춘추 금문	전국 금문		소 전
克鐘	史懋壺	鄂侯鼎	中山王鼎	中山王鼎	설문해자

갑골문에는 '親'자가 보이지 않는다.
금문의 자형은 '親'(<극종(克鐘)>), '窺'(<사무호(史懋壺)>·<악후정(鄂侯鼎)>),

'𩫃'(<중산왕정(中山王鼎)>) 등으로 썼다. '親'에서 '辛(신)'은 '亲(친)'의 생략형이고, '𩫃'에서의 '斤(근)'은 '見'의 변형이며, '宀(면)'은 덧붙여진 것이다.

40(5485) 覲 (뵈올 근)

覲, 諸侯秋朝曰覲. 勞王事.① 从見, 堇聲.
(「覲, 제후가 가을에 조회(朝會)에 나가 (천자를) 뵙는 것을 覲이라고 한다. 임금의 일을 돌본다는 뜻이다. 見은 의미부분이고, 堇(근)은 발음부분이다.」)

①≪주≫와 ≪구두≫에는 '勞(로)'자 앞에 '覲'자가 한 글자 더 있고, 또 '事(사)'자 다음에는 '也(야)'자가 한 글자 더 있다.

41(5486) 覜 (뵈올 조)

覜, 諸侯三年大相聘曰覜. 覜, 視也.① 从見, 兆聲.
(「覜, 제후가 3년에 한 번 서로를 방문하는 것을 覜라고 한다. 覜는 본다는 뜻이다. 見은 의미부분이고, 兆(조)는 발음부분이다.」)

①≪계전≫에는 '視(시)'자 다음의 '也(야)'자가 없다.

42(5487) 覒 (볼 모, 가릴 모)

覒, 擇也. 从見, 毛聲. 讀若苗.
(「覒는 선택(選擇)한다는 뜻이다. 見은 의미부분이고, 毛(모)는 발음부분이다. 苗(묘)처럼 읽는다.」)

43(5488) 覕 (언뜻 볼 별)

覕, 蔽不相見也.① 从見, 必聲.
(「覕은 가려서 보이지 않는다는 뜻이다. 見은 의미부분이고, 必(필)은 발음부분이다.」)

①≪계전≫에는 '見'자 다음의 '也(야)'자가 없다.

44(5489) 覹 (기다려 볼 시)

覹, 司人也.① 从見, 它聲.② 讀若馳.

(「覒는 사람을 기다린다는 뜻이다. 見은 의미부분이고, 它(타)는 발음부분이다. 馳(치)처럼 읽는다.」)

①서개는 '司(사)'는 '伺候(사후, 기다린다는 뜻)'의 뜻이라고 하였고(≪계전≫), 단옥재(≪주≫)와 왕균(≪구두≫)은 '伺(엿볼 사, 찾을 사)'의 뜻이라고 하였다.
②'覒'의 고음은 *ria / iI(이→시)이고, '它'의 고음은 *t'a / t'ɑ(타)이다. 두 글자는 상고음(上古音)의 주모음(主母音)이 [a]로 같다. 그래서 '覒'자에서 '它'가 발음부분이 될 수 있는 것이다.

45(5490) 覤 (눈곱 낄 두)

覤, 目蔽垢也. 从見, 䀠聲. 讀若兜.①
(「覤는 눈곱이 끼었다는 뜻이다. 見은 의미부분이고, 䀠(두)는 발음부분이다. 兜(고)처럼 읽는다.」)

①≪계전≫·≪주≫·≪의증≫·≪통훈정성≫·≪구두≫·≪교록≫ 등에서는 모두 '兆'를 '兜(두)'로 썼다.
이것으로 볼 때 '兜'를 '兆'로 쓴 것은 아마 글자의 모양이 비슷해서 생긴 잘못일 것이다.

文四十五, 重三.
(「정문(正文) 45자, 중문(重文) 3자.」)

新1(5491) 覿 (볼 적)

覿, 見也. 从見, 賣聲.①
(「覿은 본다는 뜻이다. 見은 의미부분이고, 賣(육)은 발음부분이다.」)

①'賣(팔 육)'과 '賣(매)'는 해서체로는 자형이 비슷해서 혼동되어 쓰이지만, 두 글자의 소전을 비교해보면 모양도 다를 뿐만 아니라 구성요소도 다르다.
'賣'의 소전은 '𧷓'으로, '㞢(류)'·'囧(경)'·'貝(패)'로 이루어져 있고, '賣'의 소전은 '𧵆' 즉 '賣'로서, '出(출)'·'网(망)'·'貝'로 이루어졌다.

文一. 新附
(「정문(正文) 1자. 신부자(新附字)」)

제319부 【覞】 부

1(5492) 覞 (아울러 볼 요)

覞, 竝視也.① 从二見. 凡覞之屬皆从覞.
(「覞는 두 사람이 나란히 서서 (마주)본다는 뜻이다. 두 개의 見(견)자로 이루어졌다. 무릇 覞부에 속하는 글자들은 모두 覞를 의미부분으로 삼는다.」)

①요형(饒炯)은 "두 사람이 한 물건을 보는 것이 아니라, 두 사람이 서로 마주본다는 말이다.(「非二人同視一物, 謂二人相對爲視也.」)"라고 하였다.(≪설문해자부수정(說文解字部首訂)≫)

2(5493) 覵 (패려궂게 볼 간·견)

覵, 很視也.① 从覞, 肩聲. 齊景公之勇臣有成覵者.②
(「覵은 불손하게 본다는 뜻이다. 覞는 의미부분이고, 肩(견)은 발음부분이다. 제(齊)나라 경공(景公)의 용맹한 신하로 성간(成覵)이라는 사람이 있었다.」)

①≪계전≫에는 '視(시)'자 다음의 '也(야)'자가 없다.
단옥재는 "很(흔)은 말을 듣지 않는다는 뜻이다.(「很者, 不從聽也.」)"라고 하였다.(≪주≫)

②현재 전해지는 ≪맹자(孟子)·등문공(滕文公)≫을 보면 '成覵'을 '成覸'으로 썼다.

3(5494) 霓 (비 갤 희)

霓, 見雨而比息.① 从覞, 从雨.② 讀若欷.
(「霓는 비를 만나자 호흡이 가쁘다는 뜻이다. 覞와 雨(우)는 (모두) 의미부분이다. 欷(희)처럼 읽는다.」)

①≪계전≫·≪의증≫·≪통훈정성≫·≪구두≫·≪교록≫ 등에서는 '比(비)'를 '止(지)'로 썼다.
단옥재는 "(≪설문해자≫에서) '比는 조밀(稠密)하다는 뜻이다'라고 하였다. '密息'은 호흡이 가쁜 것을 일컫는다. 길을 가다가 비를 만나서 급히 걸으니 호흡이 가빠지게 마련이다.(「比下曰: '密也.' 密息者, 謂鼻息數速也. 道途遇雨, 急行則息必頻

喘矣.」)"라고 하였다.(≪주≫)

 ②임의광(林義光)은 "두 사람이 빗속에서 뛰어가는 모양을 그린 것으로, 뛰어가면 호흡이 가빠진다.(「象二人疾趨雨中形, 疾趨則比息..」)"라고 하였다.(≪문원(文源)≫)

文三.
(「정문(正文) 3자.」)

제320부 【欠】부

1(5495) 欠 (하품할 흠)

𣢆, 張口气悟也.① 象气从人上出之形.② 凡欠之屬皆从欠.
(「欠은 입을 벌려 기가 깨닫도록 한다(즉 하품을 한다)는 뜻이다. 입김이 사람의 위로 나가는 모양을 그린 것이다. 무릇 欠부에 속하는 글자들은 모두 欠을 의미부분으로 삼는다.」)

①단옥재는 "悟(오)는 깨닫는다는 뜻이다. 인신(引伸)하여 흩어진다는 의미가 된다(「悟, 覺也. 引伸爲解散之意..」)"라고 하였고(≪주≫), 왕균은 "사람이 하품을 할 때는 대체로 머리를 들고 입을 벌려서 기를 흩트린다. 기가 정상으로 돌지 않기 때문에 그래서 (머리 부분을) 뒤집어서 그 의미를 드러나도록 한 것이다.(「人之欠伸, 大抵相連卬首張口而气解焉. 气不循其常, 故反之以見意..」)"라고 하였다(≪설문석례(說文釋例)≫).

②

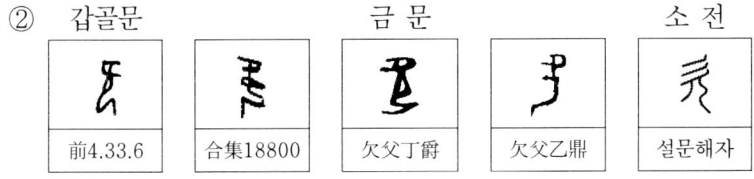

'欠'자는 갑골문과 서주(西周) 금문을 보면 꿇어앉아 있는 사람이 입을 벌리고 있는 모양이다.

참고로 '欠'과 뒤에 나오는 제323부 <기부(旡部)> (5567) '旡(기)'자는 갑골문을 보면 자형이 거의 같은데 다만 얼굴의 방향이 다를 뿐이다. 이에 대해 이효정(李孝定)선생은 고문자에서는 정반(正反)의 구별이 없으므로, '旡'와 '欠'은 모두 '숨을 내쉬는 것'으로 보아야 한다고 하였다.(≪갑골문자집석(甲骨文字集釋)≫ '旡'자 해설 참조)

2(5496) 欽 (공경할 흠)

𣣱, 欠皃.① 从欠, 金聲.②
(「欽은 하품을 하는 모습을 뜻한다. 欠은 의미부분이고, 金(금)은 발음부분이다.」)

①단옥재는 "무릇 기가 부족한 다음에 하품을 한다. 欽은 오무렸다가 입을 벌리

는 모습을 뜻한다. 인신(引伸)하여 만족스럽지 못해서 근심스러워 하는 것을 일컬어 欽이라고 한다. … ≪이아(爾雅)·석고(釋詁)≫에 이르기를 '欽은 공경(恭敬)한다는 뜻이다'라고 하였다. ≪서경(書經)≫의 <우서(虞書)>·<하서(夏書)>·<상서(商書)>에서는 欽이라고 하였고, <주서(周書)>에서는 敬이라고 하였다. <우서>·<하서>·<상서>에서는 모두 欽과 敬이 섞여서 나타난다.(「凡气不足而後欠. 欽者, 倦而張口之皃也. 引伸之, 乃欿然如不足謂之欽. … <釋詁>曰: '欽, 敬也.' 故<虞>·<夏>·<商書>言欽, <周書>則言敬. <虞>·<夏>·<商書>皆欽敬錯見..」)라고 하였다.(≪주≫)

② 금문 / 소전 / 魚鼎匕 / 설문해자

갑골문에는 '欽'자가 보이지 않고, 전국(戰國)시대 금문과 소전의 자형은 '欽'으로 같다.

3(5497) 戀 (하품할 란·권)

戀, 欠皃. 从欠, 䜌聲.
(「戀은 하품을 하는 모습을 뜻한다. 欠은 의미부분이고, 䜌(련)은 발음부분이다.」)

4(5498) 欯 (기쁠 힐)

欯, 喜也. 从欠, 吉聲.
(「欯은 기쁘다는 뜻이다. 欠은 의미부분이고, 吉(길)은 발음부분이다.」)

5(5499) 吹 (불 취)①

吹, 出气也.② 从欠, 从口.
(「吹는 (입으로) 기를 내보낸다는 뜻이다. 欠과 口(구)는 (모두) 의미부분이다.」)

①'吹'자는 제2편 상 제22부 <구부(口部)> (0828)에서 이미 "吹, 噓也. 从口, 从欠.(「吹는 분다는 뜻이다. 口와 欠은 (모두) 의미부분이다.」)"이라고 하였다. 당연히 이 중 하나는 없애야 할 것이다.

②≪계전≫에는 '气(기)'자 다음의 '也(야)'자가 없다.

6(5500) 欨 (불 구)(고음 후)

欨, 吹也. 一曰笑意. 从欠, 句聲.
(「欨는 (입김을) 분다는 뜻이다. 일설에는 웃는다는 의미라고도 한다. 欠은 의미부분이고, 句(구)는 발음부분이다.」)

갑골문에는 '欨'자가 보이지 않고, 전국(戰國)시대 금문과 소전의 자형은 '欨'로 같다.

7(5501) 歔 (숨 길게 내쉴 호, 불 호)

歔, 溫吹也.① 从欠, 虖聲.
(「歔는 따뜻하게 입김을 분다는 뜻이다. 欠은 의미부분이고, 虖(호)는 발음부분이다.」)

①≪계전≫에는 '吹(취)'자 다음의 '也(야)'자가 없다.

8(5502) 歗 (숨을 불 욱·촉; 부는 모양 혁)

歗, 吹气也.① 从欠, 或聲.
(「歗은 숨을 내쉰다는 뜻이다. 欠은 의미부분이고, 或(혹)은 발음부분이다.」)

①≪계전≫에는 '气(기)'자 다음의 '也(야)'자가 없다.

9(5503) 歟 (어조사 여)

歟, 安气也.① 从欠, 與聲.
(「歟는 기를 편안하게 한다는 뜻이다. 欠은 의미부분이고, 與(여)는 발음부분이다.」)

①≪계전≫에는 '气(기)'자 다음의 '也(야)'자가 없다.

단옥재는 "오늘날에는 어말조사(語末助詞)로 쓰이는데, 이 역시 편안하게 펼치는 의미를 취한 것이다. 與로도 쓴다.(「今用爲語末之辭, 亦取安舒之意. 通作與.」)"라고 하였다.(≪주≫)

10(5504) 歙 (기운 들이마실 협)

歙, 翕气也.① 从欠, 脅聲.
(「歙은 기를 들이마신다는 뜻이다. 欠은 의미부분이고, 脅(협)은 발음부분이다.」)

①≪계전≫에는 '气(기)'자 다음의 '也(야)'자가 없다.

11(5505) 歕① (기운 불 분)

歕, 吹气也.② 从欠, 賁聲.
(「歕은 기를 내쉰다는 뜻이다. 欠은 의미부분이고, 賁(분)은 발음부분이다.」)

①뉴수옥은 '歕'은 (제2편 상 <구부(口部)> (907)) '噴(분)'자의 중문(重文)이라고 하였다.(≪교록≫)

또 서호(徐灝) "<欠부>의 글자들은 대부분 口를 의미부분으로 쓰는 글자와 호환된다. 그 뜻이 다른 듯하면서 같은 것이 있는데, 사실은 본래 한 글자이다.(「<欠部>之字多互从口, 其義有似異而同者, 實本一字耳.」)"라고 하였다.(≪설문해자주전(說文解字注箋)≫)

②≪계전≫에는 '气(기)'자 다음의 '也(야)'자가 없다.

12(5506) 歇 (쉴 헐)

歇, 息也.① 一曰气越泄. 从欠, 曷聲.
(「歇은 쉰다는 뜻이다. 일설에는 기가 흩어지고 샌다는 뜻이라고도 한다. 欠은 의미부분이고, 曷(갈)은 발음부분이다.」)

①≪계전≫에는 '息(식)'자 다음의 '也(야)'자가 없다.

13(5507) 歡 (기뻐할 환)

歡, 喜樂也.① 从欠, 雚聲.
(「歡은 기쁘고 즐겁다는 뜻이다. 欠은 의미부분이고, 雚(관)은 발음부분이다.」)

①≪계전≫에는 '樂(락)'자 다음의 '也(야)'자가 없다.

14(5508) 欣 (기쁠 흔)

欣, 笑喜也.① 从欠, 斤聲.
(「欣은 웃으며 기뻐한다는 뜻이다. 欠은 의미부분이고, 斤(근)은 발음부분이다.」)

①≪계전≫에는 '喜(희)'자 다음의 '也(야)'자가 없다.

15(5509) 弞 (생긋 웃을 신)①

弞, 笑不壞顔曰弞. 从欠, 引省聲.②
(「弞, 웃되 얼굴에 크게 드러나지 않게 웃는 것을 弞이라고 한다. 欠은 의미부분이고, 引(인)의 생략형은 발음부분이다.」)

①≪광운(廣韻)≫에 따르면 '弞'자의 발음은 '式忍切(식인절)' 즉 '신'과 '餘刃切(여인절)' 즉 '인' 등 두 가지이다.

한편 대서본 ≪설문해자≫・≪주≫・≪의증≫・≪구두≫・≪교록≫ 등에서는 모두 '式忍切' 즉 '신'이라고 하였다.

②≪주≫에서는 '弞'을 '欬' 즉 '欬(웃을 해; 기침할 이)'로 썼다. 따라서 글자의 분석도 "从欠, 己聲.(「欠은 의미부분이고, 己(기)는 발음부분이다.」)"이라고 하였다.

16(5510) 欵① (정성스러울 관, 하고자 할 관)

欵, 意有所欲也.② 从欠・窾省.③ 欵, 欵或从柰.
(「欵은 생각에 하고자 하는 바가 있다는 뜻이다. 欠과 窾(최)의 생략형은 (모두) 의미부분이다. (5510-1) 欵은 欵의 혹체자(或體字)로 (崇 대신) 柰(내)를 썼다.」)

①오늘날 이 글자는 '款(관)'으로 쓴다.

소영(邵瑛)은 "무릇 소전의 '出(출)'자 편방(偏旁)은 예서에서는 '土(토)'로 쓴다.(「凡篆文'出'字, 隸法當作'土'.」)"라고 하였다.(≪설문군경정자(說文群經正字)≫)

②≪계전≫에는 '欲(욕)'자 다음의 '也(야)'자가 없다.

③임의광(林義光)은 "欠과 㝉(변방 최)는 뜻이 아니다. 欠과 出·示(시)가 의미부분이다.(「欠㝉非義. 从欠, 从出·示.」)"라고 하였다.(≪문원(文源)≫)

17(5511) 欯① (바랄 기, 말 더듬을 기)

欯, 㐬也.② 从欠, 气聲. 一曰口不便言.③
(「欯는 바란다는 뜻이다. 欠은 의미부분이고, 气(기)는 발음부분이다. 일설에는 말을 더듬는다는 뜻이라고도 한다.」)

①오늘날 이 글자는 '冀(바랄 기)'로 많이 쓴다.

②≪계전≫에는 '㐬(행)' 즉 '幸(행)'자 다음의 '也(야)'자가 없다.

③단옥재는 "이 글자와 吃(기)는 같음을 일컫는 것이다. <구부(口部)>에 이르기를 '吃는 말을 더듬는다는 뜻이다'라고 하였다.(「此謂與'吃'同也. <口部>曰: '吃, 言蹇難也.'」)"라고 하였다.(≪주≫)

18(5512) 欲 (욕심낼 욕, 하고자 할 욕)

欲, 貪欲也.① 从欠, 谷聲.②
(「欲은 탐낸다는 뜻이다. 欠은 의미부분이고, 谷(곡)은 발음부분이다.」)

①≪계전≫에는 '欲'자 다음의 '也(야)'자가 없다.

단옥재는 "欲은 쓸데없이 덧붙여진 글자이다. <패부(貝部)> 貪자에 이르기를 '欲也'라고 하였다. (欲과 貪) 두 글자는 전주(轉注)관계이다. 오늘날 貪자 해설에서 '欲物也'라고 하고 있는데, (여기서의 物(물)자) 역시 잘 모르는 사람이 더한 것이다.(「欲者衍字. <貝部>貪下云: '欲也.' 二篆爲轉注. 今貪下作'欲物也.' 亦是淺人增字.」)"라고 하였다.(≪주≫)

②단옥재는 "欲자에서 欠을 쓴 것은 부러워서 침을 흘린다는 의미를 취한 것이다. 谷을 쓴 것은 헛되이 받는다는 의미를 취한 것이다.(「欲从欠者, 取慕液之意; 从谷者, 取虛受之意.」)"라고 하였다. 이는 발음부분에도 뜻이 있음을 시사(示唆)하는 것이다.

19(5513) 歌 (노래 가)

謌, 詠也.① 从欠, 哥聲. 謌, 歌或从言.②
(「歌는 노래를 부른다는 뜻이다. 欠은 의미부분이고, 哥(가)는 발음부분이다.
(5513-1) 謌는 歌의 혹체자(或體字)로 (欠 대신) 言(언)을 썼다.」)

①《계전》에는 '詠(영)'자 다음의 '也(야)'자가 없다.

②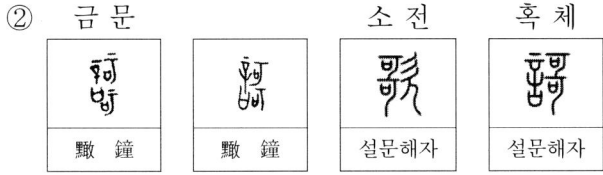

'歌'자는 갑골문에서는 보이지 않는다.
춘추(春秋)시대 금문에서는 《설문해자》에 수록된 혹체자와 같이 '謌'로 썼다.

20(5514) 歂 (헐떡거릴 천, 들여 마실 천)

歂, 口气引也.① 从欠, 耑聲. 讀若車輇.
(「歂은 입에서 기가 (나오는 것이 계속) 이어진다는 뜻이다. 欠은 의미부분이고,
耑(단)은 발음부분이다. 발음은 수레바퀴라는 뜻의 輇(전)자처럼 읽는다.」)

①《계전》에는 '引(인)'자 다음의 '也(야)'자가 없다.
왕균은 '喘(헐떡거릴 천)'자와 같다고 하였다.(《구두》)
장순휘(張舜徽)는 "입을 벌려 기가 나오는 것이 끊임이 없음을 일컫는 것이다.
(「謂張口出氣連續不絶也.」)"라고 하였다.(《설문해자약주(說文解字約注)》)

21(5515) 歍 (헛구역질 할 오)

歍, 心有所惡若吐也.① 从欠, 烏聲.② 一曰口相就.③
(「歍는 마음에 역겨운 바가 있어 토할 것 같다는 뜻이다. 欠은 의미부분이고, 烏
(오)는 발음부분이다. 일설에는 입이 서로 나아간다(즉 입을 맞춘다)는 뜻이라고
도 한다.」)

①《계전》에는 '吐(토)'자 다음의 '也(야)'자가 없다.

② 금문　소전

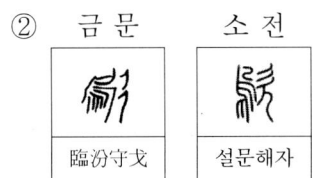

臨汾守戈　　설문해자

갑골문에는 '歃'자가 보이지 않고, 전국(戰國)시대 금문과 소전의 자형은 '歃'로 같다.

③단옥재는 "입과 입이 서로 나아가는 것을 일컫는다.(「謂口與口相就也.」)"라고 하였다.(≪주≫)

장순휘(張舜徽)는 "자기가 씹은 것을 남의 입에 넣어주는 것을 일컫는 것이다. (「謂以己咀嚼之物, 納之彼口.」)"라고 하였다.(≪설문해자약주(說文解字約注)≫)

22(5516) 歜 (입 맞출 축)

歜, 歛歜也.① 从欠, 蜀聲. 嗾, 俗歜, 从口, 从就.②
(「歜은 입을 맞춘다는 뜻이다. 欠은 의미부분이고, 蜀(촉)은 발음부분이다. (5516-1) 嗾은 歜의 속자(俗字)로 口(구)와 就(취)로 이루어졌다.」)

①≪계전≫에는 '歜'자 다음의 '也(야)'자가 없다.

서개는 "입이 서로 나아간다는 뜻이라고도 한다.(「口相就也.」)"라고 하였다.(≪계전≫)(바로 앞에 나온 (5515) '歛(오)'자 허신의 해설 가운데 '一曰(일왈)'조 참조)

단옥재는 "그 뜻은 이미 앞에 나와 있다. 그래서 단지 '歛歜'라고만 한 것이다. 이(렇게 서술하는)것이 전체 책의 통례이다.(「其義已在上文, 故但曰歛歜而已. 此全書之通例.」)"라고 하였다.(≪주≫)

②단옥재는 "회의 겸 형성자이다.(「會意兼形聲.」)"라고 하였고, 왕균은 "내 생각에, 歛(오)자 해설에서 '일설에는 입이 서로 나아간다는 뜻이라고도 한다'라고 하였다. 嗾자는 口와 就가 (모두) 의미부분이니, '입이 서로 나아간다'는 것이 '歛歜'의 뜻풀이가 잘 되는 것 같다.(「按: 歛下'一曰, 口相就也', 嗾字从口, 从就, 似'口相就'誠爲'歛歜'之訓義.」)"라고 하였다(≪구두≫).

23(5517) 欨 (근심할 축)

欨, 悘然也. 从欠, 未聲. ≪孟子≫曰: "曾西欨然."①
(「欨은 불안해한다는 뜻이다. 欠은 의미부분이고, 未(숙)은 발음부분이다. ≪맹자

(孟子)≫에 이르기를 "증서(曾西)가 불안해하였다."라고 하였다.」)

①현재 전해지는 ≪맹자·공손추(公孫丑) 상≫에서는 '欨'을 '蹙(찰 축)'으로 썼다.

24(5518) 㰒 (빙그레 웃을 함)

㰒, 含笑也.① 从欠, 今聲.
(「㰒은 웃음을 머금고 있다는 뜻이다. 欠은 의미부분이고, 今(금)은 발음부분이다.」)

①≪계전≫에는 '笑(소)'자 다음의 '也(야)'자가 없다.

25(5519) 歋 (서로 웃을 이)

歋, 人相笑相歋瘉也.① 从欠, 虒聲.②
(「歋는 사람들이 다른 사람을 비웃으면서 손가락질한다는 뜻이다. 欠은 의미부분이고, 虒(사)는 발음부분이다.」)

①'歋瘉(이유)'는 연면사(連綿詞)로, 지금의 '揶揄(야유, 손을 들어 조롱한다는 뜻)'와 같다.

②'歋'의 고음은 음성운(陰聲韻) *rieɤ / iI(이)이고, '虒'의 고음 역시 음성운 *sljieɤ / siI(시→사)이다. 두 글자는 상고음(上古音)의 주모음(主母音)과 운미(韻尾)가 [eɤ]로 같다. 그래서 '歋'자에서 '虒'가 발음부분이 될 수 있는 것이다.

26(5520) 歊 (김이 오를 효)

歊, 歊歊①, 气出皃.② 从欠, 从高, 高亦聲.
(「歊는 歊歊로, 기운이 나오는 모습을 뜻한다. 欠과 高(고)는 (모두) 의미부분인데, 高는 발음부분이기도 하다.」)

①≪계전≫에서는 '歊'를 한 글자만 썼다.

②≪주≫·≪통훈정성≫·≪구두≫ 등에서는 ≪문선(文選)≫ <양도부(兩都賦)> 이선(李善)의 주에 근거하여 '气(기)'자 다음에 '上(상)'자 한 글자를 보충하였다.

27(5521) 炊 (문득 훌)

炊, 有所吹起.① 从欠, 炎聲.② 讀若忽.③
(「炊은 (훅하고) 불어서 일으키는 바가 있다는 뜻이다. 欠은 의미부분이고, 炎(염)은 발음부분이다. 忽(훌)처럼 읽는다.」)

①《구두》에는 '起(기)'자 다음에 '也(야)'자가 한 글자 더 있다.
②단옥재는 "이 글자는 오랫동안 잘못 변형되어 炎을 (발음부분으로) 쓰고 있는데, (炎은) 발음부분이 아니다. 아마 본래 '㚇(훌)'을 발음부분으로 하였는데, 잘못 변형되어 炎이 되었지만, 아무도 고칠 수가 없었던 것 같다. 만약 거성(去聲)으로 발음하여, 炎이 의미부분인 회의(會意)라고 하더라도, 이 역시 틀린 것 같다.(「按: 此篆久譌, 从炎, 非聲. 蓋本从'㚇'聲, 譌而爲'炎', 譌而爲炎, 莫能諟正. 倘去聲字, 說以从炎會意, 亦恐非也.」)"라고 하였다.(《주》)
또 임의광(林義光)은 "炎은 발음부분이 아니다. 欠과 두 개의 火(화)는 (모두) 의미부분으로, 사람이 입을 벌리고 불어서 불을 지피는 모양을 그린 것이다.(「炎非聲. 从欠, 从二火, 象人張口吹火形.」)"라고 하였다.(《문원(文源)》)
③《계전》에는 '忽'자 다음에 '飛(비)'자가 한 글자 더 있다.

28(5522) 㰼 (화락한 소리 희; 웃을 해)

㰼, 㰼㰼, 戲笑皃.① 从欠, 之聲.②
(「㰼는 㰼㰼로, 장난치며 웃는 모습을 뜻한다. 欠은 의미부분이고, 之(지)는 발음부분이다.」)

①단옥재는 "이 글자는 오늘날 비웃는다는 뜻의 嗤(치)자이다. 《광운(廣韻)》에서는 㰼와 嗤를 두 개의 글자로 싣고 있는데, 매우 잘못된 것이다. 거기에서 말하기를 嗤는 㰼로도 쓴다고 하였는데, (이 글자들이) 모두 㰼의 속자(俗字)임을 모르기 때문이다.(「此今之嗤笑字也. 《廣韻》畫㰼嗤爲二字, 殊誤. 其云嗤又作㰼, 不知皆㰼之俗耳.」)"라고 하였다.(《주》)
②《주》와 《의증》에서는 '之(지)'를 '㞢'로 썼다.

29(5523) 欲 (기운 날 요)

欲, 欲欲, 气出皃. 从欠, 䍃聲.

(「歈는 歈歈로, 기운이 나오는 모습을 뜻한다. 欠은 의미부분이고, 臾(유)는 발음부분이다.」)

30(5524) 歗 (휘파람 소, 읊을 소)①

歗, 吟也.② 从欠, 肅聲.③ ≪詩≫曰: "其歗也謌."④
(「歗는 읊는다는 뜻이다. 欠은 의미부분이고, 肅(숙)은 발음부분이다. ≪시경(詩經)≫에 이르기를 "그 휘파람 소리여 노래가 되었네."라고 하였다.」)

①'歗'자는 이미 제2편 상 제22부 <구부(口部)> (0866) '嘯(소)'자의 주문(籀文)으로 소개된 바 있다.
참고로 '嘯'자 해설을 보면, "嘯, 吹聲也. 从口, 肅聲. 歗, 籀文嘯, 从欠.(「嘯는 휘파람 소리이다. 口는 의미부분이고, 肅은 발음부분이다. (0866-1) 歗는 嘯의 주문(籀文)으로 (口 대신) 欠을 썼다.」)"이라고 되어 있다.
②≪주≫에서는 '吟(음)'을 '吹(취)'로 썼다.
또 ≪계전≫에는 '吟'자 다음의 '也(야)'자가 없다.
③'歗'의 고음은 음성운(陰聲韻) *seəw / siɛu(셰우→소)이고, '肅'의 고음은 입성운(入聲韻) *sjəwk / siuk(쇽→숙)이다. 두 글자는 첫소리가 [s-]로 같고, 상고음(上古音)의 주모음(主母音) 역시 [ə]로 같다. 그래서 '歗'자에서 '肅'이 발음부분이 될 수 있는 것이다. 고대에는 음성운과 입성운이 때때로 협운을 하기도 하였다.
④현재 전해지는 ≪시경·소남(召南)·강유사(江有汜)≫에서는 '歗'는 '嘯'로 쓰고, '謌(가)'는 '歌(가)'로 썼다.

31(5525) 歎 (탄식할 탄)

歎, 吟也.① 从欠, 鸛省聲.② (5525-1) 歎, 籀文歎, 不省.
(「歎은 읊는다는 뜻이다. 欠은 의미부분이고, 鸛(난)의 생략형은 발음부분이다. (5525-1) 歎은 歎의 주문(籀文)으로 생략하지 않은 형태이다.」)

①≪계전≫에는 '吟(음)'자 다음의 '也(야)'자가 없다.
한편 ≪주≫와 ≪구두≫에서는 ≪문선(文選)≫ <노심람고시(盧諶覽古詩)> 이선(李善)의 주에 근거하여 이다음에 "謂情有所悅, 吟歎而歌詠.(「마음속에 기뻐하는 바가 있어서 읊조리고 노래함을 일컫는다.」)"이라는 글귀를 보충하였다.
②단옥재는 "옛날 歎과 嘆(탄)은 뜻이 달랐다. 歎은 기쁘고 즐거운 것과 함께 하

고, 嘆은 화나고 슬픈 것과 함께 한다.(「古歎與嘆義別. 歎與喜樂爲類, 嘆與怒哀爲類.」)"라고 하였다.(≪주≫)

32(5526) 欯 (갑자기 기뻐할 희)

欯 ①, 卒喜也.② 从欠, 从喜.③
(「欯는 갑자기 기뻐한다는 뜻이다. 欠와 喜는 (모두) 의미부분이다.」)

①≪계전≫·≪주≫·≪통훈정성≫·≪교록≫ 등에서는 '欯'를 '歖' 즉 '歖'로 썼다. 이에 대해 뉴수옥은 "송본(宋本)(즉 대서본 ≪설문해자≫)와 ≪오음운보(五音韻譜)≫ 그리고 초인본(初印本)에서는 欯으로 쓰고, 欠과 壴(악기 이름 주)는 (모두) 의미부분이라고 하였다. ≪계전≫에서는 歖으로 쓰고, 欠은 의미부분이고, 喜는 발음부분이라고 하였다. ≪옥편(玉篇)≫에서는 '歖은 발음이 흔의절(欣疑切, 즉 희)이고 갑자기 기뻐한다는 뜻이다'라고 하였고, 뒤에 또 '歖는 허기절(虛紀切, 즉 희)이고 즐겁다는 뜻이다'라고 하였다. 내 생각에, <희부(喜部)>의 歖는 고문(古文)이고, <흠부(欠部)>에서는 欯으로 썼으니, 당연히 틀리지 않다. ≪광운(廣韻)≫에는 欯자가 없다.(「宋本及≪五音韻譜≫及初印本作欯, 从欠, 从壴. ≪繫傳≫作歖, 从欠, 喜聲. ≪玉篇≫'歖, 欣疑切, 卒喜也.' 後又有'歖, 虛紀切, 樂也.' 按: <喜部>歖爲古文, 則<欠部>作歖, 當不誤. ≪廣韻≫無欯.」)"라고 하였다.(≪교록≫)

②≪계전≫에는 '喜'자 다음의 '也(야)'자가 없다.

단옥재는 "卒(졸)은 마땅히 猝(졸)로 써야 하지 않을까 한다.(「卒疑當作猝.」)"라고 하였다.(≪주≫)

③≪계전≫에서는 "從欠, 喜聲.(「欠은 의미부분이고, 喜는 발음부분이다.」)"이라고 하였고, ≪통훈정성≫에서는 "从欠, 从喜. 會意. 喜亦聲.(「欠과 喜는 (모두) 의미부분이다. 회의(會意)이다. 喜는 발음부분이기도 하다.」)"이라고 하였다.

왕균은 "喜는 마땅히 壴로 써야 한다.(「(從喜)當作從壴.」)"라고 하였다.(≪구두≫)

33(5527) 欸 (한숨 쉴 애, 그렇다고 할 애)

欸, 訾也.① 从欠, 矣聲.
(「欸는 헐뜯는다는 뜻이다. 欠은 의미부분이고, 矣(의)는 발음부분이다.」)

①≪계전≫에는 '訾(헐뜯을 자)'자 다음의 '也(야)'자가 없다.

단옥재는 "내 생각에, 誻는 呰(헐뜯을 자)자의 잘못이다. 誻는 생각을 지칭하는 의미이고, 呰는 허사(虛詞)이다. (이 두 글자는) <언부(言部)>와 <구부(口部)>에 나뉘어 출현한다. ≪玉篇≫에서 '欪는 呰이다'라고 하였으니, (이것으로) 誻자가 잘못 쓰였을 바로잡을 수 있다.(「按: 誻者, 呰字之誤. 誻者, 思稱意也; 呰者, 詞也. 分見<言部>·<口部>. ≪玉篇≫: '欪者, 呰也.' 可正誻字之譌.」)"라고 하였다.(≪주≫)

34(5528) 此欠 (토할 지)

此欠, 歐也.① 从欠, 此聲.
(「此欠는 토한다는 뜻이다. 欠은 의미부분이고, 此(차)는 발음부분이다.」)

①≪계전≫에는 '歐(구)'자 다음의 '也(야)'자가 없다.

35(5529) 歐 (토할 구)

歐, 吐也.① 从欠, 區聲.
(「歐는 토한다는 뜻이다. 欠은 의미부분이고, 區(구)는 발음부분이다.」)

①≪계전≫에는 '吐(토)'자 다음의 '也(야)'자가 없다.
소영(邵瑛)은 "오늘날 경전(經典)에서는 嘔(구)로 쓰는데, 정자(正字)는 마땅히 歐로 써야 한다.(「今經典作嘔, 正字當作歐.」)"라고 하였다.(≪설문군경정자(說文群經正字)≫)

36(5530) 歔 (한숨 쉴 허, 흐느낄 허)

歔, 欷也.① 从欠, 虛聲. 一曰出气也.②
(「歔는 欷(한숨 휘; 흐느낄 희)이다. 欠은 의미부분이고, 虛(허)는 발음부분이다. 일설에는 기운을 내보낸다는 뜻이라고도 한다.」)

①≪계전≫에는 '欷'자 다음의 '也(야)'자가 없다.
②≪계전≫에는 '气(기)'자 다음의 '也'자가 없다.

37(5531) 欷 (한숨 휘; 흐느낄 희)

欷, 歔也.① 从欠, 稀省聲.②

(「欷는 歔(한숨 쉴 허, 흐느낄 허)이다. 欠은 의미부분이고, 稀(희)의 생략형은 발음부분이다.」)

①'欷'와 (5530) '歔'는 전주(轉注) 관계이다.
≪계전≫에는 '歔'자 다음의 '也(야)'자가 없다.
②≪계전≫·≪주≫·≪통훈정성≫·≪구두≫ 등에서는 "希聲.(「希(희)는 발음부분이다.」)"이라고 하였다.
참고로 왕념손(王念孫)은 '希'자에 대하여 다음과 같이 말하였다.
"이제 ≪설문해자≫를 고찰하건대, 莃(희나물 희)·唏(슬퍼할 희)·睎(바라볼 희)·肸(부을 흔)·郗(고을 이름 치)·晞(마를 희)·稀(드물 희)·俙(비슷할 희)·欷·豨(멧돼지 희)·絺(칡베 치) 등 11자는 모두 希를 발음부분으로 삼고 있다. 또 昕(아침 흔)자의 설명에서는 '希처럼 읽는다.(「讀若希.」)'라고 하였으니, 원래 책에는 希자가 있었음이 분명하다. (그런데) 지금 전하는 판본에는 없으니, 아마 베껴 쓰는 과정에서 빠뜨린 것일 것이다.(「今考≪說文≫, 莃·唏·睎·肸·郗·晞·稀·俙·欷·豨·絺十一字, 竝从希聲. 又昕字注云'讀若希', 則本書原有希字明甚, 今本無希, 乃傳寫脫誤.」)"(≪독설문기(讀說文記)≫)

38(5532) 歜 (크게 성낼 촉; 창포 김치 잠)

歜, 盛气怒也.① 从欠, 蜀聲.
(「歜은 크게 화를 낸다는 뜻이다. 欠은 의미부분이고, 蜀(촉)은 발음부분이다.」)

①≪계전≫에는 '怒(노)'자 다음의 '也(야)'자가 없다.

39(5533) 歶 (말할 유)

歶, 言意也.① 从欠, 从卣②, 卣亦聲. 讀若酉.
(「歶는 말하고자 하는 뜻이 있다는 것이다. 欠과 卣(유)는 (모두) 의미부분인데, 卣는 발음부분이기도 하다. 酉(유)처럼 읽는다.」)

①≪계전≫에는 '意(의)'자 다음의 '也(야)'자가 없다.
②단옥재는 "卣는 기(氣)가 다니는 모습을 뜻한다.(「卣, 氣行皃.」)"라고 하였다. (≪주≫)

40(5534) 歇 (더딜 갈, 목마를 갈)

歇, 欲歠歠.① 从欠, 渴聲.②
(「歇은 마시려고 한다는 뜻이다. 欠은 의미부분이고, 渴(갈)은 발음부분이다.」)

①'歠歠(철철)'을 ≪계전≫에서는 '飮(음)'으로 썼고, ≪주≫에서는 '歆歠(음철)'로 썼고, ≪의증≫·≪통훈정성≫·≪교록≫ 등에서는 '歆也(음야)'라고 하였으며, 그리고 ≪구두≫에서는 '歠也'라고 하였다.

②단옥재는 "이는 형성(形聲)을 들어 회의(會意)를 품은 것이다. 渴은 물이 말랐다는 뜻이다. 발음은 竭(갈)과 같다. 물이 마르면 물을 찾게 되고, 사람이 목이 마르면 물을 마시고 싶어지는 것은 같은 이치이다. 지금은 竭자를 써서 물이 말랐다는 글자로 쓰고, 渴자를 써서 목이 마르다는 글자로 쓰면서, 歇자는 더 이상 쓰이지 않게 되었다.(「此舉形聲包會意. 渴者, 水盡也. 音同竭. 水渴則欲水, 人歇則欲飮, 其意一也. 今則用竭爲水渴字, 用渴爲飢歇字, 而歇字廢矣.」)"라고 하였다.(≪주≫)

41(5535) 歗 (교)①

歗, 所謌也.② 从欠, 嗷省聲. 讀若叫呼之叫.③
(「歗는 노래 부르는 것을 뜻한다. 欠은 의미부분이고, 嗷(교)의 생략형은 발음부분이다. 발음은 소리를 지른다는 뜻의 叫(규)자처럼 읽는다.」)

①'歗'자는 ≪대한한사전(大漢韓辭典)≫에 보이지 않는다.
발음은 ≪광운(廣韻)≫에 따르면 '古弔切(고조절)' 즉 '고'→'교'와 '古歷切(고력절)' 즉 '격' 등 두 가지이다.
한편 대서본 ≪설문해자≫·≪주≫·≪의증≫·≪구두≫·≪교록≫ 등에서는 모두 '古弔切' 즉 '교'라고 하였다. 여기에서는 공통된 발음인 '교'로 부르겠다.

②≪계전≫에는 '謌(가)'자 다음의 '也(야)'자가 없다.
≪주≫에서는 '謌'를 '歌(가)'로 썼다.
단옥재는 "≪광운(廣韻)≫에는 所(소)자가 없다. '所歌也(소가야)'는 마땅히 '歗楚歌也(교초가야, 초나라 노래를 부른다는 뜻)'라는 4글자로 써야한다.(「≪廣韻≫無'所'字. '所歌也'當作'歗楚歌也'四字.」)"라고 하였다.(≪주≫)

③≪계전≫과 ≪주≫에서는 "讀若嗷呼.(「발음은 부른다는 뜻의 嗷(교)자처럼 읽는다.」)"라고 하였다.

42(5536) 歃 (겁낼 식)

歃, 悲意.① 从欠, 嗇聲.
(「歃은 슬프다는 의미이다. 欠은 의미부분이고, 嗇(색)은 발음부분이다.」)

　①≪구두≫에는 '意(의)'자 다음에 '也(야)'자가 한 글자 더 있다.

43(5537) 㰌 (술을 다 마실 초)

㰌, 盡酒也.① 从欠, 焦聲.
(「㰌는 술을 다 마셨다는 뜻이다. 欠은 의미부분이고, 焦(초)는 발음부분이다.」)

　①≪계전≫에는 '酒(주)'자 다음의 '也(야)'자가 없다.

44(5538) 歉 (뜻 굳게 가질 겸)

歉, 監持意①, 口閉也.② 从欠, 緘聲.③
(「歉은 뜻을 굳게 가지고, 입을 다문다는 뜻이다. 欠은 의미부분이고, 緘(함)은 발음부분이다.」)

　①≪주≫와 ≪구두≫에서는 ≪옥편(玉篇)≫과 ≪광운(廣韻)≫에 근거하여 '監(감)'을 '堅(견)'으로 고쳐 썼다.
　≪통훈정성≫에서도 '堅'으로 썼다.
　여기에서도 이에 따라 번역하였다.
　②≪계전≫에는 '閉(폐)'자 다음의 '也(야)'자가 없다.
　③단옥재는 "마땅히 '欠과 緘(봉할 함)은 (모두) 의미부분인데, 緘은 발음부분이기도 하다'라고 해야 한다. 이는 형성(形聲)을 들어 회의(會意)를 품은 것이다.(「當云'从欠·緘, 緘亦聲.' 此舉形聲包會意耳.」)"라고 하였다.(≪주≫)

45(5539) 㰴 (손가락질하며 웃을 신)

㰴, 指而笑也.① 从欠, 辰聲. 讀若蜃.
(「㰴은 손가락으로 가리키며 웃는다는 뜻이다. 欠은 의미부분이고, 辰(신·진)은 발음부분이다. 蜃(신)처럼 읽는다.」)

　①≪계전≫에는 '笑(소)'자 다음의 '也(야)'자가 없다.

46(5540) 歡 (어리석을 곤, 알기 어려울 곤)

歡, 昆干①, 不可知也.② 从欠, 鰥聲.
(「歡은 곤간(昆干)으로, 알 수 없다는 뜻이다. 欠은 의미부분이고, 鰥(환)은 발음부분이다.」)

　①≪주≫에서는 ≪옥편(玉篇)≫과 ≪광운(廣韻)≫에 근거하여 '昆干'을 '鱖干'으로 고쳐 썼다.
　단옥재는 "'鱖干'은 아마 옛날말로, 魂寒(혼한)과 같이 두 가지 발음으로 읽는다. '알 수 없다'는 의미이다.(「'鱖干'蓋古語, 讀如魂·寒二音. '不可知'之意也.」)"라고 하였다.
　≪구두≫와 ≪교록≫에서는 '昆干'을 '昆于(곤우)'로 썼다.
　②≪계전≫에는 '知(지)'자 다음의 '也(야)'자가 없다.

47(5541) 歃 (마실 삽)

歃, 歠也.① 从欠, 臿聲. ≪春秋傳≫曰: "歃而忘."②
(「歃은 마신다는 뜻이다. 欠은 의미부분이고, 臿(삽)은 발음부분이다. ≪춘추전(春秋傳)≫에 이르기를 "마시고 (맹세를) 잊어버렸다."라고 하였다.」)

　①≪계전≫에는 '歠(마실 철)'자 다음의 '也(야)'자가 없다.
　②현재 전해지는 ≪춘추좌전(春秋左傳)·은공(隱公) 7년≫에서는 '而(이)'를 '如(여)'로 썼다.

48(5542) 欶 (빨아들일 삭; 기침할 수)

欶, 吮也. 从欠, 束聲.
(「欶은 빨아들인다는 뜻이다. 欠은 의미부분이고, 束(속)은 발음부분이다.」)

49(5543) 欿 (음식 나쁠 감, 뜻에 차지 않을 감)

欿, 食不滿也.① 从欠, 甚聲. 讀若坎.
(「欿은 먹었는데 배가 부르지 않다는 뜻이다. 欠은 의미부분이고, 甚(심)은 발음부분이다. 坎(감)처럼 읽는다.」)

①≪계전≫에는 '滿(만)'자 다음의 '也(야)'자가 없다.

50(5544) 欲 (뜻에 차지 않을 감)(혹음(或音) 함)

欲, 欲得也.① 从欠, 臽聲. 讀若貪.
(「欲은 얻으려고 한다는 뜻이다. 欠은 의미부분이고, 臽(함)은 발음부분이다. 貪(탐)처럼 읽는다.」)

①≪계전≫에는 '得(득)'자 다음의 '也(야)'자가 없다.

51(5545) 欲 (한 숨에 훅 들이마실 합)

欲, 歠也. 从欠, 合聲.
(「欲은 마신다는 뜻이다. 欠은 의미부분이고, 合(합)은 발음부분이다.」)

①≪계전≫에는 '歠(마실 철)'자 다음의 '也(야)'자가 없다.

52(5546) 歉 (흉년들 겸, 음식 나쁠 겸; 탐할 감)

歉, 歉食不滿.① 从欠, 兼聲.②
(「歉은 음식이 적어서 배부르게 먹지 못했다는 뜻이다. 欠은 의미부분이고, 兼(겸)은 발음부분이다.」)

①≪주≫에는 '滿(만)'자 다음에 '也(야)'자가 한 글자 더 있다.

②

금문 — 商鞅方升
소전 — 설문해자

갑골문에는 '歉'자가 보이지 않고, 전국(戰國)시대 금문과 소전의 자형은 '歉'으로 같다.

53(5547) 骹 (숨 쉬기 거북할 알)

骹, 咽中息不利也. 从欠, 骨聲.①
(「骹은 목구멍 안에서 숨이 잘 통하지 않는다는 뜻이다. 欠은 의미부분이고, 骨

(골)은 발음부분이다.」)

①≪계전≫에는 '利(리)'자 다음의 '也(야)'자가 없다.

54(5548) 歆 (의)①

歆, 嚘也.② 从欠, 因聲.③
(「歆은 목이 멘다는 뜻이다. 欠은 의미부분이고, 因(인)은 발음부분이다.」)

①'歆'자는 ≪대한한사전(大漢韓辭典)≫에 보이지 않는다.
발음은 ≪광운(廣韻)≫에 따르면 '乙冀切(을기절)' 즉 '이'→'의'이다.
②≪계전≫에는 '嚘(말 얼버무릴 우, 목 멜 우)'자 다음의 '也(야)'자가 없다.
③'歆'의 고음은 음성운(陰聲韻) *ʔier / ʔiei(예이→의)이고, '因'의 고음은 양성운(陽聲韻) *ʔjien / ʔiIn(인)이다. 두 글자는 첫소리가 [ʔ-]로 같고, 상고음(上古音)의 주모음(主母音) 역시 [e]로 같으며, 운미(韻尾)는 혀 끝 가운데 소리[설첨중음(舌尖中音)]인 [-r]와 [-n]으로 발음 부위가 같다. 그래서 '歆'자에서 '因'이 발음부분이 될 수 있는 것이다. 고대에 음성운과 양성운이 협운을 하는 것은 흔하지는 않지만 전혀 없는 일은 아니다.

55(5549) 欬 (기침할 해; 배불러 숨찰 애)

欬, 屰气也.① 从欠, 亥聲.
(「欬는 기가 거꾸로 나온다(즉 기침한다)는 뜻이다. 欠은 의미부분이고, 亥(해)는 발음부분이다.」)

①≪계전≫에서는 '屰(거스를 역)'을 '逆(역)'으로 썼고, 또 '气(기)'자 다음의 '也(야)'자가 없다.
참고로 본래는 '거스르다'라는 뜻은 '아이가 거꾸로 있는 모양'을 그린 '屰'자가 담당했고, '逆'은 '맞이하다'라는 뜻이었는데, '逆'이 '거스르다'라는 뜻으로 쓰이게 되면서 '屰'자는 잘 쓰이지 않게 되었다.
소영(邵瑛)은 요즘 쓰는 '咳(해)'자는 이 글자의 俗字(속자)라고 하였다.(≪설문군경정자(說文群經正字)≫)

56(5550) 欪 (침 뱉는 소리 혁; 조금 웃을 체)

欪, 且唾聲.① 一曰小笑.② 从欠, 叀聲.
(「欪은 침 뱉는 소리이다. 일설에는 살짝 웃는다는 뜻이라고도 한다. 欠은 의미부분이고, 叀(격)은 발음부분이다.」)

①≪계전≫에는 '唾(침 타)'자 다음의 '聲(성)'자가 없다.
탕가경(湯可敬)은 '且(차)'는 '장차(將次)'의 뜻이라고 하였다.(≪설문해자금석(說文解字今釋)≫)
②≪구두≫에는 '笑(소)'자 다음에 '也(야)'자가 한 글자 더 있다.
단옥재는 "≪집운(集韻)≫과 ≪유편(類篇)≫에서는 모두 '작은 모습을 뜻한다'라고 하였는데, 아마도 '笑'자가 빠진 것 같다.(「≪集韻≫·≪類篇≫皆作'小皃', 蓋奪笑字.」)"라고 하였다.(≪주≫)

57(5551) 歙 (코 막힐 흡)

歙, 縮鼻也.① 从欠, 翕聲. 丹陽有歙縣.②
(「歙은 코를 움츠렸다는 뜻이다. 欠은 의미부분이고, 翕(흡)은 발음부분이다. 단양군(丹陽郡)에 흡현(歙縣)이 있다.」)

①왕균은 "吸(흡)은 기를 입으로 들이마시는 것이고, 歙은 기를 코로 들이마시는 것이다.(「吸氣自口入, 歙氣自鼻入.」)"라고 하였다.(≪구두≫)
②흡현은 지금의 안휘성(安徽省) 동남부에 있었다.

58(5552) 欨 (구토할 우; 코 찡그릴 구)

欨, 蹙鼻也.① 从欠, 咎聲. 讀若≪爾雅≫曰: "麕·貑, 短脰."②
(「欨는 코를 찡그린다는 뜻이다. 欠은 의미부분이고, 咎(구)는 발음부분이다. 발음은 ≪이아(爾雅)≫에서 "麕(수사슴 구)와 貑(수퇘지 가)는 목이 짧다"라고 할 때의 麕자처럼 읽는다.」)

①≪계전≫에는 '鼻(비)'자 다음의 '也(야)'자가 없다.
②현재 전해지는 ≪이아·석수(釋獸)≫에서는 '貑'를 '麚(수사슴 가)'로 썼다.

59(5553) 㰚 (근심할 유·육)

㰚, 愁皃.① 从欠, 幼聲.
(「㰚는 근심하는 모습을 뜻한다. 欠은 의미부분이고, 幼(유)는 발음부분이다.」)

①단옥재는 "내 생각에, (제2편 상) <구부(口部)>에서 (㰚는) (954) 呦의 혹체자(或體字)라고 하였다. ≪옥편(玉篇)≫과 ≪광운(廣韻)≫에서 이 뜻은 상성(上聲)이라고 하였다.(「按: <口部>云呦之或字. ≪篇≫·≪韵≫此義上聲.」)"라고 하였고(≪주≫), 왕균은 "≪광운≫에서는 㰚와 呦는 같다고 할 뿐, '근심하는 모습'이라는 뜻은 없다. (이것으로 보아) ≪설문해자≫에서 呦의 중문(重文)이 㰚라고 한 것은 당(唐) 이후에 더해진 것임을 알 수 있다.(「≪廣韵≫則謂㰚與呦同, 無'愁皃'一義矣. 知≪說文≫呦之重文㰚, 乃唐以後增.」)"라고 하였다(≪구두≫).

60(5554) 欪 (뻔뻔스러울 출, 웃을 출)

欪, 咄欪, 無慙.① 一曰無腸意. 从欠, 出聲. 讀若屮.
(「欪은 돌출(咄欪)로, 부끄러움이 없다는 뜻이다. 일설에는 속이 없다는 의미라고도 한다. 欠은 의미부분이고, 出(출)은 발음부분이다. 屮(철)처럼 읽는다.」)

①≪구두≫에는 '慙(부끄러울 참)'자 다음에 '也(야)'자가 한 글자 더 있다.

61(5555) 欥 (기뻐할 일)

欥, 詮詞也.① 从欠, 从曰, 曰亦聲. ≪詩≫曰: "欥求厥寧."②
(「欥은 (문장 처음에 쓰여 '따라서'·'이에' 등과 같이) 말을 풀이하는데 쓰이는 허사(虛詞)이다. 欠과 曰(왈)은 (모두) 의미부분인데, 曰은 발음부분이기도 하다. ≪시경(詩經)≫에 이르기를 "이에 천하의 편안함을 구하시다."라고 하였다.」)

①≪계전≫에는 '詞(사)'자 다음의 '也(야)'자가 없다.
②현재 전해지는 ≪시경·대아(大雅)·문왕유성(文王有聲)≫에서는 '欥'을 '遹(좇을 휼, 이에 휼)'로 썼다.

62(5556) 次 (버금 차, 차례 차)

次, 不前不精也.① 从欠, 二聲.② 㳄, 古文次.③

(「次는 앞에 있지도 않고, 정밀(精密)하지도 않다는 뜻이다. 欠은 의미부분이고, 二(이)는 발음부분이다. (5556-1) 𠕍는 次의 고문(古文)이다.」)

① 갑골문 — 後下42.6
서주 금문 — 次卣, 史次鼎
춘추 금문 — 嬰次盧, 何次匜, 其次句鑃
전국 금문 — 刑令戈
소전 — 설문해자
고문 — 설문해자
예서 — 禮器碑

'次'자는 갑골문을 보면 사람이 꿇어앉아 있으면서 입으로 공기를 내뿜는 듯한 모습이다. 금문과 소전의 자형도 대체로 이와 같은데, 이것이 무엇을 뜻하는지는 분명하지 않다.

전국(戰國)시대 금문의 자형은 ≪설문해자≫에 수록된 고문과 같다.

≪계전≫에는 '精'자 다음의 '也(야)'자가 없다.

왕균은 "精(정)은 선택한다는 뜻이다. 선택하지 않은 것은 거칠기[粗(조)] 때문으로, 그래서 그 다음[次]이 되는 것이다.(「精者, 擇也. 不擇, 則粗, 是次.」)"라고 하였다.(≪구두≫)

차기(此期)·차선(次善) 등과 같이 '그 다음'을 의미하거나 차례(次例)·순차(循次) 등과 같은 뜻은 모두 가차의(假借義)이다.

②≪통훈정성≫에서는 "从欠, 从二. 會意. 二亦聲.(「欠과 二는 모두 의미부분이다. 회의이다. 二는 발음부분이기도 하다.」)"이라고 하였다.

참고로 '次'의 고음은 *ts'jier / ts'iIi(치→차)이고, '二'의 고음은 *njier / ńiIi(니→이)이다. 두 글자는 상고음(上古音)의 주모음(主母音)과 운미(韻尾)가 [er]로 같다. 그래서 '次'자에서 '二'가 발음부분이 될 수 있는 것이다.

③주준성은 '𠕍'자에 대하여 "본래 茨(가시나무 자)의 고문으로, 띠풀로 집의 지붕을 (차곡차곡) 순서 있게 엮은 모양을 그린 것이 아닌가 한다.(「疑本爲茨之古文, 象茅蓋屋次第之形.」)"라고 하였다.(≪통훈정성≫)

63(5557) 歉 (빌 강, 흉년들 강, 굶주릴 강)

歉, 飢虛也.① 从欠, 康聲.②
(「歉은 굶주려 (배가) 비었다는 뜻이다. 欠은 의미부분이고, 康(강)은 발음부분이다.」)

　①≪계전≫에는 '虛(허)'자 다음의 '也(야)'자가 없다.
　단옥재는 "飢는 굶주린다는 뜻이다. 滰(빌 강)은 물이 비었다는 뜻이고, 康(휑댕그렁할 강)은 집이 비었다는 뜻이며, 歉은 굶주려 배가 비었다는 뜻이다.(「飢者, 餓也. 滰者, 水之虛. 康者, 屋之虛. 歉者, 餓腹之虛.」)"라고 하였다.(≪주≫)
　②왕균은 "康은 곡식의 껍질을 뜻하며, 가운데가 비어 쌀이 없다. 그래서 康을 (발음부분으로) 쓰는 글자들은 모두 '비었다'는 뜻이 있다.(「康者, 穀皮, 中空無米. 故从康之字, 皆空虛之義.」)"라고 하였다.(≪구두≫)

64(5558) 欺 (속일 기)

欺, 詐欺也.① 从欠②, 其聲.
(「欺는 속인다는 뜻이다. 欠은 의미부분이고, 其(기)는 발음부분이다.」)

　①≪계전≫에는 '欺'자 다음의 '也(야)'자가 없다.
　한편 ≪주≫에서는 ≪고금운회(古今韻會)≫에 근거하여 '詐(사)'자 다음의 '欺'자를 없앴다.
　②서호(徐灝)는 "대동(戴侗)은 '欺는 기가 매우 부족하다(굶주려있다)는 뜻으로, 인신(引伸)하여 '속인다'는 뜻이 된다. 마음에서 속이는 것은 기가 굶주린 것이다'라고 하였다. 내 생각에, 欠을 의미부분으로 쓴 의미에 대한 대동의 설명은 매우 정밀(精密)하다.(「戴氏侗曰: '欺, 气餒也, 引之為欺紿. 欺於心者, 餒於气.' 按: 戴說从'欠'之義甚精.」)"라고 하였다.(≪설문해자주전(說文解字注箋)≫)

65(5559) 歆 (흠향(歆享)할 흠)

歆, 神食气也.① 从欠, 音聲.
(「歆은 신령이 먹는 음식의 향기를 뜻한다. 欠은 의미부분이고, 音(음)은 발음부분이다.」)

　①≪계전≫에는 '气(기)'자 다음의 '也(야)'자가 없다.

文六十五, 重五.
(「정문(正文) 65자, 중문(重文) 5자.」)

新1(5560) 歈 (노래 이름 유)

歈, 歌也. 从欠, 兪聲.
(「歈는 노래한다는 뜻이다. 欠은 의미부분이고, 兪(유)는 발음부분이다.」)

文一. 新附
(「정문(正文) 1자. 신부자(新附字)」)

제321부 【龡】부

1(5561) 龡 (마실 음)

龡, 歠也. 从欠, 酓聲.① 凡龡之屬皆从龡. 㱃, 古文龡, 从今·水. 㱃, 古文龡, 从今·食.

(「龡은 歠(마실 철)이다. 欠(흠)은 의미부분이고, 酓(염)은 발음부분이다. 무릇 龡부에 속하는 글자들은 모두 龡을 의미부분으로 삼는다. (5561-1) 㱃은 龡의 고문(古文)으로, 今(금)과 水(수)로 이루어졌다. (5561-2) 㱃은 龡의 고문으로, 今과 食(식)으로 이루어졌다.」)

'龡'자는 갑골문과 상(商)나라 금문을 보면 사람이 고개를 숙이고, 손으로는 독[酉(유)] 또는 그릇[皿(명)]을 잡고, 혀를 내밀어 무엇인가를 마시는 모양이다.

서주(西周) 금문과 춘추전국(春秋戰國)시대의 금문도 갑골문과 대체로 비슷한데, 대부분 '今'이 발음부분으로 더해졌다.

소전에서는 '龡'으로 썼다. '飮'은 '龡'의 예서체이다.

2(5562) 歠 (마실 철)

歠, 龡也.① 从龡省, 叕聲. 吷, 歠或从口, 从夬.②

(「歠은 龡(마실 음)이다. 龡의 생략형은 의미부분이고, 叕(철)은 발음부분이다. (5562-1) 吷(혈)은 歠의 혹체자(或體字)로 口(구)와 夬(쾌)로 이루어졌다.」)

① '歠'과 (5561) '龡'은 전주(轉注) 관계이다.

≪계전≫에는 '歗'자 다음의 '也(야)'자가 없다.
②본래 혹체자는 본자(本字)와 발음과 뜻이 같고 형태만 다른 글자여야 하는데, ≪설문해자≫에는 드물지만 가끔씩 발음이 다른 혹체자가 등장하기도 한다.

文二, 重三.
(「정문(正文) 2자, 중문(重文) 3자.」)

제322부 【次】 부

1(5563) 次 (침 연)(고음 선)

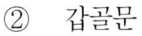, 慕欲口液也.① 从欠, 从水.② 凡次之屬皆从次. , 次或从侃.③ , 籒文次.
(「次은 부럽고 욕심이 나서 침을 흘린다는 뜻이다. 欠(흠)과 水(수)는 (모두) 의미부분이다. 무릇 次부에 속하는 글자들은 모두 次을 의미부분으로 삼는다. (5563-1) 㳄은 次의 혹체자(或體字)로 (欠 대신) 侃(간)을 썼다. (5563-2) 㵣은 次의 주문(籒文)이다.」)

①≪계전≫에는 '液(액)'자 다음의 '也(야)'자가 없다.
≪옥편(玉篇)≫을 보면 "次은 涎(연)으로도 쓴다.(「次, 亦作涎.」)"라고 하였다. 오늘날에는 대부분 '涎'자를 쓴다.

②

갑골문			소 전	혹 체	주 문
甲2907	合集8317	存2.154	설문해자	설문해자	설문해자

'次'자는 갑골문을 보면 사람이 입을 벌린 상태에서 침이 나오는 모양이다.
③단옥재는 "侃은 발음부분이다.(「侃, 聲也.」)"라고 하였다.(≪주≫)

2(5564) 羨 (부러워할 선)

羨, 貪欲也.① 从次, 从羑.② 羑呼之羑. 文王所拘羑里.
(「羨은 탐낸다는 뜻이다. 次과 羑(유)의 생략형은 (모두) 의미부분이다. (羑는) 인도하여 부른다는 뜻의 羑이다. 문왕(文王)이 갇혀 있던 곳이 유리(羑里)였다.」)

①≪계전≫에는 '欲(욕)'자 다음의 '也(야)'자가 없다.
≪구두≫에서는 현응(玄應)의 ≪일체경음의(一切經音義)≫에 근거하여 '貪(탐)'을 '願(원)'으로 고쳐 썼다.

②단옥재는 '羑'는 마땅히 '䍃(꾈 유)'로 써야 한다고 하였다.(≪주≫)
한편 공광거(孔廣居)는 "次과 羊(양)은 (모두) 의미부분으로, 침을 흘리는 것과 양고기로 이루어진 회의(會意)이다.(「从次, 从羊, 會垂次羊肉之意.」)"라고 하였고(≪설문의의(說文疑疑)≫), 주준성은 '次'은 발음부분이기도 하다고 하였다(≪통훈정성≫).

3(5565) 㳄 (이)①

㳄, 歠也.② 从次, 厂聲. 讀若移.
(「㳄는 마신다는 뜻이다. 次은 의미부분이고, 厂(예)는 발음부분이다. 移(이)처럼 읽는다.」)

①'㳄'자는 ≪대한한사전(大漢韓辭典)≫에 보이지 않는다.
발음은 ≪광운(廣韻)≫에 따르면 '弋支切(익지절)' 즉 '이'이다.
②≪계전≫에는 '歠(마실 철)'자 다음의 '也(야)'자가 없다.

4(5566) 盜 (훔칠 도)

盜, 私利物也.① 从次. 次欲皿者.②
(「盜는 이득이 되는 물건을 사유(私有)한다(즉 훔친다)는 뜻이다. 次은 의미부분이다. 次은 그릇에 욕심이 나서 침을 흘리고 있다는 것이다.」)

①≪계전≫에는 '物(물)'자 다음의 '也(야)'자가 없다.
≪주≫에서는 '私(사)'를 '厶(사)'로 썼다.
②≪주≫와 ≪구두≫에서는 ≪고금운회(古今韻會)≫에 근거하여 이 글귀를 "从次, 欲也. 欲皿爲盜.(「次은 의미부분으로, 욕심을 낸다는 뜻이다. 그릇에 욕심을 내는 것이 盜이다.」)"라고 고쳐 썼다.

文四, 重一.
(「정문(正文) 4자, 중문(重文) 1자.」)

제323부 【旡】부

1(5567) 旡 (숨 막힐 기)

㲋, 歙食气屰不得息曰旡.① 从反欠.② 凡旡之屬皆从旡. 㒫, 古文旡.
(「旡, 먹고 마실 때 기가 거꾸로 나와(즉 목에 걸려) 숨을 쉬지 못하는 것을 旡라고 한다. 欠(흠)을 거꾸로 한 구조이다. 무릇 旡부에 속하는 글자들은 모두 旡를 의미부분으로 삼는다. (5567-1) 㒫는 旡의 고문(古文)이다.」)

①≪계전≫에서는 '屰(역)'을 '逆(역)'으로 썼다.

참고로 '거스르다'라는 뜻은 '子'를 거꾸로 그린 모양의 '屰'자가 담당하였고, '逆'은 본래 '맞이하다'라는 뜻이었는데, 후에 '逆'자가 '거스르다'라는 뜻으로 많이 쓰이면서 '屰'자를 대신하게 되었다.

또한 ≪주≫와 ≪구두≫에서는 ≪옥편(玉篇)≫과 ≪광운(廣韻)≫에 근거하여 '气屰(기역)'을 '屰气'로 고쳐 썼다.

②

갑골문 / 소전 / 고문 / 예서
合集808 / 後下4.15 / 설문해자 / 설문해자 / 孔龢碑

'旡' 즉 '㒫'는 갑골문을 보면 사람이 꿇어앉아 있으면서 입을 벌린 채 고개를 뒤로 돌린 모습이다.

서중서(徐中舒)는 '㒫'자는 사람이 '트림'을 하는 모습으로 '旣(기)'자는 여기에서 비롯되었다고 하였다.(≪갑골문자전(甲骨文字典)≫)

한편 이효정(李孝定)선생은 허신(許愼)이 '㒫'가 '欠'자를 거꾸로 한 형태에서 비롯되었다고 설명한 것에 대하여, 고문자에서는 정반(正反)의 구별이 없으므로 '㒫' 역시 '숨을 내쉬는 것'으로 보아야 한다고 하였다.(≪갑골문자집석(甲骨文字集釋)≫)

2(5568) 㱿 (화)①

㱿, 屰惡驚詞也.② 从旡, 咼聲.③ 讀若楚人名多夥.
(「㱿는 나쁜 일이나 놀라는 일을 당해서 내는 허사(虛詞, 즉 감탄사)이다. 旡는

의미부분이고, 咼(괘)는 발음부분이다. 발음은 초(楚) 지방 사람들이 많다고 할 때 쓰는 夥(과)자처럼 읽는다.」)

①≪대한한사전(大漢韓辭典)≫에서는 이 글자를 '禍(화)'의 고자(古字)라고 하였다.

②≪계전≫와 ≪구두≫에서는 '屰(역)'을 '逆(역)'으로 썼다.

왕균은 ≪광운(廣韻)≫에 근거하였다고 하였다.(≪구두≫)

또한 ≪구두≫에는 '惡(악)'자 다음에 '之(지)'자가 한 글자 더 있고, ≪주≫에서는 '詞(사)'를 '䛐'로 썼으며, ≪계전≫에는 '詞'자 다음의 '也(야)'자가 없다.

③　　갑골문　　　　　소 전

'𡰯'자는 갑골문과 소전이 모두 '㱾'와 '咼'로 이루어졌다.

3(5569) 㫎 (슬플 량, 엷을 량)

㫎, 事有不善言㫎也.① ≪爾雅≫: "㫎, 薄也."② 从㱾, 京聲.③

(「㫎, 일이 좋지 않게 된 것을 㫎이라고 한다. ≪이아(爾雅)≫에서는 "㫎은 엷다는 뜻이다."라고 하였다. 㱾는 의미부분이고, 京(경)은 발음부분이다.」)

①≪계전≫에는 '㫎'자 앞의 '言(언)'자와 '㫎'자 다음의 '也(야)'자가 없고, ≪주≫에서는 '善(선)'을 '譱'으로 썼다.

왕균은 "言(언)은 곧 詞(사, 즉 어조사)이다. 일을 하는데 좋지 않게 되었음을 발견하면 즉 그것을 비하하면서 나오는 말이 㫎이라고 일컫는 것이다.(「言卽詞也. 謂見作事有不善者, 則其鄙之之詞曰㫎也..」)"라고 하였다.(≪설문석례(說文釋例)≫)

②현재 전하는 ≪이아≫에는 이러한 글귀가 없다.

단옥재는 '爾雅' 두 글자는 잘 모르는 사람이 더한 것이라고 하였다.(≪주≫)

③　　금 문　　　　　소 전

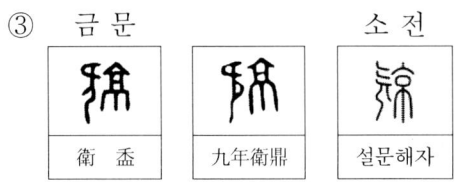

갑골문에는 '㝔'자가 보이지 않고, 서주(西周) 금문과 소전은 모두 '㞋'와 '京'으로 이루어졌다.

　참고로 '京'은 두 가지 발음 계통을 갖는 낱말이다. 그 하나는 [k-] 계통 발음으로 '勍(셀 경)', '景(경)', '鯨(경)' 등이 그러한 예이다. 다른 하나는 [l-] 계통 발음으로 '涼(량)', '晾(햇볕 쪼일 량)', '綡(머리 싸는 수건 량)', '諒(헤아릴 량)' 등이 그러한 예이다. '㝔'은 '京'이 [l-] 계통 발음으로 쓰인 예에 해당한다.

文三, 重一.
(「정문(正文) 3자, 중문(重文) 1자.」)

설문해자 제8편 음순 색인

차례

괄호 안의 글자는 중문(重文)이고, 약간 작은 글씨로 (=)라고 한 것은 통용 글자를 가리키며, (→)라고 한 것은 중복된 글자를 수정하여 나타낸 것이다.

가

가 佳(17), 假(53), 價(106), 舸(227), 歌(謌)(271)

각 覺(259)　**간** 㒫(=艮)(115), 衎(171), 齦(263)　**갈** 褐(177), 欲(279)

감 監(133), 欿(281), 欲(282), 歉(282)　**강** 僵(86), 襁(143), 歌(287)

개 价(69), 衸(155)　**객** 䜰(185)　**갹** 俗(83), 屩(217)

거 倨(25), 袪(152), 裾(156), 居(踞)(198)　**건** 健(24), 件(103), 褰(156)

걸 傑(10)　**검** 儉(62)　**겁** 袷(164)

견 俔(60), 襺(148), 見(248), 齦(263)　**결** 袺(175)　**겸** 傔(104), 縑(280), 歉(282)

겹 袷(164)　**경** 倞(24), 儆(30), 傾(44), 頃(113), 褧(149)　**계** 係(66), 係(90), 届(200)

고 考(190), 尻(201), 虎(243)　**곤** 袞(=衮)(140), 歍(281)　**공** 供(35)

과 侉(88)　**관** 倌(68), 觀(鸛)(251), 欵(欸)(269)　**괄** 佸(51)　**광** 俇(77), 佢(103)

괴 傀(瓌)(17), 儈(105), 襘(149)　**교** 佼(8), 僑(22), 欬(279)

구 俅(8), 俱(40), 佝(81), 傴(94), 仇·咎(95), 俗(97), 丘(123), 軀(137), 裪(177), 裘(求)(184), 耆(188), 甂(194), 毬(195), 屨(216), 覯(254), 欨(267), 歐(277), 欲(284)

굴 屈(214)　**권** 倦(98), 覩(250), 孌(266)　**규** 覬(255)

극 俗(83), 襋(144), 屐(218)　**근** 僅(57), 覲(261)　**금** 裣(146), 衾(165)　**급** 伋(11)　**긍** 兢(237)

기 企(金)(6), 倛(32), 伎(79), 儗(84), 㚻(113), 冀(122), 息(126), 耆(187), 眉(201), 覬(258), 欨(270), 欺(287), 旡(兂)(293)　**길** 佶(23)

나

나 儺(21), 袈(171)　**난** 偄(72)　**녁** 甓(135)　**년** 秊(202)

농 濃(160)　**뇌** 匘(114)　**뇨** 裊(182), 尿(214)　**니** 妮(124), 尼(201)　**닐** 尼(201)

다

단 但(93), 褍(159), 襌(164), 袒(172)　**담** 倓(倓)(16), 儋(34), 覢(254)　**당** 儻(105)

대 代(57), 儥(103)

도 倒(105), 裯(150), 屠(205), 盗(292)　**독** 襡(152), 襑(160), 秃(246)　**동** 僮(4), 侗(22)

두 侸(48), 兜(243), 覩(262)　**둔** 屍(膡臋)(201)

득 尋(252)　**등** 甏(194)

라

라 嬴(裸)(173), 覶(250)　**란** 孌(266)　**람** 襤(151), 覽(252)　**래** 儽(48), 覝(253)

량 量(量)(131), 䑌(294)

려 儷(67), 侶(104), 覹(249)　**력** 歷(217)　**렬** 裂(171)　**렴** 覝(250)　**렵** 儠(20)　**령** 伶(66)

례 例(90)

로 艫(222)　**록** 覗(250)　**롱** 襱(襩)(157)　**뢰** 儡(95)

료 僚(18)

루 僂(94), 褸(145), 屢(207)　**륙** 僇(94)　**륜** 倫(39)

리 俚(26), 裏(143), 履(韇)(216), 覹(249)　**림** 臨(134)

마

만 樠(193)　**망** 塱(壾)(129)
면 偭(62)　**명** 覭(254)　**예** 袂(153)
모 侔(40), 侮(俲)(84), 薯(187), 毛(192), 皃(須貌)(241), 覒(261)　**몽** 覓(258)
무 羑(虋)(148)
미 敉(51), 尾(213), 臟(255), 覛(256)　**민** 旻(4)

바

반 伴(27), 般(226)　**발** 袚(180)　**방** 仿(俩)(31), 傍(58), 舫(225), 方(汸)(229)
배 倍(72), 俳(81), 裵(163)　**백** 伯(12), 佰(50)
번 袢(169), 覷(256)　**벌** 伐(91)
벽 僻(78), 襞(170)　**변** 褊(164), 覍(臬弁)(=弁)(241)　**별** 覕(261)
병 倂(41), 偋(71), 幷(118), 屛(206)
보 保(禾保)(4), 俌(41), 与(113), 補(172)　**복** 伏(89), 複(159), 服(226)
부 傅(41), 付(46), 仆(86), 俘(92), 袝(147), 複(159)　**북** 僰(101), 北(121)
분 債(85), 衯(161), 歕(268)　**불** 佛(31)　**붕** 倗(28)
비 伾(27), 備(俻)(36), 俾(63), 仳(96), 比(夶)·毖(119), 裨(168), 饕(196), 扉(204)
빈 份(彬)(18), 儐(擯)(37), 覵(256)　**빙** 傰(46)

사

사 仕(6), 俟(22), 似(58), 使(65), 伺(76), 傞(84), 伺(106), 衺(174)
삭 欶(281)　**삼** 衫(183)　**삽** 褯(145), 歃(281)　**상** 償(56), 傷(87), 像(98), 褑(166)
서 徐(但)(71), 犀(204), 屛(217)　**석** 裼(174)

선 僎(8), 傷(29), 儹(=僐)(82), 偓(101), 挻(182), 毨(193), 船(220), 羡(291)

설 偰(13), 偰(32), 爇(166), 屑(=屑)(200)　**섬** 㷼(255)　**섭** 儑(38), 屧(205)　**세** 帨(181)

소 傃(80), 佋(100), 袑(157), 歗(275)　**속** 俗(63), 屬(213)　**쇠** 衰(𠴲)(178)

수 佋(48), 褎(袖)(152), 袖(177), 襚(180), 壽·壽(189), 欶(281)　**숙** 俶(30)　**순** 徇(16)

쉬 倅(104)

습 襲(龑)(147)　**승** 僧(107)

시 偲(28), 侍(44), 匙(113), 尸(197), 屍(205), 視(眂眡)(248), 䙼(253), 饎(261)　**식** 歚(280)

신 伈(47), 伸(71), 傓(101), 身(136), 晨(203), 㤴(244), 欣(269), 欭(280)　**심** 襑(158)　**십** 什(50)

아

아 俄(82), 兒(232)　**악** 偓(37)　**안** 侒(45)　**알** 欪(282)　**암** 裺(177)　**앙** 仰(47), 卬(114)

애 僾(31), 欸(276), 欬(283)

양 襄(𧙛)(164)

억 億(64)　**언** 傿(73), 偃(86), 褗(177)　**엄** 儼(26), 俺(27)　**업** 裛(176)

여 仔(15), 艅(228), 欤(267)　**연** 然(72), 挻(182), 次(㳄㵞)(291)　**엽** 擪(17)

예 倪(64), 裔(㐮)(161), 兒(234), 䚂(249)

오 傲(25), 伍(49), 襖(183), 歍(271)　**옥** 屋(屋臺)(206)　**온** 偏(11)　**올** 刐(223), 兀(231)

와 臥(133)　**왜** 倭(21)　**외** 褽(145)

요 僥(83), 傜(103), 覞(259), 覞(263), 歑(274)　**욕** 欲(270)　**용** 俗(16), 傭(30), 俑(88), 毦(192)

우 俁(23), 優(61), 偶(99), 衧(156), 欲(284)　**욱** 欯(267)　**운** 覵(251)

원 原(52), 袁(161)　**위** 偉(18), 倭(21), 位(36), 僞(80), 褘(146), 襨(159), 覾(249)

유 儒(9), 褕(141), 襦(163), 裕(170), 𧟡(194), 兪(219), 覦(257), 覦(258), 歔(278), 欿(285), 歈(288)

육 償(55), 欿(285)　**윤** 毵(192), 允(232)

은 殷(138)　**음** 仦(125), 㾞(130), 歆(㐁食)(289)　**읍** 裛(176)

의 倚依(42), 儀(58), 嶷(73), 疑(108), 肙(138), 衣(139), 欹(283)

이 伊(臥)(13), 佴(43), 佁(80), 伱(81), 傷(85), 耴(194), 歋(273), 灰(292)

인 人(3), 仁(忎尼)(5), 刃(7), 儿(231)　**일** 佚(82), 佾(105), 祖(166), 欥(285)

임 任(60), 衽(145)　**잉** 仍(43), 俟(69)

자

자 仔(69), 齋(176)　**작** 彴(38), 作(52)　**잔** 俴(19)　**잠** 兂(簪)(239), 歜(278)

잡 襍(169), 屧(202)　**장** 裝(175)　**재** 裁(140)

저 儲(35), 低(105), 佇(107), 袛(150), 袓(168), 褚(179)　**적** 覿(260), 覤(262)

전 佺(38), 傳(67), 佃(75), 襄(141), 甋(193), 屢(198), 屧(=展)(200)　**절** 佚(82)

점 者(188), 覘(255)　**접** 襟(148)

정 侹(28), 停(106), 偵(107), 壬(128), 程(173), 屢(198), 艇(227), 靚(260)

제 儕(39), 褆(160), 製(179), 題(253)

조 佻(77), 傮·弔(99), 褐(162), 襀(175), 覜(261)　**졸** 倅(104), 卒(178)

종 仏(15), 从·從(117), 艐(223)　**좌** 坐(48),

주 儔(74), 侏(75), 裯(150), 袾(167), 舟(219)　**준** 俊(10), 儁(98)　**중** 仲(12), 衆(125), 重(131)

지 耆(187), 屉(202), 怳(211), 欯(277)　**진** 侲(104), 眞(109), 袗(振)(142), 辰(203)

질 倢(嫉)(85), 耋(186)　**짐** 朕(223)　**징** 徵(敳)(128)

차

차 佽(43), 借(54), 次(禼)(285)　**찬** 儹(40)　**참** 儳(26), 僭(73), 儳(82), 斨(239)

창 倀(74), 倡(81), 氅(195), 賫(259)　**채** 債(105)

처 覷(254)　**척** 俶(30), 倜(104), 尺(211)　**천** 倩(14), 儃(47), 偢(75), 歂(271)

철 歠(呶)(289) **첨** 襜(155) **첩** 倢(44), 褺(162) **청** 倩(14)

체 禘(158), 裼(174), 歠(284)

초 祚(180), 糀(280) **촉** 促(90), 襡(163), 屬(213), 欶(267), 歜(278) **최** 催(88), 衰(㪗)(178)

추 僦(106) **축** 舳(221), 歜(嗽)·欼(272) **춘** 偆(61) **출** 欪(285) **충** 衷(167), 充(234)

취 聚(126), 毳(196), 吹(266)

측 側(45) **층** 層(206)

치 偫(35), 侈(79), 值(97), 移(160), 褅(172), 襹(173) **칙** 侙(41) **친** 親(260)

침 侵(55), 肜(221), 煔(239), 艦(257) **칩** 倢(145) **칭** 偁(49)

타

타 佗(33), 裼(151), 袉(155) **탁** 倬(28), 侘(98), 卓(115), 祏·襗(155), 襗(163)

탄 僤(23), 袒(172), 歎(歟)(275) **탐** 襑(158) **탑** 毾(194)

태 兌(234)

통 侗(22) **퇴** 債(21), 穨(247)

파

패 佩(8)

편 便(59), 偏(73), 褊(164)

포 襮(144), 袍(148), 裒(154), 襃(158)

표 儦(20), 儶(81), 表(襹)(142), 覤(253)

피 被(165) **필** 佖(19)

하

하 何(33)　**한** 僴(27), 輐(192)　**합** 佮(51), 欱(273), 歙(282)　**항** 伉(11), 肮(229)

해 侅(17), 偕(40), 賌(199), 欬(274), 欯(283)

허 虛(124), 歔(277)　**헐** 歇(268)

혁 侐(46), 欯(267), 歡(284)　**현** 儇(15), 倪(60), 伭(78), 仚(102), 袨(182), 見(248)

협 俠(47), 歙(268)　**형** 袰(181), 兄(236)　**혜** 偕(40)

호 歑(267)　**홍** 仜(23)

화 化(108), 化(110), 䃾(293)　**환** 歡(269)　**활** 佸(51)　**황** 艎(228)　**회** 裹裹(153)

효 侑(87), 孝(191), 歊(273)

후 候(56), 佝(81)　**훌** 欻(274)　**흉** 儣(74)

훤 覤(250)　**휘** 禈(146), 欯(277)

휴 倠(97)

흔 俒(62), 欣(269)　**흘** 仡(=仡)(25)　**흠** 欠·欽(265), 歆(287)　**흡** 歙(284)

희 僖(61), 俙(85), 戯(263), 欷(274), 欹(276), 欯(277)

힐 襭(擷)(174), 欯(266)

설문해자역주 <제8편>

인 쇄 | 2019년 12월 23일
발 행 | 2019년 12월 24일

지은이 | 이 병 관
발행인 | 박 상 규
발행처 | **도서출판 보성**

주 소 | 대전광역시 동구 태전로126번길 6
전 화 | (042) 673-1511
팩 스 | (042) 635-1511
E-mail | bspco@hanmail.net
등록번호 | 61호
ISBN 978-89-6236-198-8 94720
　　　 978-89-6236-166-7 (세트)

정가 25,000원